# VOYAGE

A LA SUITE

# DES ARMÉES ALLIÉES

**EN TURQUIE,**

EN VALACHIE ET EN CRIMÉE.

Paris. — Imp. de Pommeret et Moreau, 17, quai des Augustins.

# GUERRE D'ORIENT.

## VOYAGE

A LA SUITE

# DES ARMÉES ALLIÉES

EN TURQUIE,

EN VALACHIE ET EN CRIMÉE,

PAR

M. EUGÈNE JOUVE,

Rédacteur du *Courrier de Lyon*.

PARIS,
LIBRAIRIE D'ALPHONSE DELHOMME,
3, RUE DU PONT-DE-LODI.

1855.

L'Éditeur se réserve le droit de traduction et de reproduction à l'étranger.

Envoyé en Orient avec la mission expresse de voir de près les hommes, les choses, les événements, et d'en dire la franche vérité, sans parti pris d'avance, je me suis efforcé d'accomplir loyalement cette tâche honorable pendant un séjour de huit mois à Gallipoli, à Constantinople, à Andrinople, à Routschouck, Bucharest et Sébastopol. Afin de donner à ma correspondance avec *le Courrier de Lyon* plus de certitude et de précision, je ne m'en rapportais pas à des souvenirs toujours plus ou moins effacés ; jour par jour et à tout instant de la journée, j'écrivais ce que je voyais de mes yeux, ce que me racontaient des témoins oculaires dignes de confiance, ce que je recueillais de la bouche des Turcs, des rayas et des

Francs établis dans le pays, sur les mœurs et les idées de la Turquie.

Mes lettres ne sont que le résumé de ces notes diverses, groupées par ordre et confrontées ensemble pour en faire jaillir la vérité.

En les réunissant aujourd'hui en volumes, j'ai rectifié, autant qu'il m'a été possible de les reconnaître, toutes les inexactitudes de détail qui ont pu m'échapper au milieu des nouvelles contradictoires et des embarras d'un pareil voyage. J'ai eu aussi à compléter beaucoup de passages, supprimés en partie parce que leur franchise prématurée aurait heurté trop rudement certains engouements, certaines illusions du moment.

Maintenant que les faits eux-mêmes se sont chargés d'éclairer le public sur les réalités de la question d'Orient, on me pardonnera sans doute de dire en toute liberté le bien et le mal que j'ai dû observer; car à présent chacun comprend que nous faisons la guerre à propos des Turcs et avec les Turcs, mais non pas précisément pour les Turcs. C'est pour un but plus grand et plus noble que les deux plus puissantes nations de la chrétienté prodiguent leur or et leur sang, dans une lutte gigantesque : il ne s'agit de rien moins au fond que du triomphe de la liberté européenne, menacée par l'autocratie moscovite.

Tel a été le point de vue constant de ma correspondance.

Eugène JOUVE.

# VOYAGE

A LA SUITE

# DES ARMÉES ALLIÉES

## EN TURQUIE,

## EN VALACHIE ET EN CRIMÉE.

### I$^{RE}$ LETTRE.

**De Marseille à Malte, Syra, Smyrne, Gallipoli et Constantinople.**

En mer, 24 mars 1854.

Monsieur,

Depuis l'établissement des paquebots à vapeur du Levant, un voyage en Orient est devenu une banalité, à peu près comme la descente de la Saône ou du Rhône. Quoiqu'un demi-siècle à peine se soit écoulé depuis cette époque, nous sommes cependant bien loin du temps où Chateaubriand semblait révéler à la France Athènes et Jérusalem, deux villes alors presque aussi inconnues de la masse du public que ces antiques cités perdues au fond des forêts du nouveau monde ou des steppes de la Tartarie.

Aujourd'hui, des tribus de touristes, plus nombreuses que celles des Arabes, explorent de leur lorgnon tous les mystères du désert, vulgarisent toutes les poésies de l'empire des califes et des sultans; des pèlerins fashionables se font dresser des tables de restaurant parisien au bord même de la Mer-Morte; et un jeune Français me racontait à bord qu'ayant voulu aller contempler les ruines de Baalbek au clair de lune, afin d'éviter la foule, il fut désagréablement tiré de ses méditations solitaires par ces mots : *How! beautifull indeed!* sortis d'une capote verte qui se promenait à pas d'autruche sous la colonnade du temple du Soleil. Le Caire, Athènes et Bagdad sont aujourd'hui des faubourgs de Marseille; Palmyre n'est plus qu'un prolongement de *Regent-Circus*, et Ninive même est dévoilée. Sur cette vieille terre d'Asie, berceau du genre humain, il ne reste plus à découvrir que les villes antédiluviennes, comme Hénochia.

Si je rencontre sur mon chemin quelqu'une de ces cités fossiles, je la décrirai aussi minutieusement que les bords du Goazacoalco (1); pour le reste, je me bornerai à noter les actualités présentes, et à relever certaines exagérations flatteuses, familières aux peintres et aux poètes trop enclins à arranger leurs portraits pour l'harmonie de la phrase ou de la couleur. Quelques-uns, fascinés encore par la splendeur réelle ou imaginaire de l'ancien Orient, voient des magnificences dans d'affreuses et tri-

(1) Voyages en Amérique du même auteur.

viales misères, et d'autres, même en disant la vérité, mentent comme des vignettes anglaises, tant la magie de leur style ou de leur coloris a le don de rendre attrayantes les plus repoussantes réalités.

Les marins de l'Océan médisent beaucoup de la Méditerranée, à laquelle ils reprochent d'avoir trop de terres et pas assez d'eau, ce qui les empêche de courir devant le vent en cas de tempête, et les expose à de fréquents naufrages. A leur point de vue, cette appréciation ne manque pas de justesse, mais ce défaut sous le rapport de la navigation est précisément le principal agrément pittoresque de cette mer intérieure, de tout temps prédestinée à être le centre autour duquel doit graviter la civilisation, et dont le bassin a déjà vu si souvent et verra bientôt encore peut-être se décider le sort du monde.

Au lieu d'avoir la sauvage et monotone grandeur de l'Atlantique, où l'on peut errer pendant des mois sans apercevoir de rivages, la Méditerranée est si bien coupée d'îles et de presqu'îles que tous les jours elle offre au regard du voyageur qui se promène sur ses flots d'outremer foncé, une succession continue de terres illustrées par les plus poétiques, les plus glorieux souvenirs : elle réunit ainsi, à la majesté de l'immensité, l'agréable variété d'une navigation de rivière.

Quelques heures après avoir perdu de vue les côtes arides de la Provence, nous voyons à notre gauche sortir du sein des vagues les hautes montagnes de la Corse, toutes resplendissantes de neiges irisées par le soleil levant. La pureté de l'atmosphère permet de distinguer les moindres brisures de ces cimes escarpées, où la lumière se joue comme dans le cristal transparent d'un prisme aérien.

A mesure que le *Louqsor* approche de l'île, les détails du paysage se révèlent peu à peu : on aperçoit facilement sur la côte des villages jadis gardés, au temps des pirates algériens, par des tours de vigie aujourd'hui ruinées, des champs, de sombres makis qui couvrent les coteaux, et sur les flancs des hautes montagnes, quelques bouquets de bois de sapin.

Je ne sais si c'est l'effet de la saison peu avancée, il m'a semblé qu'on outrait beaucoup trop le contraste, entre l'aspect verdoyant de la Corse et la nudité décharnée de la Sardaigne. Celle-ci est plus agréable, celle-là moins séduisante qu'on n'a coutume de le dire. Toutes deux paraissent à peu près également âpres et sauvages ; seulement, la patrie de Bonaparte a un caractère de grandeur imposante qui manque à la terre voisine, quoiqu'elle soit plus étendue.

Au lieu de franchir le grand détroit de Bonifacio, notre steamer profite du beau temps pour couper court, en s'engageant dans un dédale de petits îlots dépendants de la Sardaigne. Le plus important, le seul habité, est celui de *Magdalena*, dont la ville du même nom n'est guère fréquentée que par de pauvres pêcheurs. Leurs barques dispersées sur le canal et quelques chevaux sauvages qui fuient à travers les rochers et les broussailles sont les seuls indices de vie que l'on puisse y découvrir. Point de cultures, pas un arbre, pas un habitant, autour de cette cité blanchie à la chaux, et toute esseulée entre sa baie vide et ses pâturages déserts, saccadés de grandes roches grises.

Des Anglais se sont fait construire un grossier pavillon de chasse au milieu de ce sévère paysage, pour y venir tous les ans tirer le lapin, pendant un mois ou deux. Comme plaisir, ce caprice peut sembler absurde; comme correctif et stimulant des plaisirs, il est fort bien imaginé : un carême à la gibelotte dans une pareille thébaïde doit donner ensuite, durant le reste de l'année, une merveilleuse saveur aux voluptés de la vie.

Nous descendions le long de la côte orientale de la Sardaigne, au coucher du soleil. L'ombre s'étendait sur les plaines tourmentées où s'apercevaient de loin en loin des champs entourés de murs de pierres sèches, et des lumières brillaient déjà aux croisées des chaumières cachées sous des bouquets d'arbres. En arrière, une chaîne de montagnes horriblement déchirée découpait la silhouette de ses pics aigus sur un ciel enflammé qui reflétait d'admirables teintes roses sur les neiges du Genargento. C'était un horizon infernal digne d'une scène de sabbat fantastique.

Le lendemain la Sicile nous apparaît comme une ombre géante, à travers les noirs nuages qui pesaient sur les vagues houleuses et promenaient au gré du vent leurs longues traînées de pluie. Le *Louqsor* naviguait entre deux eaux, celles du ciel et de la mer, confondues dans une brume tellement épaisse qu'il manque de se heurter contre les rochers escarpés de la petite île de Maritimo.

Malte, 25 mars.

Le troisième jour au matin, l'île de Gozzo dressait devant nous ses falaises à pic de trois ou quatre cents pieds de hauteur, et, par une suite de collines onduleuses, allait se confondre à l'est avec les coteaux de Malte.

Toutes les descriptions et même le crayon ne donnent qu'une faible idée du prodigieux entassement de fortifications accumulées par les anciens chevaliers hospitaliers pour rendre inexpugnable ce boulevart de la chrétienté, dont leurs successeurs anglais ont fait le boulevart de leur commerce. Ce n'est qu'en voyant ce colossal travail que l'on apprécie la puissance des moines guerriers qui l'ont exécuté et cimenté de leur sang.

Et pourtant, à dire vrai, la force de Malte est beaucoup moins dans ces formidables bastions de rocher que dans les remparts de bois de la vieille Angleterre. Du jour où la Grande-Bretagne cessera de commander sur mer, elle perdra cette citadelle maritime de la même manière qu'elle l'a gagnée, par la famine, et peut-être sans brûler une seule amorce de ses innombrables canons. De deux choses l'une, en effet, ou sa garnison ne suffira pas à défendre cet immense déploiement de fortifications, ou l'île ne suffira pas à nourrir sa garnison.

Tout le monde connaît à peu près la configuration de la cité Valette, petite presqu'île de rochers escarpés, autour de laquelle s'arrondissent les deux bras de la double baie qui, pénétrant profondément dans les terres, lui servent à la fois de port et de fossé naturel. Les batteries multipliées sur tout le pourtour de ce promontoire, véritable cœur de l'ordre de Malte, dominent de haut les autres quartiers de la ville et ses divers faubourgs, disséminés de l'autre côté des baies et renfermés eux-mêmes dans une triple enceinte de murailles et de fortins.

Laissant à gauche l'entrée du grand port, le *Louqsor* va

jeter l'ancre dans la Marse, à côté d'un fort et d'une vaste caserne bâtie au bord de l'eau. Elle était déjà encombrée de soldats des gardes de la Reine, et deux vapeurs anglais chargés de troupes y débarquaient encore un régiment de fusiliers écossais; on entendait de tous côtés résonner les tambours, les fifres, les clairons; la baie était sillonnée de chaloupes; nous tombions en pleine armée d'Orient.

La veille, la présence de nos soldats à bord du *Christophe-Colomb*, était venue augmenter encore cette scène d'animation guerrière, qui contrastait avec l'aspect morne de son entourage : d'un côté, une campagne nue et grise, aux collines rayées transversalement d'une infinité de petits murs de pierre sèche; de l'autre, les murailles blanches de la cité Valette, étagées les unes au-dessus des autres depuis le bord de la mer jusqu'à cinq cents pieds d'élévation, et profilant sur un ciel sans nuages leur dure silhouette dentelée d'embrasures de canons. Quelques bonnets à poils de sentinelles anglaises, des moulins à vent, un ou deux clochers et une demi-douzaine de maisons de style algérien qui dépassent le niveau des remparts, donnent une triste idée de la ville de Malte et une faible envie de la visiter.

Mais un gondolier indigène, à figure de pirate sanguinaire coiffée d'un long bonnet brun retombant sur le dos et encadrée par deux tirebouchons de cheveux noirs, me jure en criant comme un possédé que *Malta è la fior del mondo*. Je me laisse persuader et conduire à un étroit débarcadère de roches glissantes, au pied d'un bastion.

A ma grande surprise, je trouve au sommet d'une haute rampe d'escaliers coupée de barrières et de ponts-levis, au lieu d'une maussade place de guerre, une charmante ville, la plus propre, la plus blanche, la mieux pavée, la plus artistement bâtie que l'on puisse voir.

La monotone uniformité de ses rues coupées à angle droit est fort agréablement dissimulée pour le coup d'œil par l'extrême inégalité du sol de ce plateau rocheux, et mieux encore par la variété infinie, l'incroyable profusion d'ornements de ses maisons de pierres de taille sculptées. Toutes sont chargées sur leurs façades de larges balcons fermés de jalousies, véritables boudoirs aériens empruntés aux mœurs orientales, et dont les supports en volutes, en machicoulis, en chimères monstrueuses, se prêtent merveilleusement aux caprices des sculpteurs maltais.

Le bon goût ni l'habileté ne dirigent pas toujours, il est vrai, cette furie d'ornementation, et l'on se lasse bien vite d'une intempérance de ciseau qui produit plus d'ébauches que d'œuvres d'art; mais le coup d'œil d'ensemble ne laisse pas d'être très-brillant, très-flatteur. Rien de plus somptueusement pittoresque que les perspectives montantes et descendantes de certaines *stradas* en escaliers, bordées de palais, d'églises, d'élégants édifices dorés aux chauds rayons d'un soleil africain, qui se joue à plaisir dans les fortes saillies de leurs façades, en mille effets heurtés d'ombre et de lumière. Au fond du tableau s'ouvre ordinairement une échappée de vue sur la mer azurée que traverse un navire incliné sous sa haute pyramide de voiles blanches.

La fête du jour faisait carillonner gaîment toutes les cloches de la ville, et répandait dans les rues la foule endimanchée de la population maltaise, qui passe, à tort ou à raison, pour très-catholique et peu morale. D'après un dicton général, la plus belle moitié de cette race joue avec l'amour aussi facilement que l'autre avec le couteau ; c'est beaucoup dire, car ces gaillards ont la funeste habitude d'employer à chaque instant ce petit instrument pour trancher les difficultés de leur existence.

Ce fâcheux caractère national s'expliquerait, et s'excuserait même jusqu'à un certain point, par l'origine de ce peuple, mélange hybride du sang de tous les esclaves musulmans de l'ancien ordre de Malte. Maures, Arabes, Nègres, Turcs, Grecs et Syriens peuvent revendiquer des parents dans cette île ; les Maures africains surtout y ont laissé des preuves incontestables de consanguinité dans l'embonpoint blafard, les yeux faux et les formes empâtées de la plupart des Maltais. Il ne serait même pas impossible que les familles les plus aristocratiques de la chrétienté pussent reconnaître des traces de cousinage illégitime dans les traits fins et distingués, dans ces nobles tournures que l'on est tout étonné de trouver chez certaines femmes du peuple.

Il est vrai que c'est là une exception et qu'en général les Maltaises, autant qu'il m'a été permis d'en juger à Alger et ici, font bien de se dissimuler dans leur *capa* de taffetas noir, grande pièce d'étoffe carrée, simplement froncée en haut par un cordon à coulisse, absolument comme le manteau de nos chasseurs de Vincennes. Ce triste vêtement est à la mantille espagnole ce que le béguin d'une carmélite est à une toilette de bal. Si disgracieux qu'il soit, il vaut cependant mieux, dans son originalité, que les modes parisiennes qui commencent à envahir le pays, revues, corrigées et considérablement augmentées par des modistes de Carpentras ou d'Aubenas.

Ce jour-là, le beau sexe indigène, recruté de nombreuses *mistrisses and ladies*, était complétement éclipsé par la splendeur de l'armée d'Orient, dont les uniformes rouges brillaient parmi la foule noire comme des coquelicots dans un champ de blé. Grenadiers de la garde, artilleurs, hussards, troupes de ligne et highlanders, remplissaient les stradas et les places. Le costume de ces derniers soldats avait surtout beaucoup de succès auprès des Maltaises. Il permet d'apprécier sans supercherie la valeur de l'homme.

Cependant, je dois le dire, le kilt n'est décidément bien porté que dans les vignettes des romans de Walter Scott, ou isolé dans les bruyères de la Calédonie. La régularité et l'économie de l'uniforme militaire lui donnent une gaucherie qui frise souvent le ridicule. Et puis, il s'en faut de beaucoup qu'il flatte également toutes les jambes, même écossaises. Jamais je n'ai mieux compris la profonde sagesse masculine du pantalon, qu'en voyant tant de genoux cagneux, poilus, et circonflexes.

Le soir, un officier de la marine française demandait à une jeune miss comment les dames anglaises pouvaient voir sans rougir, en plein soleil, en pleine rue et souvent dans leurs salons, ces jambes poilues et vraiment nues. — Mais, monsieur, trouvez-vous donc cela inconvenant? répondit la jeune fille un peu embarrassée. — Hé! mademoiselle, repartit le marin, si la chose est décente, pourquoi le mot seul est-il *very shocking ?* — C'est l'usage, murmura en rougissant la pudique vierge d'Albion. Comme toujours, ce mot qui excuse tout coupa court à cette malicieuse discussion.

Vous connaissez sans doute déjà, par les journaux de la

localité, la cordiale réception que les Anglais ont faite à nos troupes à leur entrée dans le port de Malte ; ils vous auront raconté les *hurras* de joie de la population et de l'armée britannique à la vue de leurs alliés, et la brillante revue des régiments anglais de l'armée d'Orient, passée par nos généraux Canrobert, Bosquet et de Martimprey suivis de leur état-major.

J'avais vu ces belles compagnies d'élite du génie et des chasseurs de Vincennes s'embarquer à Marseille au milieu d'une tiédeur apparente qui, de la part de compatriotes, formait un singulier contraste avec les témoignages de sympathie prodigués par des étrangers, naguère encore nos ennemis ou du moins nos rivaux. Ce que j'en dis, au reste, ne préjuge pas au fond les sentiments véritables du public marseillais ; je ne mets pas en doute le cordial intérêt qu'il porte à nos soldats qui vont verser leur sang pour l'honneur et la liberté future de leur pays, pour une juste et noble cause qui touche aux plus graves questions de l'avenir, et à laquelle la vieille cité phocéenne est dès à présent directement intéressée plus qu'aucune autre partie de la France ; non, il suffisait de voir la foule animée et joyeuse qui couvrait les quais de la Joliette au moment de l'embarquement, pour être convaincu de la bienveillance générale à l'égard de notre armée expéditionnaire, et de la satisfaction unanime causée par l'attitude ferme et digne du gouvernement impérial. Mais franchement, je m'attendais à un peu plus d'enthousiasme pour de pareils adieux ; car, il ne faut pas s'y méprendre, cette guerre d'Orient est une immense entreprise, peut-être la plus grande que la France ait tentée depuis les croisades.

Les Anglais, à ce qu'il paraît, ne la considèrent pas autrement; en France les masses s'en émeuvent moins, parce qu'elles ne saisissent pas aussi vivement l'utilité future de cette expédition lointaine contre un ennemi qui ne compromet pas actuellement notre sécurité et notre orgueil national. Puis, nous sommes tellement habitués en France au déploiement de forces militaires, et nous avons dans le passé de si grands souvenirs de batailles, que nous craignons toujours de faire du chauvinisme mal à propos.

Nous avons trouvé Malte encombrée de troupes de toutes armes, massées dans les casernes et les forts de Lavalette, au nombre de dix mille hommes environ; une partie est même campée sous des tentes dressées dans les bastions de la triple enceinte de murailles.

Presque toutes les salles du palais des grands-maîtres de l'ordre de Malte étaient occupées par les officiers de cette armée anglaise d'Orient; en attendant l'instant d'aller secourir le sultan, ils bivouaquent en désordre sous ces lambris dorés de la vieille chevalerie catholique, au milieu des trophées de guerre et des sombres portraits de ces moines soldats, implacables ennemis des Turcs. Il y avait certes quelque chose de très-piquant dans ce singulier rapprochement; la terrible figure du grand-maître Lavalette semblait froncer ses épais sourcils noirs à l'aspect de ces intrus hérétiques. Et pourtant, si lui-même, le héros de son ordre, avait pu descendre vivant de son cadre doré, peut-être eût-il rejoint la flotte alliée à la tête des galères de la religion.

En effet, malgré les apparences, la guerre d'Orient est encore une croisade dont le but est au fond exactement le même que celui de ces grandes expéditions du moyen-âge : repousser la tyrannie d'une race barbare et envahissante. Le croissant et la croix grecque ne font rien à l'affaire. Aujourd'hui l'emblème de l'islamisme, désormais impuissant et inoffensif, représente très-réellement la liberté civile et religieuse, tandis que le *labarum* du schisme russe menace formellement le monde de l'oppression religieuse et civile par la conquête et le knout.

Ce palais de la grand-maîtrise de l'ordre de Malte, actuellement résidence du gouverneur anglais, est à l'extérieur une des maisons les plus simples de la ville. Sa vaste façade à deux étages n'est décorée que par deux portails flanqués de colonnes cannelées à bracelets, et par deux grands balcons fermés ou *miradores*, embrassant les angles et les faces latérales de l'édifice. Les chambranles qui les supportent sont sculptés de vingt façons différentes et capricieuses, et rapprochés les uns des autres de manière à simuler les machicoulis d'une forteresse.

Une grosse tour centrale contient un escalier en spirale, dont la rampe est si douce et si large que trois cavaliers de front peuvent la monter sans peine. Elle conduit aux divers appartements que les Anglais ont eu le bon esprit et la délicatesse de laisser à peu près tels qu'ils les ont trouvés, avec leurs vieux ameublements somptueux et leurs nobles souvenirs. C'est d'autant plus méritoire de leur part que la France, leur ancienne ennemie, peut y retrouver une foule de noms illustres et de beaux titres de gloire.

Si la présence de l'état-major britannique nous empêchait de visiter librement les salons, l'arrivée de nos généraux nous valait, par compensation, l'avantage de pouvoir admirer le magnifique pavé en mosaïque de l'église magistrale de Saint-Jean, découvert la veille, en leur honneur; car d'ordinaire il est caché sous des toiles et des nattes qui conservent tout son éclat, toute la fraîcheur de son coloris.

En entrant dans cette basilique de médiocre dimension et de modeste apparence au dehors, on éprouve une sorte d'éblouissement, à la vue du luxe prodigieux d'ornementation déployé à l'intérieur. Peintures, sculptures, mosaïques et dorures couvrent littéralement toutes les parois et les moindres détails de l'édifice, depuis ses voûtes à plein cintre jusqu'au pavé de marbre poli, formé d'une multitude de tombes de chevaliers régulièrement disposées et incrustées de portraits, d'emblèmes, d'inscriptions, d'ornements ou d'armoiries, de manière à composer un ensemble de marquetterie aux vives couleurs, aussi riche qu'un tapis de Perse ou que les vitraux d'une cathédrale.

Cela est assurément très-beau, très-splendide; mais n'y a-t-il pas là défaut de goût et d'habileté? L'œil fatigué de ce papillotage universel ne peut trouver où se reposer sur la plus petite surface unie, dont la simplicité ferait au moins valoir par le contraste la splendeur des autres parties de la décoration. Ce tapage effrayant de lignes et de couleurs heurtées finirait par faire aimer la nudité rectiligne d'un temple protestant.

Je ne dis rien des somptueux cénotaphes de grands-maîtres placés dans les chapelles latérales; ils ressemblent à tous ces tombeaux modernes prétentieux qui, à force de vouloir tout dire, ne disent rien. Il y a dans une pauvre petite crypte cachée sous le maître-autel deux sépulcres à la vieille mode du moyen-âge, avec leurs morts couchés sur la pierre; ces deux tombes si modestes sont, à mon goût, les plus beaux monuments de Malte : elles renferment les cendres de Villiers de Lille-Adam et de Lavalette.

Je regardais avec une avide curiosité leurs figures de marbre et de bronze, lesquelles sont évidemment des portraits d'après nature. Le premier grand-maître de Malte, Villiers, a une noble et douce physionomie empreinte de finesse et de fermeté tout à la fois; ses traits délicatement aquilins, ses grands yeux fermés, sa barbe étalée en large éventail et sa barrette carrée, rappelle un peu certains portraits d'Amyot, son contemporain. On devine sous ce marbre le diplomate courtisan, autant que l'héroïque homme de guerre.

Lavalette a une tout autre tournure de formidable soldat; sa tête de bronze a dépassé de beaucoup l'idée que je m'étais faite du vainqueur de Dragut et de Mustapha. Cette face terrible, tortue, bosselée à la Michel-Ange, est de celles que l'on n'oublie pas quand on les a vues une fois : elle semble respirer encore la fureur du combat. Ses épais sourcils, froncés au-dessus du nez et extraordinairement relevés en S vers les tempes, sont d'un caractère effrayant. Son épée, son casque et ses gantelets, posés à côté de lui, ornent seuls la table de bronze sur laquelle il dort comme un Spartiate étendu sur son bouclier.

Nous repartons à dix heures du soir, avec une cargaison complète de Levantins de toute race, de toute langue, aux bizarres costumes, pittoresque, mais misérable échantillon des splendeurs orientales. Un Smyrniote m'assure pourtant que ce spécimen est assez bien assorti. Je ne veux pas le croire et m'endors bercé par des rêves des *Mille et une nuits*. Encore un jour et nous passerons devant la Grèce; nous entrerons dans les eaux de l'Asie, terre merveilleuse des sultans et des houris; encore quarante-huit heures et nous aborderons à Smyrne; nous respirerons les parfums de la rue aux Roses, de ce *Paris d'Orient*, une des aspirations poétiques de tant de naïfs occidentaux, moi tout le premier.

En mer, 27 mars.

Ce matin l'air était pur, le soleil étincelant; seulement à l'est, devant nous, une zone de vapeurs bleuâtres unissait harmonieusement par des gradations insensibles l'azur du ciel à l'azur plus foncé de la mer, et au-dessus de ce voile de brumes légères, un long nuage argenté découpait nettement dans la transparence de l'air ses contours anguleux à reflets de nacre : c'était le Taygète qui annonçait au loin la terre des Hellènes.

Cette montagne, dont la cime à double pointe aiguë rappelle le Parnasse antique, a une fort grande tournure et semble presque aussi élevé au-dessus du niveau des vagues que le Mont-Blanc au-dessus de la plaine du Rhône, à Lyon. Le vaste manteau de neige qui couvrait encore son sommet complétait sa ressemblance avec nos Alpes. Malheureusement cette parure éphémère ne dure pas longtemps, et une aridité chronique fait, dit-on, de la Grèce un fort triste pays. Bien qu'à l'intérieur on trouve çà et là, comme entre Navarin et Calamata, quelques restes de forêts de chênes et de myrtes, cependant, en somme, c'est une terre affreusement pelée, et les plus fervents admirateurs classiques de ce squelette de beauté seraient désolés d'être exilés pour le reste de leurs jours dans l'heureuse Arcadie.

Pas un arbre, pas une touffe de verdure sur les flancs décharnés de ces rochers d'ocre rouge, où les petits nuages blancs chassés par le vent répandent seuls une ombre passagère, qui simulent de loin les taches noires des forêts de sapin.

Quelques petits villages maïnottes apparaissent sauvagement perchés sur les pics des montagnes, ou à l'entrée des gorges qui débouchent sur la côte. Point de culture aux environs. De quoi vivent donc ces Spartiates? car, même en se contentant de brouet noir, faut-il toujours semer de quoi le faire.

— Parbleu! nous dit un Smyrniote français, ils font leur brouet noir avec les vaisseaux naufragés qu'ils pillent et dont ils massacrent les équipages. — Oh! signor cavaliere, réclame un vieux Grec, jaloux de la réputation de ses compatriotes, vous calomniez ces braves gens : ils pillent les cargaisons, c'est bon! mais ils ne tuent jamais..... à moins que l'on ne veuille les contrarier dans leur usage héréditaire du droit d'aubaine.

Le cap Matapan, ce terrible cap des tempêtes de la Méditerranée, est une modeste colline qui descend vers la mer en ondulations arrondies de roches dénudées et disgracieuses. Au-delà, s'ouvre à gauche le vaste golfe de Kolokythia tout entouré de belles montagnes bleues poudrées de neige, et sur la droite l'île de Cythère sort de l'écume des vagues aussi nue, mais certes moins séduisante que son antique déesse. Du côté qui regarde le Péloponèse, elle n'a pas même de la peau sur ses os de rochers. Mieux revêtue de terre, la côte orientale présente un gracieux amphithéâtre de petits plateaux tapissés de verts gazons et accidentés à souhait pour le plaisir des yeux. Si la magie de la lumière oblique du soleil à son déclin ne m'a pas fait illusion, il m'a semblé qu'il y manquait seulement l'ombrage de quelques arbres pour faire de ces vallons, où se cache le petit village de Cérigo, un ravissant paysage cythéréen.

A la tombée de la nuit, nous rasons presque les rochers à pic du cap Saint-Ange, la pointe la plus méridionale de la Morée, et nous saluons le vieil ermite grec qui fumait sa pipe assis à la porte de la poétique cellule qu'il s'est creusée là, en face des souvenirs de la patrie et de l'immensité de la mer et du ciel.

Syra, 29 mars.

D'après ce qu'on m'en avait dit, je m'attendais à trouver Syra fort laid ; mon attente n'a pas été trompée. En me réveillant de grand matin dans le port de cette *riante Cyclade*, je me vis au milieu d'une petite baie arrondie, entourée de coteaux rocheux, et fermée à l'est par les deux îles voisines de Délos et Tynos. Au nord de la rade, un pic aigu, de forme conique, s'avance assez près du rivage et s'élève à mille pieds environ de hauteur. La ville grecque moderne étale ses maisonnettes jaunes et ses moulins à vent sur la rive escarpée et les premières pentes de cette montagne ; la vieille Syra, fondée par les Vénitiens, perche au sommet, où la masse compacte de ses antiques masures blanchies à la chaux produit l'effet de la pointe d'un pain de sucre décoiffé.

La crainte des pirates de l'Archipel la contraignit jadis de choisir cette position d'équilibriste, pénible, mais sûre ;

elle la garde à présent par habitude et par antipathie contre les nouveaux venus Hellènes qui accaparent tout le commerce de leur port, traitent leurs voisins d'en haut de Turcs à Maures, et ont la prétention de débaptiser la ville.

En effet, sous le spécieux prétexte que leur quartier occupe l'emplacement de l'antique cité d'Hermopolis, ils se sont crus autorisés à lui donner la même dénomination, qui, par parenthèse, est regardée généralement comme une excellente épigramme, car elle signifie aussi bien la ville des voleurs que la ville du commerce ou de Mercure. Malice à part, ce brillant nom païen jure avec la vulgarité de ce sordide assemblage de maisons modernes, comme la langue d'Homère avec la trivialité des enseignes de cabaret, d'épiciers et de savetiers, que l'on voit partout écrites en grec, de même que les affiches et les journaux qui traînent sur les tables des cafés.

Tandis que nous prenions une limonade, un de nous, jeune homme fort en thème, voulant donner aux indigènes un échantillon de ses connaissances classiques, se mit à nous lire à haute voix un article du *Panhellenos* avec la plus pure prononciation de collège. Nos voisins Hellènes crurent qu'il traduisait en français, et continuèrent à fumer leurs chibouks sans se dérider ; mais quand notre compagnon smyrniote leur eut appris que le *jeune élève* parlait grec, un éclat de rire olympien fit trembler le café et coupa court à la lecture.

Pour donner une idée de la différence de la prononciation hellène et la prononciation universitaire, je ne citerai que le mot χρήματα, que nos professeurs nous ont toujours appris à dire *crêmata*, tandis qu'ici il se prononce *krim'tè*, ou quelque chose d'approchant. Qui a tort, de nous ou des Grecs? Il y a cent contre un à parier que c'est nous. Franchement, nos hellénistes qui s'extasient sur l'harmonie des vers d'Homère et d'Euripide, scandés par leur bouche barbare, sont aussi plaisants que le Français qui prétendrait apprécier la mélodie des poésies de lord Byron, en scandant les strophes de don Juan avec la prononciation française.

Dans le doute, ne serait-il pas plus rationnel et surtout bien plus utile de nous apprendre à prononcer le grec ancien comme le grec moderne, en nous enseignant seulement la syntaxe dans toute sa pureté antique? Au sortir du collége, un élève se trouverait ainsi savoir à peu près un idiome vivant très-utile, quoique n'ayant étudié qu'une langue morte inutile. La différence entre les deux consiste principalement en la manière de les parler.

Je reviens à cette malheureuse *Hermopolis* coupable de cette digression grammaticale. Dans ses sales rues irrégulières, mal pavées et encombrées de marchandises, sur ses quais étroits bordés de petits bâtiments caboteurs, s'agite, se querelle, se vole une cohue cosmopolite et bigarrée venue de toutes les côtes de la Grèce et du Levant. Au milieu de la masse des matelots hellènes en cabans de bure brune et en longues culottes flottantes, on voit circuler quelques fracs européens, des uniformes bavarois, des officiers du roi Othon, et des palikares vaniteux, efféminés, qui font la roue dans leur fustanelle blanche serrée aux hanches comme une robe de femme.

Les plus beaux sont les palikares d'auberge, dont les brillantes fanfreluches sont déstinées à éblouir les passagers novices et à les faire tomber dans le guet-apens d'une cuisine et d'un compte grecs. Ils se donnent une contenance fashionable en roulant entre leurs doigts les grains d'ambre d'un gros chapelet. La dévotion n'est pour rien dans cette mode universelle des Hellènes : elle est, dit-on, uniquement motivée par la nécessité de montrer devant soi ses deux mains inoffensives ; car, chez les Grecs, tout homme dont on ne voit pas les mains est censé en avoir une sur son couteau et l'autre dans la poche de son voisin.

Ces poupées citadines à figures vulgaires sont insolemment coudoyées par de grands diables d'Albanais et d'Epirotes à mine farouche, à moustaches de mélodrame. Eux aussi portent une sorte de costume palikare, mais rude et grossier, et avec l'aisance, la majesté de vieux brigands. En guise de grains de chapelet, ils jouent avec les manches des poignards passés dans leur ceinture rouge. Cet arsenal portatif est à demi caché sous les pans d'une longue veste bleue galonnée à la turque, et dont les manches ouvertes aux coudes et aux épaules ont l'air de brassards de cuirasse ; ils jettent par dessus un épais caban de bure blanche brute, doublé de peluche de laine frisée ; un large collet carré tombant au milieu des reins tient lieu du capuchon habituel, et deux épaulettes de même nature recouvrent l'ouverture des manches qu'elles remplacent. Un haut carbouch plié sur l'oreille et inondé d'un flot de soie bleue, la fustanelle de laine blanche, des caleçons justes de la même couleur et serrés sur le mollet par des lanières de cuir qui se rattachent à des sandales de peau de bœuf écrue, complètent ce costume antique très-martial dans sa simplicité.

On disait que ces montagnards étaient des croisés orthodoxes qui allaient à la guerre sainte : singuliers pèlerins ! leurs yeux d'épervier annonçaient clairement l'intention de piller le Grec et le Troyen plutôt que celle de combattre pour la croix.

Divisées par la religion, le caractère, l'origine et les intérêts, les deux villes jumelles sont encore séparées l'une de l'autre par une large zone de terrains vagues et le lit desséché d'un torrent creusé dans les rochers. Le chemin de la vieille cité franchit d'abord ce ravin sur un petit pont de marbre brut; puis, au moyen d'un interminable escalier, il gravit une pente raide et pierreuse où quelques vignes et de maigres figuiers trouvent à peine assez de sève pour ne pas mourir.

Au sommet de cette échelle de Jacob qui semble monter dans le septième ciel, on entre dans un labyrinthe de mauvaises ruelles escarpées, voûtées et traversées par des arcades et des poutres de soutènement. Les cabanes affreusement pittoresques et moisies sont la plupart couvertes en terrasses délabrées, et, pressées en désordre les unes contre les autres sur des assises de rochers qu'il faut escalader à grand effort de jarret, elles ne laissent entre elles que juste l'espace nécessaire au passage d'un homme ou d'un cochon.

Si je nomme celui-là avant celui-ci, c'est par pur euphémisme, car, dans la haute Syra, le bipède paraît généralement accorder la préséance au quadrupède; il lui cède le pas dans la rue, et chez lui, le rez-de-chaussée de sa maison, dont il n'occupe que le grenier, son seul étage. C'est que ce locataire tout de soie habillé fait la richesse et la salubrité de la ville. Seul, il nettoie la voie publique, et gratuitement il transforme en dragmes d'argent les ordures, son unique nourriture.

Nous grimpions au hasard vers la cathédrale dont le

clocher forme la pointe extrême du pain de sucre, et à mesure que nous montions, la fraîcheur du vent de mer nous faisait oublier la chaleur brulante de la côte. Il souffle presque constamment avec violence à travers ces masures croulantes qui m'auraient assez bien rappelé les ruines de Rochemaure au bord du Rhône, n'eût été la singulière population qui les habite. Quoique fort honnête, dit-on, surtout comparée à celle d'en bas, elle ne paie pas de mine.

Pour quelques gracieuses figures de jeune fille ou d'enfant, entrevues dans le clair obscur d'un intérieur à la Rembrandt ou encadrées entre deux pots de fleur à la lucarne d'une chaumière, combien ne rencontrions-nous pas de tournures de sacripants fieffés, et de sataniques sorcières! quels turbans farouches, quelles moustaches hérissées! quels yeux de pirate affamé! et partout quelles guenilles! quelle noire misère!

Je commençai à me croire au bout du monde, chez des sauvages ou dans un repaire de haidouks fantastiques, quand un bruit bien connu vint nous prouver que la civilisation avait pénétré, au moins par le mauvais bout, au sein de cette cité décrépite. Au-dessus de nos têtes, dans un taudis mi-partie d'hommes, mi-partie de cochons, des billes d'ivoire carambolaient gaîment sur le tapis vert; nous crûmes d'abord à une hallucination, car comment un billard avait-il pu faire son ascension sur ce rocher? Mais il n'y avait pas à en douter; au milieu d'un salon aux murs crépis de boue séchée, au parquet de terre battue, nous vîmes à la lueur d'un rayon de soleil pénétrant par un guichet un vrai billard, sur lequel se penchait gracieusement un vieux forban en turban noir qui mettait dans la blouse un jeune palikare coiffé d'un bonnet de coton. Une demi-douzaine de Grecs rébarbatifs, superbement déguenillés, jugeaient les coups en fumant leur pipe, accroupis sous une vaste arcade ouverte sur la façade de la maison.

Cette alliance hétéroclite de la fustanelle et du bonnet de coton pourra sembler un sacrilége jeu d'esprit aux philhellènes classiques, habitués à vénérer le Grec comme un type invariable de poésie; rien de plus vrai, cependant; les fils de Marathon commencent à se coiffer du casque à mèche de nos moutons champenois. Je dirai seulement, pour adoucir aux cœurs sensibles l'amertume de cette désillusion, que le bonnet de coton du jeune palikare dont je parle différait de celui du roi d'Yvetot, en ce que la grosse mèche habituelle était divisée en une foule de petites mèches agréablement dispersées sur la surface de la tiare, de manière à lui donner l'aspect d'un hérisson blanc.

La pauvre petite cathédrale de Syra ne vaut pas nos plus modestes églises de village ; mais du haut des terrasses qui l'entourent on jouit d'un coup d'œil digne du Parthénon. Quoique au nord la vue soit masquée par des montagnes plus élevées, des trois autres côtés le regard embrasse un immense horizon de mer bleue tachetée d'îles. Délos, Naxos, Paros, Milo et Tynos n'ont plus aujourd'hui d'autre charme que leurs doux noms, leurs souvenirs et la magie de la lumière. Le soleil à son couchant répand sur leurs rochers arides je ne sais quelles teintes vaporeuses d'or glacé de lilas, dont la suavité ne peut se comparer qu'à cette fine fleur qui couvre les fruits encore vierges de la vigne ou du prunier.

Nous avions appris en partant de Malte le traité intervenu entre le sultan et ses deux alliés, par lequel les chrétiens obtiennent en Turquie beaucoup plus que ne demandait la Russie; en arrivant à Syra, nous n'avons pas tardé à connaître comment avait été accueilli cet acte d'affranchissement qui semblait devoir enlever tout prétexte de guerre et de soulèvement. On nous annonce la rupture des relations diplomatiques entre la Sublime-Porte et le roi Othon, le renvoi des navires grecs des ports de la Turquie, la recrudescence de l'insurrection en Thessalie, la connivence ouverte de l'armée et du roi des Hellènes, et les menaces de pillage et de massacre contre les négociants français ou anglais établis en Morée, par représailles sans doute des faveurs que leurs gouvernements viennent de faire accorder aux rayas de la Turquie.

Je tiens de différentes personnes que j'ai vues à Syra, et surtout d'un vieux marchand grec qui, après avoir voyagé en France, est revenu avec nous du Pyrée à Constantinople, de curieux détails sur la complicité patente et presque publique du roi Othon dans l'insurrection d'Arta. Les agents de la Russie à Athènes sont connus de tout le monde; on énonce même tout haut le chiffre des sommes payées, soit à des personnages influents, soit à des intrigants subalternes; on cite tels officiers qui ont envoyé au roi de sublimes démissions de leurs grades, motivées sur l'amour de la patrie et de la liberté hellénique, et dont le seul mobile aurait été une paie plus forte offerte par des embaucheurs, et l'espérance du pillage pour lequel les fils de Marathon paraissent décidément avoir une malheureuse passion.

On dit encore à qui veut l'entendre que, pour déterminer le roi Othon à opérer ou laisser opérer une utile diversion sur les derrières de l'armée turque, la Russie lui aurait d'abord laissé entrevoir la couronne d'Orient comme un ornement très-convenable à sa tête bavaroise; et qu'une fois le branle donné à l'insurrection, d'autres agents encore plus confidentiels de la cour de Saint-Pétersbourg auraient manœuvré par-dessous mains, afin de faire tomber sur la tête du grand duc Constantin et cette couronne de l'empire byzantin et celle même du roi des Hellènes, lequel resterait ainsi, pour sa peine, découronné entre deux couronnes.

La singulière lubie de ce pauvre prince allemand, assez candide pour se croire de taille à faire un empereur d'Orient, lui qui peut à peine être roi d'Athènes, paraît égayer beaucoup les vieux Grecs qui n'ont jamais pris au sérieux ce souverain hétéroclyte. Il n'est pas moins plaisant pour nous autres occidentaux de voir l'ardeur avec laquelle ces conquérants en expectative se disputent d'avance la peau de l'ours, qui n'est pas encore mort, et qui paraît même fort résolu à vivre longtemps.

Un Anglais établi à Athènes, où il est regardé comme un agent secret du roi Othon, convenait dernièrement que les insurgés d'Arta dont il revenait de visiter le camp étaient généralement un ramassis de bandits indisciplinés et fort mal armés, incapables de résister à un corps de troupes régulières. Il ajoutait que tous ces révoltés avaient la prétention de commander en chef et qu'aucun ne voulait obéir, de sorte qu'il régnait parmi eux une anarchie complète que ne manquera pas d'augmenter encore l'arrivée journalière des officiers démissionnaires de l'armée hellène.

On assurait, à Syra, que le roi Othon aurait menacé les consuls français et anglais d'aller se mettre à la tête des Épirotes, si des vaisseaux de guerre venaient au Pirée pour influencer ses résolutions patriotiques. Ce monarque en parle bien à son aise, de se mettre à la tête de l'insurrection ; il faudrait être d'abord bien assuré que l'insurrection voudrait se mettre à sa suite.

Je ne vous parle pas des effroyables cruautés que les Grecs attribuent aux Turcs, ni des fabuleuses victoires dont se glorifient déjà les guerriers en fustanelle qui paradent dans les cafés de Syra ; ce sont de ces exagérations familières et pour ainsi dire inhérentes à toute insurrection ; et nous en avons vu de plus ridicules encore dans un pays plus civilisé. Un fait positif, avoué même par les journaux grecs, c'est que les révolutionnaires soi-disant épirotes n'ont pas tenu un quart d'heure devant les six cents soldats turcs envoyés au secours de la citadelle d'Arta. Ce coup pénible pour la vanité des Hellènes leur a cependant été moins sensible que l'expulsion de leurs navires des ports de la Turquie, dans un délai de 21 jours. Cette mesure de juste représaille blesse au cœur les Grecs, en les frappant dans leurs intérêts pécuniaires. Ce n'est pas seulement détruire leur commerce maritime, c'est encore réduire ce pays à de rudes privations ; car il est si pauvre et les habitants sont si fainéants, si peu industrieux, qu'il peut à peine suffire à sa consommation, alimentée qu'elle est surtout par la production des riches provinces qui l'avoisinent.

Pendant longtemps les Grecs ont trouvé commode de rejeter sur la tyrannie musulmane la décadence de leur pays, due principalement à leur paresse ; mais depuis leur affranchissement, il ne semble pas qu'ils aient fait de grands progrès, surtout en agriculture. Si je dois en croire ce qui m'a été affirmé par des personnes compétentes, chaque famille se contenterait, comme le font les sauvages, de cultiver le strict nécessaire avec le moins de travail possible, sans jamais chercher à améliorer sa position par un surcroît de soins et de richesses. Avant la révolution, les philhellènes excusaient cette incurie par la crainte prétendue d'exciter l'avidité des pachas ottomans. A présent la paresse seule peut l'expliquer.

Les amis des Grecs quand même ne trompent pas moins dans leur appréciation des prétendues sympathies platoniques des Hellènes pour le joug moscovite. Le négociant grec dont j'ai parlé plus haut m'avouait qu'en effet ses compatriotes haut placés et intelligents désirent voir les Russes chasser les Turcs de Constantinople et rétablir un empire byzantin, mais à la condition que ces *barbares schismatiques* se retireront ensuite, et les laisseront libres ; car, joug pour joug, me disait-il, nous préférons tous celui des Turcs à celui des Cosaques que nous haïssons encore plus que les Latins. Pour des *Athéniens intelligents*, cette espérance est un peu naïve !

Smyrne, 30 mars.

Je venais de voir pendant un jour et demi la plus riche et, dit-on aussi, la plus grande ville de la Grèce moderne ; triste contemplation dont j'espérais bien me dédommager à Smyrne. Le lendemain de grand matin, le *Louqsor* entrait dans la baie réellement magnifique de cette reine du Levant. Elle est entourée de montagnes pittoresques, entre lesquelles s'ouvrent des vallées boisées à perspectives fuyantes. Enfin, après avoir eu si longtemps sous les yeux de tristes rochers pelés, le rivage de l'Asie nous offrait le spectacle attrayant d'une belle terre grandement accidentée et revêtue de verdure.

Au fond de sa rade, Smyrne couvre de ses toits de tuiles serrés les uns contre les autres le pied et les premières pentes d'une haute montagne couronnée par les ruines d'un vaste château-fort, dont le style rappelle un peu celui des remparts du vieux Carcassonne. A droite les maisons sont arrêtées à mi-côte par un sombre rideau de cyprès, et à gauche elles s'étendent indéfiniment dans une plaine basse où elles se perdent sous l'ombrage des vergers et des champs de morts. De grands arbres, des minarets mal blanchis, les dômes grisâtres d'un petit nombre de mosquées et les pavillons consulaires dépassent seuls le niveau assez uniforme de cette immense agglomération d'habitations généralement chétives. La terne monotonie de ce fond est, à la vérité, égayée par les couleurs vives de quelques façades peintes en azur, en rouge ou en jaune; mais il y a loin de là à cet aspect enchanteur vanté par certaines descriptions.

Vu dans le lointain, du milieu de la baie, quand le soleil couchant embrase ses tuiles brunes et fait jaillir de ses vitres des milliers d'étincelles, Smyrne a un air séduisant de mollesse ionienne : on approche, le charme cesse, à l'aspect de sordides cabanes de bois et de boue mal alignées sur des quais de pilotis pourris; on aborde, on pénètre dans les étroites ruelles qui serpentent à travers des massifs de pitoyables baraques, et après avoir pendant une heure cherché de belles rues introuvables, une poésie imaginaire, on se demande sérieusement si l'on ne patauge pas au milieu d'un grand village, et si le Paris oriental inventé par certains voyageurs n'est pas une amère mystification.

Je n'exagère pas : Smyrne peut avoir des aspects bizarres, de singuliers costumes, une belle campagne, un climat délicieux ; mais tout cela ne constitue pas une belle ville. Syra ressemble fort à certains vieux villages français aussi moisis que pittoresques, et Smyrne ressemble beaucoup à Syra. Un Allemand établi depuis longtemps dans le Levant me l'avait dit ; je l'avais nié ; je l'ai cru après l'avoir vu, et j'ai juré de ne plus m'en rapporter aux poètes descriptifs.

Avant de quitter le bord, on m'avait assuré que je ne pourrais pas monter sur la montagne sans traverser la rue aux roses et le quartier franc : cette indication me suffisait. J'envoyai promener une nuée de drogmans et de ciceroni juifs acharnés à mes trousses, et je m'enfonçai à l'aventure dans la ville, à la recherche de ce somptueux boulevart des Italiens de la reine du Levant.

Je parcourus une foule de ruelles pavées à peu près comme le lit d'un torrent et couvertes, ainsi qu'à Alger, par les saillies des maisons de planches ou par des lambeaux de tentes ; je vis une multitude de petites échoppes turques et de sordides magasins européens pires encore ; je coudoyai une foule en guenilles bigarrées et bizarres, parmi laquelle on ne remarque pas un costume propre ou complet. Je passai sur beaucoup d'immondices ; je rencontrai sur mon chemin quantité de ruines anciennes ou nouvelles, inertes ou vivantes, très-peu de jolies choses, passablement de triviales, et rien qui m'inspirât le désir de me faire Smyrniote.

Enfin, après avoir cheminé pendant une demi-heure

par des sentiers escarpés, bordés de pauvres cases délabrées bâties avec de grands débris de palais antiques, j'arrivai au sommet du mont Pagus, sans avoir aperçu l'ombre d'une rue qui méritât le nom et la réputation de la rue aux Roses, sans avoir même pu trouver une seule maison comparable à celles que l'on voit par centaines dans notre vieil Alger et ses environs.

Toutefois, ma déception ne fut pas complète et ma peine perdue, car si la ville est laide, le paysage qui l'environne est splendide. Cette immense houle de toits rouges, percée de blancs minarets ou de noirs cyprès, et recouvrant des milliers de maisonnettes à légères galeries de bois, produit un heureux contraste avec les masses de verdure et les vastes nappes d'eau azurée de ce tableau qu'encadrent de hautes cimes neigeuses.

Je le contemplai longtemps avec admiration, puis je voulus visiter les ruines de la forteresse génoise saccagée par Tamerlan, et dont le fameux brigand Yani Katerdji avait fait récemment un de ses repaires de prédilection, un traquenard à prendre les riches bourgeois smyrniotes. Un sauvage bachi-bozouk en sentinelle sous une tente à quelque distance des murs m'arrêta tout net. Criant et gesticulant comme un enragé, il me faisait signe d'aller lui parler. Outre que la conversation eût été difficile entre un interlocuteur ne sachant que le turc et un autre n'en comprenant pas un mot, je trouvai encore à ce prétendu gendarme asiatique une physionomie de sacripant si bien caractérisée, que je m'empressai d'imiter la sage réserve de Jean de Nivelle. Je le laissai hurler, et descendis dans la plaine par le revers de la montagne.

A chaque pas, au bord de ce chemin taillé en casse-cou

à travers les rochers et les pierres roulantes, on trouve des vestiges de monuments antiques qui font honte aux baraques de bois de la moderne Smyrne. Au-dessous du château, à la limite des maisons, c'est une grande voûte romaine en gros blocs de pierre sans ciment; plus bas, c'est une haute terrasse de jardin dont le mur est construit avec des tronçons de colonnes et de statues, des morceaux de chapiteaux, de frises et d'architraves. Rien ne manque à ce musée lapidaire de tous les siècles : j'y ai vu côte à côte un fût dorique ancien, un bas-relief byzantin et un chapiteau arabe. Dans le cimetière musulman qui est en face, on remarque aussi des fûts de colonnes antiques plantés en terre en guise de cippes funéraires.

Au pied de la montagne, je me trouvai dans un des carrefours les plus curieux de Smyrne. C'est une sorte de place de marché, où viennent aboutir les chemins de la plaine et plusieurs rues de la ville. Des cabanes de branchage et des tentes de poils de chameaux y étaient dressées à côté des cafés turcs dont les larges toits saillants et sculptés sont brunis par la fumée des pipes. Près de là un turbé montrait ses vieilles tombes à travers une grille rouillée, et ses hauts cyprès s'élevaient au-dessus des maisonnettes historiées de galeries toutes démantibulées; à l'autre coin de la place, sous un énorme platane aux rameaux encore nus, une fontaine de marbre verdie par la mousse répandait ses eaux limpides sur le pavé inégal, entre deux longues files de petites boutiques en forme d'armoire renversée: un des battants de la porte relevé par des crochets figure un auvent; l'autre rabattu sur des tréteaux sert au boutiquier accroupi dessus de divan et de banque de vente.

Dans ce carrefour, pittoresque à faire frémir un voyer

civilisé, s'agitait en désordre mais sans un grand tumulte une cohue hétérogène de pauvres rayas, de gros Turcs, de maigres Arnaoutes, de Zeibeks et de bachi-bozouks, de femmes voilées et de jolis enfants conduits par de belles Grecques des îles. Aucune trace d'européanisme ne faisait disparate dans cette collection complète de costumes asiatiques, les uns bizarres, d'autres réellement très-beaux, le plus grand nombre très-vulgaires, très-disgracieux, et beaucoup tellement ridicules que leur exacte reproduction passerait en France pour une caricature outrée.

Des bouchers saignaient et écorchaient au milieu de la rue, des confiseurs y vendaient des sucreries turques, des cuisiniers y fricotaient, des marchands y étalaient par terre, et des campagnards, armés chacun comme une douzaine de voleurs, offraient à vendre leurs légumes de l'air dont un brigand demande la bourse ou la vie. Par moment, des bandes de chiens hargneux se battaient entre les jambes des chalands qui attrapaient toujours quelque coup de dent; des troupes de baudets, des mules, des cavaliers sillonnaient la foule en tous sens; des pachas précédés de leurs cawas et suivis de leurs porte-pipes passaient au grand trot en éclaboussant les vilains. Un dernier trait achevait de donner à ce tableau mouvant et original un caractère éminemment oriental : c'étaient des caravanes de chameaux qui, faisant sonner leurs grosses sonnettes de cornets de poêle, arrivaient à la file les uns des autres, puis allaient s'accroupir lourdement dans un coin pour se faire décharger; et aussitôt les poules d'accourir, les pigeons de cimetières de s'abattre par volée du haut de leurs cyprès, afin de picorer les grains échappés des sacs de laine rayée.

Tandis que je m'amusais de ce curieux spectacle en savourant la douce fumée d'un chibouk, un enterrement grec vint à traverser le marché, accompagné de ses prêtres à tous crins, vêtus de chappes d'indiennes, nazillant des psaumes, et précédés de quatre ou cinq clergeons effrontés cachant mal leurs guenilles, leurs savates éculées, et leurs jambes nues sous de courts surplis en calicot crotté. J'étais humilié de voir la croix et les encensoirs entre les mains de pareils galopins; et pourtant, dans cette foule de musulmans à demi barbares, pas un seul ne se montra inconvenant vis-à-vis de ces rayas accomplissant une cérémonie religieuse. Individuellement, ils les auraient peut-être bâtonnés; ils les respectaient dans leur culte. Parmi les Français qui accusent les Turcs de fanatisme, combien y en a-t-il qui n'ont pas toujours montré la même tolérance!

Marchant toujours au hasard, j'arrivai à un petit pont antique jeté sur un maigre filet d'eau qu'un barrage de pieux fait refluer en amont. Sur la rive droite s'élève une épaisse forêt de cyprès, vieux cimetière ottoman; sur la rive gauche un grand platane et quelques arbres souffreteux ombragent à demi une grève inégale, poudreuse et malpropre, où des tas de chaises de paille sont amoncelés avec des tables boîteuses devant cinq ou six lamentables guinguettes.

Malgré le passage continuel des convois de chameaux, il m'était impossible de soupçonner le *célèbre pont des Caravanes* dont les délices et l'aspect pittoresque ont été chantés par tant de poètes, dans cette arche romaine très-mesquine, dans cette réunion de cabarets aussi vulgaires que les plus sales bouges des barrières de Paris ou de

Lyon. Cependant c'était bien là l'objet de tant d'admiration. Hé bon Dieu ! que diraient donc les enthousiastes de cette vilenie, s'ils prenaient la peine de regarder en France le pont romain si peu admiré et si admirable de Saint-Chamas? Ils ne diraient rien, parce que ce charmant spécimen de l'art antique est trop près de nous, trop à la portée du *vulgum pecus*, et que pour beaucoup de gens les choses ne sont bonnes et belles qu'à proportion de leur éloignement. Tel qui boit avec délices en Asie un mauvais café trouble préparé par un cawadgi en turban sale, le jetterait à la tête du garçon qui oserait le lui servir au Café de Paris.

Le quartier des Arméniens par lequel je rentrai en ville rappelle un peu l'aspect d'un village américain, avec ses larges rues et ses maisonnettes de bois ou de briques peintes en couleurs claires. L'église arménienne est, à proprement parler, le seul édifice remarquable de la ville. Pauvre monument cependant, dont les hautes voûtes byzantines récemment surélevées sont maintenues, à défaut de contreforts extérieurs, par une multitude de clefs de fer qui coupent la perspective des nefs. Des centaines de lampes pendues à ces traverses dissimulent un peu ce défaut, et les galeries irrégulières de marbre blanc qui entourent au dehors cette basilique lui donnent un cachet d'élégante originalité fort rare dans Smyrne, surtout dans ses mosquées toutes très-vulgaires. Pour l'antiquité, le caractère religieux et la bizarrerie du style, il n'y en a pas une qui approche de la vieille mosquée des Malékites à Alger, et pas une n'offre autant de luxe et de bon goût que celle qui a été transformée en cathédrale.

J'avais parcouru la ville en tous sens d'un bout à l'autre

visité les khans des caravanes, les quartiers francs, grecs et turcs, les quais et les rues couvertes ou ombragées de treilles; inspecté les bazars-forteresses crénelés où, à la lueur d'un fort rayon de soleil tombé d'une lucarne, on voit des milliers de marchands accroupis, couchés, fumant la pipe, buvant du café, priant les mains tendues ou le nez sur leur natte, et tripottant à loisir dans de petites boutiques-armoires de chétifs commerces, pittoresques en aquarelle et en poésie, mais bien ridicules quand on les compare aux puissantes opérations des grands peuples commerçants; j'avais tout vu et je cherchais encore la merveille de Smyrne.

A la fin je désespérais de la trouver sans secours, et comme je venais de suivre pour la quatrième fois une ruelle tortue, mal pavée, malpropre, large de quinze pieds, encombrée d'étalages forains et bordée de laides boutiques européennes, je m'avisai de demander où était la fameuse rue aux Roses. — Hé! parbleu, vous y êtes! — Ça, la rue des Roses? — Oui, monsieur..... Je traversai la cour d'un consulat qui aboutissait au quai, je montai en caïque et me rembarquai immédiatement sur le *Louqsor*, honteux de ma crédulité occidentale.

Je fis part de mon amer désappointement à un officier de marine. — Oh! me dit-il en riant, il ne faut pas que cela vous étonne; vous n'êtes pas le premier à vous récrier sur la laideur de ce *Paris* du *Levant*. — Alors pourquoi exalte-t-on sa beauté dans les livres? — Les plus sincères de ces enthousiastes ont vu Smyrne dans une vingtaine de salons très-confortables, où l'on trouve une société pleine de charme. Les plus fous l'ont vu à travers le souvenir des magnificences d'un autre siècle; ils ont voulu trouver encore de la poésie là où il n'y a plus guère que trivialité; splendeur et richesse, là où il ne reste plus que triste misère. Quelques-uns, séduits par l'étrangeté, la nouveauté, le pittoresque, ont vanté la beauté de maisons qu'ils seraient bien fâchés d'habiter, de guenilles asiatiques qu'ils rougiraient de porter. D'autres enfin, gens de plus d'esprit que de sincérité, se sont finement raillés de leurs lecteurs amoureux de l'Orient, en leur dépeignant un Smyrne de fantaisie; d'une rue aux Ours ou d'une rue aux Fèves de la côte d'Asie, ils ont fait une rivale de la rue Vivienne ou du boulevart de la Madeleine; de tout cela il est résulté que les charmes de la séduisante reine d'Ionie sont devenus un lieu commun poétique à l'usage des cokneys occidentaux.

Au surplus, ajouta l'officier, Smyrne est encore à tout prendre le plus beau et le plus agréable village de l'Orient.
— Mais Constantinople! — Constantinople est un village plus grand et plus attrayant du dehors, mais une fois dedans vous le trouverez encore plus laid et plus inhabitable que Smyrne.

D'où il faudrait conclure que l'Occident est aujourd'hui l'Orient, et l'Orient un Occident bien bas tombé.

On vient d'apprendre à Smyrne que les Russes ont franchi le Danube sans opposition, et cette nouvelle, qui n'est peut-être que la seconde édition de celle de leur passage à Matschin le mois dernier, semble produire un fâcheux effet sur la population. Heureusement l'annonce officielle de l'arrivée des troupes françaises rassure le public. Et cependant, tant il est difficile de contenter tout le monde, les vieux Turcs à cafetan vert grondent sourdement entre leurs dents en branlant leurs énormes turbans, contre l'intrusion des ghiaours français qui viennent, disent-ils, prendre leur part des dépouilles de la Turquie.

Gallipoli, 31 mars.

Métélin, l'ancienne Mytilène, la plus riche des îles de l'Archipel turc, est au moins décemment vêtue de verdure, et ses hautes roches brunes font un bel effet au milieu des prairies et des taillis qui tapissent les flancs et la base de ses montagnes escarpées. On aperçoit même sur les cimes les plus élevées des bouquets de grands arbres. Quoique la côte qui regarde l'Anatolie soit un peu déserte, elle montre cependant quelques villages et des châteaux-forts perchés sur des rochers. Le rivage de l'Asie en face est encore plus riche et plus gracieux. La terre fertile couvre toute la pente de ses montagnes, jusqu'aux sommets qui découpent sur l'azur du ciel une frange de forêts.

Si le sultan le voulait, avec quel empressement les émigrants qui vont en Amérique défricher péniblement un sol sauvage encombré de bois, ne viendraient-ils pas cultiver ce pays presque inhabité, où les sillons anciens semblent attendre seulement une nouvelle semence pour produire encore aujourd'hui des moissons inépuisables, comme lorsqu'autrefois il nourrissait des millions d'habitants!

L'instinct de la domination et même celui de la conservation, arrête sans doute le gouvernement turc dans cette voie; car, du jour où une race européenne aura colonisé une portion du territoire ottoman, les Orientaux auront fort à faire, non seulement pour lui commander, mais encore pour se maintenir à son niveau et ne pas déchoir jusqu'à l'annihilation.

Notre activité infatigable de corps et d'esprit est profondément antipathique à la race asiatique : nous la désespérons comme un moustique enragé qui trouble sa sieste séculaire.

C'est au cap Baba, l'extrémité la plus occidentale de l'Asie-Mineure, que se passa en 1840 un des incidents les plus graves de la question d'Orient : l'amiral Lalande croisait avec sa flotte devant ce promontoire, sur lequel on voit un petit fort et un village dont les habitants sont célèbres pour la fabrication et le maniement du stylet ; il guettait au passage l'escadre ottomane, pour l'empêcher d'aller attaquer celle des Egyptiens. Le capitan-pacha se présenta bientôt à la tête de ses vaisseaux, et l'amiral français fit mieux que l'arrêter : par un mélange adroit de la flatterie, de la menace et de l'insinuation, il le décida à livrer sa flotte à Méhémet-Ali.

Un officier français présent à cette entrevue nous faisait une curieuse peinture des perplexités de ce pauvre Turc répétant à tout ce qu'on lui demandait : *bakaloum!* nous verrons, ou *inchallah!* s'il plaît à Dieu ! tandis que cet intraitable Lalande lui faisait observer, avec une exquise courtoisie, que s'il ne se décidait pas tout de suite, sans plus de *bakaloum*, il allait le couler bas.

A quelques lieues au-dessus du cap Baba, se déploient les champs de l'Iliade, *ubi Troja fuit*, ce qui en bon français du moment peut se traduire par ces mots : *où la première question d'Orient se trancha*. En effet, singulière destinée ! c'est sur les bords de l'Hellespont ou du Bosphore que se sont le plus souvent décidées par le fer les grandes destinées du monde ; c'est toujours près de là que se sont heurtées les grandes marées humaines de l'Europe et de l'Asie : les Grecs d'Agamemnon contre les Phrygiens, les Grecs d'Alexandre contre les Perses, les Romains contre les Grecs asiatiques, les Croisés contre les Sarrasins, les Turcs contre les Byzantins, et maintenant les Européens occidentaux contre les Russes à demi asiatiques. Je ne parle pas de l'intérêt turc dans cette dernière affaire, car évidemment ce n'est qu'une question accessoire, comme les beaux yeux d'Hélène dans la guerre de Troie.

Quelque hasardé que puisse paraître ce blasphême historique, il est pour le moins aussi fondé que certaine supposition de M. Michaud, qui, ayant trouvé dans les broussailles de Bounar-Bachi une fontaine de marbre, déclara que c'était « le bassin où Andromaque aimait à venir laver le linge de son Hector. »

J'aimerais à le croire, j'aimerais aussi à croire que les ruines blanchâtres que l'on aperçoit indistinctement dans le lointain, avec les yeux de la foi, sont les portes de Scée et que les trois tumulus qui dominent le rivage et la plaine déserte recouvre véritablement les cendres d'Achille, de Patrocle et d'Antiloque. Malheureusement, des tumulus semblables sont tellement multipliés dans la Turquie d'Europe et jusqu'au fond de l'Afghanistan et du Lahore, qu'il est bien permis de se demander si ceux de la Troade n'ont pas été baptisés après coup (1).

(1) D'impitoyables savants anglais, voulant à tout prix pénétrer ce mystère archéologique, ont profité du voisinage de l'armée britannique pour raser le tumulus de Patrocle, et fendre en deux celui d'Achille, au moyen d'une large tranchée. Ils n'ont rien trouvé, rien éclairé ; mais ils ont réussi à détruire deux monuments poétiques respectés par trente siècles. Lord Elgin est dépassé ; le pacha Shaha-

Que la tradition poétique ait tort ou raison, l'empire de Priam n'en est pas moins un très-beau pays ; et, toute poésie à part, la plaine de ces tombeaux est un champ de bataille arrangé à souhait pour un combat homérique. Le plus joli coup d'œil est un peu au-dessus de la baie de Bésika, après avoir dépassé les vilains coteaux jaunes et dénudés de l'île de Ténédos, où l'on récolte aujourd'hui un certain vin pharmaceutique qui, à mon goût, doit avoir une grande analogie avec le venin empoisonné des deux terribles serpents de *Laocoon*. Quiconque en boit pour la première fois éprouve les mêmes angoisses que le pontife troyen et sa famille.

En regardant la Troade de cet endroit, on a en face de soi une belle anse arrondie et largement ouverte ; de chaque côté le rivage se relève en berge escarpée, dont le courant de l'Hellespont ronge et fait écrouler la base. Entre ces deux promontoires, au fond de la baie, une pelouse verdoyante, ombragée sur la gauche de quelques bouquets d'arbres, monte par une pente douce de la plage unie de sable fin à la haute plaine onduleuse. Au second plan, on voit un tertre conique, isolé au milieu des prairies et des broussailles ; de loin il ressemble à une meule de fourrage oubliée dans les prés : c'est le tombeau d'Achille. En arrière, sur le petit plateau éloigné où l'on distingue une sorte de minaret de village, les tours de Troie devaient commander la vue de la campagne et de la mer. Enfin le tableau est fermé à l'horizon par une chaîne de montagnes bleues qui s'abaissent au centre pour laisser

baam n'eût pas mieux imaginé, lui qui voulait faire trancher la tête à ses deux ours, pour savoir la raison de leur changement de couleur.

apparaître sur l'azur du ciel la tête neigeuse du mont Ida. Les tumulus de Patrocle et d'Ajax sont sur la gauche, plus rapprochés du rivage, de chaque côté d'une misérable bourgade turque assise au sommet d'une berge à pic de cent pieds de hauteur.

Rien de grandiose, rien de heurté, dans ce paysage épique ; toutes ses lignes ont je ne sais quelle douceur, quelle grâce harmonieuse qui séduisent la vue, et l'esprit est charmé de trouver sur le théâtre de tant de batailles dont le bruit a retenti à travers les siècles le calme silencieux de la solitude.

Précisément comme nous passions devant ces lieux, témoins de la gloire des antiques Hellènes, nous voyons l'humiliation des héritiers de leur nom. Poussée par un violent vent du nord, toute une flotte de navires marchands grecs descendait de Constantinople d'où la chassait un décret du sultan. Plus de quarante voiles débouchaient à la fois des Dardanelles. La vue de cette avanie paraissait combler de joie les nombreux Turcs que nous avions embarqués à Smyrne. Un d'entre eux, vieux Priam asiatique à barbe blanche comme son turban et à longue pelisse fourrée, s'avança vers le bastingage pour vociférer contre les fils dégénérés des ravageurs d'Ilion d'affreuses imprécations ; puis, se tournant de mon côté les yeux courroucés, il me dit en turc de Molière : *Andaran, andaran, todos perros Grécos, è li che no andaran, bastonaran, bastonaran, bastonaran!* « Ils partiront, ils partiront tous ces chiens de Grecs, et ceux qui ne partiront pas seront bâtonnés, bâtonnés, bâtonnés. »

Le Scamandre vient se jeter à la mer par une belle et large vallée boisée, derrière le château d'Asie, à deux ou trois lieues au-dessus du tombeau de Patrocle, et juste en face de la pointe de la Chersonèse de Thrace défendue par le château d'Europe. Cette longue presqu'île que les armées alliées et spécialement les Français viennent occuper ne présente pas, à beaucoup près, un aussi agréable coup d'œil que la côte d'Asie en face. Le rivage, presque partout uniformément abrupte et élevé d'environ deux cents pieds, est formé de couches alternatives de sable argileux et de grès feuilleté qui, en s'écroulant, a semé le talus rapide de ses plaques brisées. Des genêts, des bruyères et des arbres rabougris poussent péniblement sur ce sol pierreux et jaunâtre. Dans les petites vallées transversales, qui coupent de loin en loin cette haute berge, on aperçoit de maigres prairies broutées par des troupeaux de chèvres, et des bouquets de bois de chênes entremêlés de pins.

Cependant, à mesure que l'on remonte le détroit, ce rivage se revêt de gracieux pâturages; ses pentes raides s'étagent en terrasses et se couronnent de quelques beaux arbres. On rencontre même çà et là des sites charmants; mais la solitude attriste tout ce pays : à part deux ou trois chétifs villages et autant de fermes isolées, on n'y trouve pas traces d'habitation et de travail. Personne ne tire parti de ces milliers d'emplacements magnifiques pour des maisons de campagne d'où l'on jouirait d'une vue ravissante sur l'Hellespont, fleuve imposant d'une lieue de largeur, et sur l'immense amphithéâtre des montagnes de l'Anatolie. Le Mississipi lui-même, avec ses eaux troubles divisées et bordées de terres plates ne peut se comparer à cet admirable canal maritime, et les horizons du fleuve américain n'ont pas cette grandeur, ces lointains vaporeux.

Le château des Dardanelles habilement réparé est maintenant protégé contre un coup de main du côté de la terre par une série de fortins qui couronnent les collines environnantes. De plus, ses fameuses pièces monstres ne sont plus, comme autrefois, enchâssées dans la maçonnerie, de manière à ne pouvoir tirer qu'un seul coup sur le vaisseau ennemi, au moment où il se plaçait lui-même au point de mire : montées sur des affûts de fonte, elles ont à présent la facilité de diriger librement leurs énormes boulets de marbre à travers de larges embrasures. Aujourd'hui, une flotte ne recommencerait pas impunément la bravade téméraire des Anglais en 1806.

Le vent du Nord soufflait avec tant de violence que, même dans ce bassin fermé des Dardanelles, la mer était houleuse. Comme le steamer n'accoste pas le village et reste au milieu du chenal, l'agitation des vagues rendait le débarquement et l'embarquement des passagers très-chanceux : d'autant plus que les *caïques*, aussi étroits que des pirogues de sauvages, chavirent infailliblement au moindre défaut d'équilibre. Cette opération, qui dura une heure entière, dégénéra bientôt en parade burlesque.

Ils étaient là une quarantaine de gens transis de peur et de froid, empêtrés dans leurs cabans et leurs cimeterres, leurs turbans et leurs pistolets, leurs babouches et leurs yatagans, leurs tromblons et leurs pelisses abricot, cannelle ou vert-pomme. Marchands, zeibecks, vieux Turcs et pachas ventrus, tous voulaient monter et descendre à la fois l'étroite échelle que les uns ne pouvaient accrocher, que les autres n'osaient pas lâcher, qui tantôt se levait à six pieds en l'air, et tantôt plongeait sous les flots. Tous, craignant l'eau plus que des chats et ayant le pied peu marin, se battaient, se culbutaient, juraient, hurlaient comme dans un égorgement général.

Ici, un superbe osmanli à barbe grise trébuche au moment d'enjamber, et tombe irrévérentieusement renversé au fond de son caïque qu'il manque de défoncer ; là, un farouche bachi-bozouk à la ceinture bourrée d'armes reste suspendu entre l'échelle qui monte et la chaloupe qui se dérobe sous ses pieds ; ailleurs, un énorme pacha passe de l'arrière à l'avant de son embarcation, en rampant à plat-ventre sur le dos de ses six rameurs, et à l'instant où il se relève il reçoit sur la tête un vaste matelas qui, lancé du haut du bord, l'ensevelit lui et tout son équipage. Quand la figure irritée de cet osmanli reparut à l'horizon, elle annonçait une furieuse tempête : heureusement pour le coupable, la vapeur nous emportait loin de sa colère. La majesté, le calme fataliste des Orientaux avaient été complétement en défaut dans cette scène burlesque qui excita le rire homérique de tous les passagers européens.

A la tombée de la nuit nous arrivons devant Gallipoli, misérable village bâti, au débouché de la Propontide, sur l'emplacement d'une antique et belle cité qu'il ne remplace pas. C'est par cette porte que la barbarie asiatique entra pour châtier la corruption byzantine et ravager l'Europe ; c'est cette même porte que la barbarie turque ouvre aujourd'hui à la civilisation chrétienne. A la lueur du crépuscule, nous assistons au débarquement des premières troupes françaises sur cette terre jadis conquise par leurs ancêtres.

La frégate à vapeur le *Christophe Colomb* nous avait précédés d'une demi-journée ; chacun cherchait avidement des yeux où pouvaient être nos soldats, quand, au moment de jeter l'ancre, nous entendons dans la ville les sourds roulements d'une batterie de tambours français un peu enrhumés par l'humidité de la mer. Tout chauvinisme national à part, j'avoue que cette marche militaire, quoique peu harmonieuse, me causa autant de plaisir que la plus savante symphonie : elle annonçait les premiers pas de notre armée sur cette terre lointaine.

Tous les passagers turcs, anglais, arabes, grecs, français et levantins, se précipitèrent sur les bastingages de babord, afin de voir défiler sur le quai une compagnie du génie que des kawas conduisaient à ses logements ; presque au même instant, deux grandes chaloupes sortirent de derrière la frégate, et glissant sur les flots assombris par le crépuscule, transportèrent au rivage une autre escouade de cette arme, au son des tambours et drapeau déployé. Malgré la température glaciale de cette soirée, une foule d'habitants étaient rassemblés sur le débarcadère pour accueillir nos troupes et leur offrir l'hospitalité.

Du reste, dans cet accueil en réalité cordial, les Ottomans ont montré un flegme que je me suis expliqué plus tard, mais que l'on a pris d'abord pour de la froideur, et dont, à ce titre, notre patriotisme chatouilleux a été blessé.

On assure que notre armée doit d'abord occuper la Chersonèse, et établir un camp retranché sur toute la largeur de l'isthme qui réunit cette presqu'île à la terre ferme, de manière à se ménager, en cas de revers, un refuge inattaquable aux forces russes. Si ce projet est aussi vrai qu'on le dit, je comprends qu'il excite la défiance des Turcs du pays, car une pareille position est admirablement choisie.

Quoique inférieure en étendue à la Crimée, la Chersonèse de Thrace est plus importante comme poste maritime et militaire : entre les mains d'un ennemi, elle menace directement Constantinople, mais aussi sa possession annulerait les avantages de la prise de cette grande capitale par les Russes, en retenant leur flotte prisonnière dans la mer de Marmara et en inquiétant leurs communications avec la Grèce.

C'est un pays de jolis coteaux onduleux, tapissés de pâturages assez verts, et entrecoupé de petites vallées ombragées par des bouquets de pins et de chênes verts. Du côté du canal des Dardanelles on n'aperçoit qu'une demi-douzaine de villages et autant de maisons de campagne isolées dans la solitude. Quant à la ville de Gallipoli, qui est placée un peu au-dessous de l'isthme, dans une baie arrondie, séparée de la Propontide par un promontoire de rochers à pic, elle paraît une fort triste résidence. Sans les quelques minarets qui pointent au-dessus des toits comme des chandelles surmontées de leurs éteignoirs, on prendrait cet amas de misérables maisons de planches et de torchis, couvertes de tuiles brunes, pour un grand village auvergnat. L'illusion est d'autant plus facile que, sur la basse colline à laquelle la ville est adossée, s'élèvent les ruines d'un vieux château gothique attribué aux Génois, jadis maîtres et seigneurs de Galata, de Smyrne, de Sébastopol et de bien d'autres stations dans le Levant. C'est là le seul monument caractéristique de cette antique colonie grecque, devenue, au moyen âge, seigneurie française, et maintenant appelée à être le point de départ de la lutte gigantesque où vont peut-être se décider les destinées du monde.

Constantinople, 1ᵉʳ avril.

Ce matin, au point du jour, nous traversions le bel archipel de Marmara, puis, longeant les côtes nues et monotones de la Thrace, nous laissions à notre droite les jolies îles des Princes, au-delà desquelles se déploient, dans toute leur magnificence, les rivages de l'Asie et ses montagnes boisées couronnées de neige. Un coude de la côte nous cachait encore le but de notre voyage, de notre ardente curiosité : enfin, à dix heures et demie, tous les passagers abandonnent précipitamment le déjeûner et remontent sur le pont : nous étions par le travers de la vieille forteresse byzantine de l'Hepta-Purgon, et devant nous se déroulait l'immense panorama de Constantinople.

Le ciel était sombre, un vent glacial chassait par bouffées de violentes rafales de neige; dépouillée du prestige de la lumière dorée d'un beau soleil, la capitale de l'Orient, cette ville féerique trop vantée, se montrait à nous dans sa nue-vérité, et cette vérité était loin d'offrir un spectacle aussi flatteur qu'on le dit communément. Mais quelque désillusion qu'éprouve l'imagination, il est impossible de voir pour la première fois sans une profonde émotion cette ville que son admirable position rend aussi importante qu'un royaume, qui tient une si grande place dans l'histoire, et dont les vieux murs ébréchés ont été si longtemps le dernier refuge de la civilisation mourante. Sur les collines basses et dans une large vallée intérieure mollement arrondie, s'étendait à perte de vue une immensité de pauvres maisonnettes de bois grisâtre, couvertes de tuiles brunes. Des milliers de noirs cyprès et des centaines de blancs minarets pointaient de toutes parts au-dessus de cette masse incolore, confusément entremêlée de jardins, de prés et de terrains jonchés de ruines, que la population abandonne pour refluer hors des remparts, sur le rivage de la mer où elle étale en trois endroits ses sales et pittoresques masures.

Le *Louqsor* avance rapidement : le tableau change et prend un caractère de grandeur et d'animation extraordinaires. La gravure a tellement familiarisé tout le monde avec le site de Constantinople, que chacun s'y reconnaît de suite. En face de nous, ce large fleuve bordé de palais, qui, aussi rapide et quatre fois plus large que le Rhône, descend du nord entre deux rangées de collines semblables à celles de la Saône, c'est le Bosphore, et voici à son entrée la gracieuse tour de Léandre qui sort du milieu des vagues. A notre droite est la côte d'Asie, et voilà Scutari couché dans son vallon au pied du mont Boulgourlou, à peu près comme Smyrne au pied du Pagus. Plus bas, au-dessous des gigantesques casernes de Haïder-Pacha, une petite presqu'île flanquée de deux baies profondes s'avance vis-à-vis de Stamboul, portant à son extrémité une jolie bourgade entourée de vergers, c'est celle de Kadi-Kœï bâtie en bois sur les ruines de marbre de Chalcédoine.

Notre steamer, tournant à gauche, passe entre l'arsenal monumental de Top-Hana et les hautes terrasses de la pointe du sérail, toutes chargées de palais que cachent à demi les grands arbres des jardins; nous nous arrêtons au milieu de la Corne-d'Or. Des bateaux à vapeur, des navires marchands de toutes les nations, des vaisseaux de guerre et des bâtiments orientaux de formes étranges, naviguaient ou étaient mouillés sans ordre sur cette longue et sinueuse nappe d'eau, coupée de ponts, sillonnée par des milliers de fines embarcations, et abritée par les deux chaînes de collines abruptes de Constantinople et de Galata. De ce côté-ci une foule de solides maisons européennes peintes en jaune se mêlent aux frêles habitations turques; de celui-là, au contraire, le palais de la Sublime-Porte est le seul édifice dont le style franco-romain fasse disparate dans la masse des constructions de bois musulmanes, au-dessus desquelles s'arrondissent les dômes de plomb et s'élancent les hardis minarets de Sainte-Sophie, d'Achmet, de Bayezid, de Soleymanié et de Mohamedidgé.

Deux tours colossales, celles du séraskier et celle de Galata, en face l'une de l'autre comme deux sentinelles debout de chaque côté de la Corne-d'Or, surveillent Stamboul et ses faubourgs, et forment un des traits caractéristiques de ce tableau encadré de tout côté par des massifs de cyprès.

On est d'abord étourdi par le mouvement, ébloui par la grandeur, la singularité et l'extrême variété de ce magique spectacle; puis, le premier instant de surprise passé, on commence à remarquer partout le désordre, la misère et des ruines sordides. Parmi les quelques baraques coloriées qui bordent le port, on aperçoit tant de hideuses échoppes pourries et démantibulées, la vue est choquée de tout côté par de si triviales bêtises architecturales que, malgré la grâce incomparable du paysage, malgré la majesté imposante de certains édifices, et l'originalité pittoresque de quelques autres, le charme s'évanouit : on avait rêvé une glorieuse capitale de sultan, on se réveille dans un immense village de six cent mille âmes, qui doit à son site — le plus magnifique emplacement de ville qu'il y ait au monde — la meilleure partie de son admirable beauté.

Si je ne craignais pas d'avancer une assertion blasphématoire aux oreilles des enthousiastes, je dirais que notre vieil Alger, tel qu'il était avant que nous ne l'eussions défiguré à la française, présentait, avec ses maisons étagées en terrasses éclatantes de blancheur, un aspect infiniment plus oriental que Constantinople, dont les édifices de planches ressemblent de loin aux chaumières enfumées du Forez ou de l'Auvergne.

Il y a loin de ce Stamboul vrai au Stamboul idéal que des touristes poètes ont entrevu à travers le prisme de leur imagination, tout émaillé de cottages jaunes, rouges, bleus ou vert-pistache, diaprés, en un mot, de mille couleurs comme une prairie du mois de mai. Hélas ! les rares maisons peintes en azur, en jaune sale et en sang de bœuf, pas plus que les blanches mosquées, ne changent rien à la teinte générale de bois terni par la pluie et les brouillards. La nature seule sauve un peu la monotonie de ce fond bistré, en harmonisant on ne peut plus heureusement avec lui la verdure des touffes d'arbres multipliées à l'infini : dans les trois quarts de la ville, il y a autant de jardins que de maisons. Cela donne à cette grande capitale un air campagnard plein d'attrait au dehors, mais il ne faut pas trop approcher.

Il y a un an, certain Anglais de Calcuta vint visiter Constantinople. En homme bien avisé, il descendit du steamer dans un caïque, fit le tour de la Corne-d'Or, et se rembarqua sans avoir mis pied à terre.

J'ai compris la sagesse de cette conduite et la véracité des renseignements qui m'avaient été donnés par le commandant du *Louqsor*, en abordant au misérable débarcadère de bois pourri de la douane, en pénétrant dans les affreuses ruelles tortues, puantes, vermoulues et vermiculeuses de Galata, la riche cité du commerce *européen*. Les plus hideuses impasses de nos vieilles cités françaises ne pourraient en donner qu'une idée trop luxueuse, si je leur faisais l'injure de les comparer à ces bouges odieux, où l'on voit pourtant des négociants millionnaires passer la moitié de leur vie dans des magasins qu'en France ils rougiraient de donner pour écurie à leurs chevaux.

J'espérais encore, — certaines illusions longtemps caressées sont si tenaces, — que dans Péra où j'allai loger je retrouverais un semblant de ville civilisée. Au bout d'un quart d'heure de marche, voyant mon guide me conduire par des montées étroites, escarpées, pavées en casse-cou, bordées de bicoques, et peuplées de chiens-loups vautrés dans l'ordure, je me récriai indigné, demandant si l'on prétendait me mener dans quelque cabaret honteux. — Hé, monsieur! me répondit-on, l'hôtel de France où nous allons est ici à côté, sur la plus belle promenade de Péra, et nous voici arrivés dans la grande rue, le quartier diplomatique, le faubourg Saint-Honoré et Saint-Germain de Constantinople. Regardez plutôt : ici l'ambassade d'Autriche; là, celle de Russie qui est fermée, et un peu plus loin celle de France. Il disait vrai !...

Rien ne fait comprendre la forme des choses matérielles comme leur comparaison avec les objets que nous avons sous les yeux. Figurez-vous donc que pour aller de Galata à Péra, vous avez gravi la montée du Gourguillon à Lyon — Paris n'a rien de pareil — et qu'au sommet du coteau, sur une crête resserrée entre deux vallons assez profonds, s'allonge une sorte de rue Saint-Jacques à peu près horizontale, longue de douze à quinze cents mètres et large tantôt de deux, tantôt de huit mètres; imaginez-vous de chaque côté une rangée de constructions, la plupart en bois ou en torchis, une centaine seulement en maçonnerie, cinq ou six tout au plus passablement jolies, et les autres trivialement laides; supposez enfin quatre ou cinq magasins comme ceux de second ordre en province, et une foule de boutiques de village occupant les rez-de-chaussée des maisons dont les deux ou trois étages supérieurs surplombent presque tous de cinq ou six pieds, à la mode turque. Voilà le fidèle portrait du *beau quartier de Péra*. S'il n'est pas poétique, il est vrai.

Pour le compléter et l'animer, il faut y ajouter une cohue agitée de *hamals* portant des fardeaux avec des barres de bois ou un bât posé sur leur échine, des troupeaux de bourriquets pelés, des chameaux, des chevaux, des juifs, des Arméniens, des rayas, des soldats turcs, des bachi-bozouks asiatiques, des moines, des prêtres grecs voilés de noir et des Européens de toute langue, de toute nation. Ceux-ci ont presque tous leurs pantalons rentrés dans leurs bottes, afin de se préserver de la boue dans laquelle ils pataugent, et les dames pérates ou turques sont chaussées de socques en bois exhaussées de deux pouces sur deux planchettes transversales; pour marcher avec ces échasses, sur le pavé inégal et glissant de marbre bleu où l'on peut à peine assurer son pied, il faut avoir de rares dispositions acrobatiques. Dans cette rue déjà si populeuse les juifs étalent leurs marchandises par terre, les cafetiers ambulants y établissent leurs fourneaux, et les rôtisseurs y font frire en plein vent leurs brochettes perpendiculaires de kébab. Ici des industriels travaillent assis devant leurs boutiques; là deux juifs cadavéreux à barbe grise font un encan public de friperies au son de la musique ; l'un, courant de groupe en groupe, secoue ses guenilles sous le nez de chacun, et glapit les enchères d'une voix enrouée que l'autre frater accompagne en jouant sur la dernière corde d'un violon éventré une cantilène de synagogue destinée à attendrir la bourse des capitalistes, de même que jadis Orphée adoucissait avec sa lyre le cœur des bêtes farouches.

Ailleurs enfin des bouchers dépècent leurs moutons et leurs agneaux accrochés aux murs des maisons, tandis que des hordes de chiens galeux affamés s'ameutent autour de ces abattoirs économiques, dévorant des yeux la chair saignante, et se battant pour un os entre les jambes des passants dont les mollets sont parfois l'objet de cruelles méprises.

A droite et à gauche s'ouvrent de sombres petites ruelles de cinq à six pieds de largeur. Celles de droite descendent dans le vallon de Top-Hana où sont presque toutes les ambassades, et celles de gauche dans la vallée du Petit-Champ-des-Morts. C'est de ce dernier côté que se trouvait l'hôtel de France que je recommande aux touristes curieux de savourer dans toute leur horreur les délices de la vie turco-franque de Péra. Cette méchante petite baraque de bois élève son pignon démantelé à l'extrémité inférieure de la *charmante* promenade du Petit-Champ-des-Morts, la seule de Constantinople.

Cette célèbre promenade est une vilaine grande route montante, inégale et obstruée à moitié par d'énormes tas d'immondices. De mauvais petits cafés comme ceux de nos barrières de Paris ou de Lyon ornent seuls les rez-de-chaussées de très-vulgaires maisons franques mal alignées.

A moins que le feu n'ait tout emporté, il a fallu de bons yeux pour découvrir au milieu de ces trivialités architecturales le moindre kiosque, la plus modeste fontaine orientale. Une seule chose reste vraie : c'est le romantique aspect de la vallée des Morts dont les pentes rapides, tout hérissées de pierres tumulaires plantées en terre comme des pieux de marbre blanc, sont ombragées par des milliers de noirs cyprès. Entre les cimes déliées de cette forêt funèbre, on voit étinceler au soleil la nappe brillante des eaux de la Corne-d'Or, au-delà de laquelle se dresse le magique rideau des collines de Stamboul, profilant sur le ciel nuageux les minarets de ses mosquées ottomanes et les tours ruinées des murs de Constantin.

# II<sup>me</sup> LETTRE.

**Constantinople. — Soldats égyptiens. — Nouvelles. — Opéra.**

Constantinople, 3 avril 1854.

Débarqué seulement depuis deux jours, et n'ayant pas encore eu le temps de prendre langue dans ce pays, il me serait, vous le comprenez, difficile de pouvoir apprécier convenablement le vrai ou le faux des on dit contradictoires qui se répètent ici et dont la télégraphie électrique a dû vous transmettre déjà la substance. Encore moins pourrais-je discuter impromptu la question d'Orient comme certains touristes qui, en mettant le pied sur le territoire ottoman, éprouvent une soudaine illumination de la vérité, et débrouillent instantanément avec une merveilleuse lucidité toutes les complications de tant d'intérêts opposés. Je me contente donc modestement d'ajouter, dans cette seconde lettre, quelques nouveaux traits à la peinture que je vous ai faite de Constantinople, et de vous envoyer les nouvelles du moment qui me semblent les moins exagérées.

Débarqué, ainsi que je vous l'ai dit, avant hier à midi, à une heure je redescendais à la Corne-d'Or, avec l'intention d'aller me promener seul dans Stamboul : je ne savais pas un mot de turc pour demander mon chemin, au cas où je me serais égaré au milieu de ce labyrinthe de ruelles embrouillées comme un écheveau de fil dévidé par la griffe d'un chat; je n'avais même pas une canne afin de chasser les chiens dont les relations font un si terrible portrait; aussi hésitai-je un peu d'abord à franchir la barrière du vieux pont de bateaux qui réunit la ville à ses faubourgs. Le singulier spectacle qu'il présente suffit d'ailleurs à satisfaire la plus avide curiosité d'un nouvel arrivé. Cette grande chaussée flottante, servant en même temps de débarcadère à tous les petits bateaux à vapeur du Bosphore et de la mer de Marmara, et de voie de communication entre les quartiers les plus populeux, les plus commerçants des deux rives de la Corne-d'Or, il y règne, à toute heure de la journée, un mouvement qui ne peut guère se comparer qu'à celui de Broad-Way à New-York ou de Charing-Cross à Londres. Mais quelle différence pour le coup d'œil, pour la variété et l'originalité des figures de ce tableau animé! Il est impossible de s'imaginer sans l'avoir vu ce pêle-mêle incroyable de tous les costumes de l'Orient, les plus beaux et les plus baroques, les plus somptueux et les plus déguenillés, les plus nobles et les plus caricatures, ceux-ci en très-forte majorité.

J'arrivai juste à temps pour être témoin d'un incident qui complétait merveilleusement cette scène étonnante. Un bataillon égyptien, envoyé par Abbas-Pacha au secours de son seigneur suzerain, débarquait de deux frégates à vapeur du vice-roi, et se rangeait en bataille sur le pont.

La foule cosmopolite et bigarrée de la grande capitale se pressait autour de cette troupe musulmane; mais aucun cri, aucune marque extérieure de sympathie ou d'intérêt ne venaient encourager ces douze à quinze cents pauvres soldats, qui grelottaient à la bise noire, au milieu des giboulées de neige d'une affreuse lune rousse, aussi acariâtre en Orient qu'en Occident.

Cette froideur glaciale pour des coréligionnaires m'a expliqué et fait excuser celle des Turcs de Gallipoli à l'égard des premiers soldats de notre avant-garde, que j'y ai vus débarquer ces jours-ci au milieu d'une indifférence plus choquante à nos yeux que celle des Marseillais. En effet, pourquoi le flegme des musulmans, si impassibles en face des purs, des fervents guerriers islamites, s'enflammerait-il subitement en l'honneur des champions un peu équivoques, il faut bien en convenir, qui leur arrivent du fond de l'Occident chrétien?

J'étais peut-être, dans toute cette cohue, le spectateur le plus sympathique à ces défenseurs du Coran, à cause de leur effrayante beauté militaire, ou si l'on aime mieux de leur magnifique laideur. La plume est impuissante à décrire cet horrible bataillon dont le daguerréotype seul pourrait faire comprendre la rudesse barbare. Qu'on se représente, si faire se peut, une sauvage milice d'esclaves jaunes ou noirs armés de haches, de sabres, de baïonnettes et de fusils enveloppés de sales cotonnades; leurs pieds nus traînent des savates éculées; leur dos se courbe sous le faix d'un bagage désordonné comme un butin enlevé à la hâte; leurs uniformes bleus usés et rapiécés disparaissent sous de longs frocs de moine, blancs, bruns ou gris, en bure de laine brute aussi grossière que des tapis ; les uns laissent pendre jusqu'à terre cette affreuse robe sanglée de buffleteries fauves, tandis que d'autres, la relevant au ceinturon, découvrent des pantalons déteints, racommodés, râpés jusqu'à la corde.

Qu'on imagine, sous ces capuchons à longues attaches rabaissés ou tortillés sur la tête en turbans fantastiques, les plus étranges, les plus énergiques, les plus hideuses, les plus bestiales figures que puisse enfanter l'Afrique, et l'on aura une idée de cette soldatesque. Il y avait là des géants sublimes de férocité, avec des dents d'anthropophages et des yeux étincelants dans une face de suie ténébreuse ; des nains chétifs, déformés, au visage livide, souffreteux, tout empreint d'inconsolables, d'indicibles misères humaines, et n'ayant plus qu'une longue dent pour déchirer la cartouche, et qu'un œil pour voir l'ennemi : les malheureux se sont inutilement crevé l'autre pour échapper à l'impitoyable conscription d'Abbas-Pacha. Parmi ces recrues, on remarquait de vieux soldats cophtes d'un admirable caractère, et qui semblaient des guerriers de Sésostris descendus de quelques bas-reliefs de Karnac ou de Méroë. A leur front ridé ombragé de cheveux gris frisés, à leurs joues de bronze balafrées de cicatrices, à leur fière tournure, il était facile de reconnaître des vétérans d'Ibrahim-Pacha.

Aussitôt que le bateau à vapeur eut vomi sur le pont de bois toute sa cargaison d'Africains, le bataillon, escorté par la foule et précédé d'un gigantesque sapeur nègre en tablier de maroquin rouge, se mit en marche vers Stamboul au son de huit tambours et quatre fifres aussi sauvages les uns que les autres. Il s'arrêta un moment dans la cour de la mosquée d'Yéni-Djami, dont la gracieuse élégance arabe contrastait étrangement avec l'aspect de ses défenseurs, puis une musique militaire turque presque aussi bonne que les nôtres se plaça en tête de la colonne, et un pacha monté sur un magnifique cheval caparaçonné d'or la conduisit, à travers un dédale de petites ruelles populeuses, sur la place d'Atmeïdan, pour y être passée en revue par le ministre, avant de partir pour le Danube.

Il ne faudrait pas se hâter de juger de l'excellence de ces soldats d'après leur pitoyable accoutrement et leur tournure hétéroclite ; leurs armes sont en très-bon état, je les ai vus les manier, et manœuvrer avec une rare précision ; de plus, tout le monde s'accorde à dire qu'ils craignent moins le feu que le froid. Pour tuer ou être tué à quoi servent les beaux habits, les dorures et les plumets ?

Le démon de l'inconnu me poussa en avant ; je ne m'arrêtai pas longtemps à cette parade militaire, et après avoir soigneusement choisi, du milieu du pont, comme points de repères, plusieurs tours et minarets qui semblent faits exprès pour cela, je me lançai à l'aventure *Eis ten polin*.

Cette ville par excellence des Grecs n'est, pas plus que Péra et Galata, une ville véritable dans le sens que nous attachons à ce mot. De l'aveu presque unanime des étrangers réunis maintenant à Constantinople, c'est bien plutôt un colossal et populeux village, orné de loin en loin de quelques beaux édifices publics, tels que mosquées, palais, fontaines et tombeaux, dont le luxe et l'élégance originale ne font que mieux ressortir par le contraste la chétive tournure des palais et des habitations de bois qui les entourent, la malpropreté, le désordre de la voirie, la misère et les guenilles qui pullulent tout autour.

En quatre heures de promenade accélérée, je pus me faire une idée assez juste de cet ensemble et visiter à peu près tout le quartier vivant et commerçant de Stamboul. Après avoir remonté le long du port et des remparts moisis de la Corne-d'Or, à travers un fouillis infect de petites rues hideusement pittoresques où grouillent la cohue et l'activité boutiquière d'un champ de foire, je grimpai, par des pentes raides bordées de ruines de maisons incendiées, sur le plateau de la Soleymanié où, au milieu d'une vaste enceinte calme et silencieuse, la plus belle mosquée de l'islamisme élève ses dômes et ses minarets au-dessus de toute la ville. Sans savoir son nom, je devinai à la majesté de l'édifice que ce devait être le chef-d'œuvre si vanté du grand Soliman.

Du haut de la terrasse ombragée d'arbres géants, l'on jouit d'un point de vue magnifique sur l'entrée du port, Péra et une partie de la ville. Je reconnus ma direction et cherchai inutilement des yeux Sainte-Sophie, facile à distinguer à ses murs rayés de blanc et de rose : ne pouvant l'apercevoir, je m'éloignai à regret de la Soleymanié que je n'avais pas le loisir d'admirer en ce moment. Je voulais réserver les prémices de mes admirations au fameux temple de Justinien, le type original des styles byzantin, arabe et roman.

Des rues irrégulières, assez larges et peu fréquentées comparativement à celles du port, me conduisirent droit au ministère de la guerre ou séraskiérat, que sa haute tour de forme élégante et singulière signale de loin à tous les yeux.

Sur une place, à côté de l'enceinte de ce palais de bois, s'élève une ancienne et jolie mosquée ; sa cour de marbre plantée de cyprès et de platanes est peuplée d'innombrables essaims de tourterelles. A cette particularité il était facile de reconnaître la poétique Bayézid-djami. J'achetai quelques poignées de grains à un vieux Turc décrépit dont c'est la pieuse industrie, et je me donnai le loisir de les jeter sous le cloître somptueux qui entoure le parvis du temple de sa colonnade de jaspe et de porphyre. Aussitôt, du haut des arbres, des dômes, du pavillon de la fontaine et des murs festonnés en fleurons, un nuage ailé s'abattait sur le pavé de marbre, avec des roucoulements qui ressemblaient au bruit lointain de la mer ou du vent dans les forêts. Cette colonie aérienne, fille d'un couple acheté par la charité du terrible sultan *la foudre*, est assurément très-gracieuse ; toutefois, je m'en lassai vite, car elle remplit ce magnifique édifice d'ordures encore plus que de poésie : elle digère prodigieusement, ce qui donne au temple saint l'odeur et l'aspect d'un monumental poulailler.

Je parcourais depuis un moment la plus grande, la plus belle rue que j'eusse encore trouvée à Constantinople, quand, en levant les yeux, je vis se dresser devant moi à cent pieds en l'air une colonne triomphale antique de granit rouge gercé, fendu par les incendies auxquels le monument a survécu depuis des siècles. Malgré les armatures de fer qui cerclent ses flancs, ce fût colossal, encore ceint de douze couronnes de lauriers, produit un effet imposant par sa masse et les souvenirs qu'il éveille. Une tradition indigène que je ne discute pas en fait un trophée des victoires de Bélisaire dont on montre près de là le palais en ruine. Cette origine peut facilement être éclaircie par la lecture d'une inscription grecque, gravée sur les assises de marbre qui formaient autrefois le massif intérieur d'un chapiteau de bronze que la chaleur du feu a sans doute détruit. Je n'ai pu y déchiffrer sans lunettes que le titre impérial de SEBASTOCRATOR très-bien conservé.

Le piédestal de la colonne est enclavé dans un pâté de vieilles baraques, auxquelles est adossé un corps-de-garde : il est impossible d'en approcher.

Suivant toujours la grande rue pleine de peuple et d'animation, je passai devant un édifice de marbre blanc, en style européen, rappelant un peu celui du Trianon : je m'approchai de ses grandes arcades vitrées. Derrière les grilles dorées apparaissaient plusieurs cercueils couverts de riches étoffes ; le plus grand portait du côté de la tête un fez orné d'une aigrette d'oiseaux de paradis, attachée par un soleil de diamants. — Padischa Mahmoud-Khan, me dit un jeune Turc en costume de la réforme, et accoudé à côté de moi sur la corniche de marbre. — Ce renseignement, le seul que j'eusse reçu de la journée, et sans le demander, m'apprenait que ce joli salon parisien était le tombeau du sultan Mahmoud et de sa famille. Je préférais de beaucoup les turbés orientaux que j'avais plusieurs fois remarqués dans ma course vagabonde.

Il commençait à se faire tard et je n'avais pu découvrir Sainte-Sophie. Encore quelques pas au-delà de la chapelle funéraire du dernier sultan, et je débouchai sur un des petits côtés d'une longue et vaste place irrégulière, au sol inégal et pierreux. Un des grands côtés était formé par la façade d'une immense mosquée à six minarets ; au milieu, un lourd obélisque de granit rose, un peu plus loin, une sorte de colonne torse en bronze, et tout au fond, devant des maisons écroulées, un grand pilier de pierres de taille amoncelées en forme d'aiguille, semblaient bien moins orner cette place qu'y avoir été oubliés par la dévastation qui en a jonché le sol de ruines jusqu'à la moitié de la hauteur des piédestaux. Impossible de s'y tromper ! J'étais dans l'Atméïdan, dans l'antique hippodrome de Constantinople, en face de la mosquée d'Achmet, par conséquent Aya-Sophia ne devait pas être loin ; en me retournant, du centre de la place, j'aperçus enfin par-dessus les maisons basses son dôme écrasé et ses lourds contreforts zébrés de rose.

Quoique ce fût fort laid, cela me fit tressaillir de plaisir ; j'avais réussi à déterrer cette merveille constantinopolitaine. Maintenant que je connaissais le chemin pour y aller, il fallait me presser de trouver le chemin pour en revenir. Il était cinq heures ; la nuit tombait à six ; l'idée seule de me trouver égaré dans ce labyrinthe de ruelles, au milieu des ténèbres et des chiens, sans pouvoir demander aucune indication, me causait de sinistres appréhensions. Sur le bateau à vapeur, des voyageurs *très-véridiques* avaient raconté, les cheveux hérissés d'horreur, la lamentable légende d'une famille anglaise qui, perdue la nuit dans le vieux Stamboul, fut impitoyablement dévorée par les meutes féroces de chiens errants. On ne retrouva le lendemain que les talons de bottes de milord, le manche de l'ombrelle de milady, et rien de ses six enfants !!!

Pauvres bêtes ! J'avais pu m'édifier dès ce premier jour sur la mansuétude de leur caractère trop calomnié. Moi chrétien tout frais débarqué et sans le moindre déguisement ni le plus petit bâton, j'avais vingt fois traversé leurs bandes affamées, j'avais même fréquemment marché sur ces animaux *féroces*, pas un seul n'avait, je ne dis pas mordu, mais simplement aboyé au ghiaour.

Le moyen de s'en faire ainsi respecter est bien facile, c'est le même partout : il faut passer à côté d'eux sans paraître y faire attention, comme un vieil habitué du quartier. Cependant la nuit il ne faudrait pas s'y fier, car alors, dans ces rues aussi désertes et ténébreuses que les fourrés d'une forêt, ces animaux ambigus à mines de chacal, laissent de côté leur masque de chien pour reprendre le naturel du loup.

Je hâtai donc le pas, et, heureusement pour moi, les moyens de reconnaissance que j'avais choisis étaient un peu plus sûrs que les miettes du petit Poucet. Je laissai de côté la mosquée de Nourr-Osmanié, traversai le grand bazar, franchis le pont de la Corne-d'Or, remontai à Péra, et, toujours guidé par les minarets ou les tours de Stamboul et de Galata, j'arrivai sans peine à mon hôtel, persuadé, contrairement au dire de beaucoup de gens, que Constantinople est une des villes où il est le plus facile de se guider.

L'affiche du théâtre italien annonçait l'opéra de *Rigoletto*, de Verdi. J'y allai terminer dignement ma première soirée orientale. Pour deux piastres — quarante centimes de France — je me procurai d'abord une de ces lanternes de papier vulgairement appelées un *rat;* c'est un éclairage portatif et individuel, obligatoire dans cette *grande ville* où l'éclairage public est totalement inconnu. Faute de cette précaution, un de mes compagnons de traversée fut arrêté au sortir de l'opéra, et conduit au corps-de-garde par une patrouille turque, qui ne lui offrit même pas le dédommagement d'être aussi pittoresque que celle de Decamps.

Le théâtre de Constantinople est dans une très-simple maison particulière, regardée en Orient comme une luxueuse construction, parce qu'elle est tout en pierre. Une petite porte à loquet donne entrée dans des couloirs puants, éclairés à l'huile de baleine. La salle assez grande est d'une nudité, d'une saleté humiliante pour les grands génies dont les chefs-d'œuvre y sont représentés, et pour les artistes chargés de les interpréter. Involontairement on se prend à juger ceux-ci d'après les banquettes et les stalles de bois nu, d'après le rideau réduit à l'état de torchon froissé, d'après le parterre debout et le plafond orné de fresques de vitriers.

Jugement téméraire et injuste ! Avec quel plaisir je retrouvai sur cet humble théâtre des artistes d'un mérite supérieur, tels, par exemple, que Mlle Beltramelli de l'opéra italien de Paris. Malheureusement, il ne paraît pas que le public cosmopolite de Péra apprécie mieux le mérite des beaux arts que celui des arts utiles, et fasse plus de cas d'une cavatine de Rossini que d'un bec de gaz. On prétend que beaucoup de riches Pérates, pachas financiers à trois chandelles, ne vont au spectacle que pour avoir un prétexte de faire briller à la sortie leur chère lanterne à triple lumignon, en l'honneur de laquelle ils repoussent obstinément tout éclairage public.

Le personnel des ambassades et la population étrangère, française, italienne et allemande, ne suffisent pas, dit-on, à couvrir les frais d'une troupe convenable ; aussi le théâtre de Constantinople serait-il sur le point de tomber, faute de public et faute d'artistes, si les officiers des armées alliées ne devaient bientôt lui venir en aide.

Je m'occupai d'abord bien moins de ce qui se passait sur la scène que des ébahissements comiques d'une escouade de soldats turcs, récemment arrivés de la province et placés en faction sous la loge vide du sultan. Je remarquai surtout dans le parterre deux *bachi-bozouks* syriens, complétement désorientés, affolés par le vertigineux spectacle qu'ils avaient sous les yeux. Ils paraissaient tellement stupéfiés qu'on aurait pu leur enlever, sans qu'ils y prissent garde, les turbans mirobolants de deux pieds de hauteur, posés en équilibre sur l'occiput de leurs têtes sarrasines.

Mais bientôt la musique de Verdi me captiva entièrement. Au lieu des effets harmoniques bruyants et anti-mélodiques, familiers à ce compositeur, il se trouvait, agréable surprise, qu'il avait brodé sur ce drame de *Rigoletto*, tiré du *Roi s'amuse*, de Victor Hugo, de ravissantes mélodies pleines de passion, de verve et d'originalité. C'est un opéra appelé à un succès populaire, égal à celui *Lucia* et de la *Favorite*. Pourquoi nos directeurs de province, qui courent après des succès et ne trouvent que des mécomptes, ne mettent-ils pas la main sur celui-là?

Tout en pensant au bonheur d'autrui à six cents lieues de distance, je m'aperçois que j'ai le malheur de ne plus retrouver ma rue au milieu de l'obscurité. Peu à peu les mille feux follets qui s'étaient échappés du théâtre et s'étaient dispersés dans la ville, disparaissent les uns après les autres. Je demande où est mon hôtel aux dernières lanternes errantes : l'une est arménienne, l'autre grecque, celle-ci allemande, celle-là hongroise ; aucune ne me comprend; toutes ont l'air de croire que je leur demande la bourse ou la vie. Enfin, après avoir promené pendant une demi-heure mon fallot mourant à travers les tombes et les cyprès du petit champ des morts, je parvins à rentrer dans mon lit où je m'endormis en songeant aux incidents de cette journée bien remplie. Ma dernière pensée fut pour les infortunés ghiaours abandonnés sans chandelle à la férocité des chiens que j'entendais hurler au loin.

5 avril.

*P. S.* La frégate à vapeur le *Christophe-Colomb,* après avoir débarqué les troupes à Gallipoli, a amené à Constantinople le général Canrobert et plusieurs officiers supérieurs. Hier le général suivi de tout son état-major en grande tenue et à cheval a été faire sa première visite à la Sublime-Porte. La vue de ces uniformes français a paru causer une certaine joie à la population qui encombrait les rues où défilait ce brillant cortége. Toutefois, on a entendu quelques vieux débris du janissariat grommeler dans leur barbe grise contre l'intervention sacrilége des ghiaours au sein de l'islam. Les hommes sensés du Divan laissent rabâcher ces fanatiques voltigeurs de Mustapha et font tous leurs efforts pour hâter l'arrivée de nos troupes. Une commission a été formée pour surveiller et activer l'approvisionnement de l'armée française : elle est composée de Reschid-Pacha, Kiamil-Pacha et Méhémet-Pacha, trois personnages des plus habiles et des plus influents. Malheureusement Reschid-Pacha, le bras droit du sultan, est malade en ce moment.

La présence de leurs alliés semble aiguillonner le zèle

des fonctionnaires publics osmanlis. Tous les officiers de l'armée turque et une partie des employés civils ont spontanément offert au sultan trois mois de leur solde, pour être employés à payer l'armée d'Anatolie dont la pénurie est grande. Méhémet-Pacha disait à un Français : « Nous « vendrons, s'il le faut, notre argenterie, l'or de nos « armes et les bijoux de nos femmes ; nous mangerons « dans des plats de bois et nous nous habillerons de peaux « de moutons comme nos aïeux les Tartares ; mais nous « pousserons la guerre jusqu'au bout, coûte que coûte. » Ce sont là de nobles paroles ; et une pareille générosité serait d'autant plus méritoire qu'elle contrasterait davantage avec les habitudes de rapines habituelles de certains hauts fonctionnaires turcs qui, généralement, aiment mieux prendre que donner.

On a répandu hier le bruit que la France et l'Angleterre avaient enfin formellement déclaré la guerre à la Russie, et que la première division de l'armée française passerait ces jours-ci par Constantinople pour aller à Varna et entrer immédiatement en ligne ; du moins, c'est là ce que les ministres ottomans auraient demandé avec instances afin de surexciter le patriotisme turc, et encourager l'armée d'Omer-Pacha par la vue de nos bataillons, qui leur prouvera mieux que des paroles que la France ne les abandonne pas.

Rien n'est encore décidé quant à la légion étrangère, dont la Sublime-Porte hésite encore à autoriser la formation, par scrupules plus religieux que politiques. Les réfugiés italiens, ennuyés de ces délais, sont repartis pour Malte où ils vont se masser, afin d'y attendre les événements ; mais les Hongrois et les Polonais, sur le courage et l'habileté desquels il y a beaucoup plus de fond à faire, restent encore à Constantinople, et espèrent pouvoir bientôt satisfaire leurs vieilles et leurs nouvelles rancunes contre la Russie, en la combattant à l'ombre du drapeau ottoman. Singulier revirement des choses d'ici-bas ! L'Autriche sauvée des Turcs par les Polonais de Sobieski a dépecé la Pologne, et aujourd'hui les Polonais mettent leur espoir dans le triomphe du croissant jadis abattu par leurs pères.

Depuis quelques jours la chancellerie hellène à Constantinople est journellement assiégée par des milliers de Grecs qui demandent leur passeport. La plupart sont des sujets du roi Othon, expulsés par un récent décret du sultan ; mais parmi eux il y a aussi bon nombre de rayas qui profitent de la confusion pour fuir la justice locale, et aller s'enrôler parmi les bandits de l'insurrection Épirote. Hier il en est parti plus de deux mille, et c'est une justice à leur rendre, personne ne regrette cette estimable population. Français, Turcs, Anglais, Allemands, Arméniens et Juifs même, tous s'accordent à dire que moins il y en a, mieux cela vaut.

# III<sup>ME</sup> LETTRE.

**Camp de Gallipoli.—Expulsion des Hellènes.—Bachi-Bozouks.
— Soldats turcs. — Portrait du Sultan.**

Constantinople, 15 avril 1854.

Depuis ma dernière lettre les événements ont suivi leur cours, sans amener aucun nouvel incident bien remarquable. Le succès de l'emprunt turc, l'arrivée des troupes alliées, les petits combats contre les bandits grecs, le départ des flottes pour aller châtier Odessa, et surtout les progrès des Russes en Bulgarie font encore le sujet de toutes les conversations, le canevas sur lequel chacun brode son thème suivant sa fantaisie ou ses sympathies. On n'a jusqu'à présent que très-peu de détails positifs sur le passage du Danube, soit parce que les rapports officiels ne sont pas encore arrivés, soit, comme le disent quelques officiers turcs en relations journalières avec le séraskiérat, parce que la Sublime-Porte ne veut pas divulguer de fâcheuses nouvelles qui pourraient irriter ou démoraliser la population musulmane. Ainsi, l'on raconte bien officiellement l'héroïsme d'un bataillon égyptien qui se serait fait hacher pour défendre le passage du fleuve, mais on se dit tout bas qu'au lieu d'un il s'agirait de trois bataillons écharpés. Les Turcs ont été fort attristés par cet échec partiel, du reste assez insignifiant dans l'ensemble d'aussi vastes opérations que celles d'une pareille campagne. Le Divan s'est d'abord montré mécontent et injuste à l'égard d'Omer-Pacha, puis il est revenu à de meilleurs sentiments, en entendant des officiers compétents, et entre autres le général Bosquet, arrivé avant hier, déclarer que sa conduite était pleine de prudence et d'habileté; qu'il avait sagement agi en ne précipitant rien, en ne se laissant pas emporter par une ardeur téméraire, et en se repliant sur ses réserves. Un autre officier anglais trouve que le général turc est bien heureux d'en être quitte à si bon marché, car, suivant lui, une armée qui défend le passage d'un fleuve est presque toujours battue et coupée.

Le bruit s'est répandu ces jours-ci à Constantinople que Paskiewitsch aurait exprimé son intention formelle de tout sacrifier pour arriver avant les troupes françaises et anglaises à Andrinople, point stratégique dont l'occupation, selon les Russes, devrait décider du succès de la première campagne, et peut-être de toute la guerre. Pour atteindre ce but, il laisserait derrière lui les forteresses sans s'y arrêter, et compterait sur une insurrection générale des Bulgares pour affamer, désorganiser l'armée turque et nourrir, recruter la sienne, aux dépens du pays envahi. Ce projet, qui aurait des chances de succès, à cause de sa hardiesse même, est, dit-on, entravé par des ordres contradictoires de l'empereur Nicolas. Au reste, d'après toutes les apparences, et s'il faut en juger d'après le peu de uccès de l'insurrection de Thessalie, une révolte des Bulgares en faveur de la Russie, qui les a déjà pressurés, puis abandonnés plusieurs fois, n'est guère probable. D'ailleurs, une pointe hardie au-delà des Balkans, avec les Français en tête et l'armée turque, encore puissante sur ses derrières, semble une si folle témérité pour un vieillard comme Paskiewitsch, qu'elle est regardée comme fort improbable, et l'on pense généralement que les troupes alliées auront tout le temps de se rassembler dans la Thrace, jusqu'à la fin de mai ou la première quinzaine de juin.

Quoi qu'il en soit, des alarmistes affirment que Luders s'avance déjà entre Varna et Schumla. Les mêmes Osmanlis qui se plaignaient amèrement, il y a quinze jours, de l'immixtion des ghiaours dans leurs querelles, qui disaient comme les Italiens : *Italia fara da se*, et se vantaient qu'il suffirait de déployer le drapeau du prophète pour conduire l'armée turque à Moscou, ces mêmes vieux Osmanlis entêtés commencent à murmurer de la lenteur de nos débarquements de troupes.

Ceux-là sont encore les gens sensés; mais au-dessous des pachas éclairés qui ont vu l'Europe de près, c'est étonnant combien il y a, dans la population même de Constantinople, de préjugés ignorants contre notre alliance; combien, à côté de solides et d'excellentes qualités, d'une bravoure héroïque, d'un dévouement absolu, on trouve de fanfaronnades de Capitan-Pacha d'une exagération burlesque. La masse du peuple ottoman se croit encore sérieusement aux jours de Mahomet II ou du grand Soliman.

Indépendamment de tout sentiment erroné de leur puissance, les Osmanlis, même parmi les gens du bas peuple, voient, comme je l'ai déjà dit, l'arrivée de tant de soldats infidèles avec une défiance instinctive. Hier un Arménien traversant le Bosphore en caïque, montrait au caïdgi turc des navires de guerre français et anglais qui venaient de jeter l'ancre : — Ça doit vous faire plaisir de voir ces belles frégates à vapeur, lui dit-il; elles vous amènent des alliés ? — J'ai idée, répondit le vieux batelier, tout en ramant, que ces alliés nous feront avaler une plus grosse couleuvre que nos ennemis les Russes.

La plus cordiale entente règne d'ailleurs à Gallipoli entre les soldats des deux puissances occidentales. Sans comprendre un mot de ce qu'ils se disent réciproquement, grenadiers aux gardes et grenadiers français, voltigeurs et fusiliers écossais, highlanders et zouaves s'en vont bras dessus bras dessous boire aux cantines, riant de confiance des lazzis qu'ils se débitent reciproquement et des coqs-à-l'âne continuels qui émaillent leurs conversations, pantomimes.

L'excentricité des uniformes ou des caractères paraît avoir fait naître une soudaine sympathie, surtout entre zouaves et montagnards écossais. A peine débarqués, ils fraternisaient ensemble, attirés les uns vers les autres comme par une attraction magnétique, ceux-ci s'ébahissant des larges chausses de ceux-là, et ceux-là raillant ceux-ci sur le manque total de ce vêtement qu'on nomme *indispensable* de l'autre côté du détroit. Bientôt, le vin blanc du mont Olympe aidant à la *fusion* des cœurs et des uniformes, highlanders et africains en vinrent à échanger les culottes contre les jupons, les bonnets à poil contre les turbans; mascarade de carnaval qui divertit les Français autant qu'elle scandalisa les généraux anglais.

Gallipoli est déjà francisé : les rues ont été baptisées et les maisons numérotées ; les administrations, les logements, les magasins, les hôpitaux et les cantines sont indiqués par des écriteaux. Tout ce remue-ménage ne s'est pas fait sans inquiéter énormément les pauvres Turcs endormis dans ce grand village. En quinze jours, nous les avons plus tracassés qu'ils ne l'avaient été depuis trois cents ans. Le malheureux pacha n'a pas une minute pour fumer son chibouk en paix : il en est tombé malade.

Un musulman sort-il tout ahuri de sa maison pour demander ce qu'on écrit sur son mur : — Ça ne te regarde pas, vieux, lui répondent nos soldats, va-t'en voir tes poules.

Certains zouaves, lorsqu'ils ont aperçu ces volatiles s'échappant par-dessus les murs ruinés d'une cour, leur ont tiré un coup de fusil, les ont tués net, et, au nez, à la barbe du Turc ébahi, ont englouti ce gibier domestique dans leurs vastes culottes.

Les premiers voltigeurs débarqués se sont permis des peccadilles bien autrement douloureuses pour les cœurs osmanlis que le meurtre des poules et des pigeons. En galants troupiers français dont la tendresse avait été péniblement comprimée par un mois de navigation, ils embrassaient familièrement, en pleine rue, toutes les *odalisques* qu'ils rencontraient dehors, et même, dit-on, celles qu'ils relançaient jusqu'au fond de leurs harems de planches pourries. Les pauvres maris, épouvantés de cet ouragan amoureux, se sont hâtés de reléguer leurs femmes et leurs filles dans les villages écartés de l'Asie et de la Roumélie. Il n'est resté en ville que des enfants en sevrage et des matrones respectables, de sorte que l'incendie s'est éteint faute de matière inflammable.

Les cinq ou six mille hommes qui sont déjà campés à Gallipoli même, sous la tente ou dans des maisons mal fermées en mauvaises planches, ont dû souffrir beaucoup il y a une semaine et encore aujourd'hui ; car, après une huitaine de beaux jours printaniers, l'hiver est revenu hier soir aussi âpre qu'au commencement du mois. En ce moment où je vous écris empaqueté dans mon caban, dans une chambre sans feu, comme presque toutes celles de cette *ville orientale*, la neige tombe à gros flocons et blanchit Constantinople, ni plus, ni moins que Paris au mois de janvier. Gallipoli n'ayant pas d'approvisionnements de bois, et les soldats étant forcés d'aller en couper par corvée à deux ou trois lieues de la ville, on peut juger par là de l'agrément d'un pareil bivouac.

Aussi les Anglais, moins endurcis que nos soldats à la souffrance et aux privations, demanderaient déjà, assure-t-on, à venir se caserner à Constantinople. — Vous autres Français, habitués à camper, disent-ils, vous vous accommoderiez très-bien de la garnison de Gallipoli, tandis que nous irions nous tenir les pieds chauds dans les palais vides du sultan.

Une répartition de cantonnements de cette nature plairait, sans doute, très-peu à nos troupes ; et si un corps de l'armée alliée vient à Constantinople, ainsi que le bruit en court ici, il sera probablement composé à part égale de soldats des deux nations. On a désigné les immenses casernes de *Kadi-Kœï*, à Scutari, comme étant destinées aux Français, et celles de *Daoud-Pacha*, hors des murs de Constantin, aux Anglais. On affirme même que le séraskiérat a signé avant-hier, avec un boulanger français, le traité pour la fourniture du pain de cette garnison.

Quoi qu'il en puisse être de cette mesure qui me paraît très-vraisemblable et très-prochaine, le gros de l'armée alliée n'en restera pas moins concentré dans la Chersonèse de Thrace, qui décidément va être fortifiée et transformée en un immense camp retranché, base future des opérations militaires.

Le génie commence à tracer la route de Gallipoli à Andrinople. Au fur et à mesure que les soldats arriveront, on les emploiera à ces travaux, puis on les fera filer en avant. Sept à huit mille hommes, en tout, sont déjà réunis, en majeure partie Français, et chaque jour de nouveaux bâtiments débarquent environ un millier de Français ou d'Anglais.

Comme vous le voyez, cela va moins vite que la plume des nouvellistes parisiens qui, du fond de leur cabinet, nous apprennent que le 27 mars 4,000 Français avaient abordé à Gallipoli, et qui donnent à cette ville 70,000 habitants, un superbe arsenal, des débarcadères commodes, etc., etc. Le fait est que le 1er avril il n'y avait encore que 1,200 hommes qui arrivaient seulement; que Gallipoli n'a guère plus de sept à huit mille habitants; que ce n'est pour le moment qu'un grand village sans ressource et fort triste; que son arsenal est vide, si toutefois il existe encore; et que l'on a mille peines pour opérer le débarquement des troupes, du matériel d'artillerie et surtout des chevaux, parce que les frégates à vapeur, telles que le *Christophe-Colomb*, ne peuvent pas approcher à plus de trois ou quatre cents mètres du rivage. Les petits bâtiments d'un faible tirant d'eau peuvent seuls accoster un misérable petit quai de pierre et de bois, complétement insuffisant. Les rues qui y aboutissent sont du reste si étroites, que nos grandes prolonges d'artillerie ont beaucoup de peine à y passer et menacent à chaque instant d'emporter avec leurs essieux toute une rangée de ces baraques de bois et brique.

Le télégraphe électrique vous aura sans doute appris le départ des flottes alliées, pour aller à Odessa détruire une batterie russe qui a osé tirer à mitraille, et sans sommations préalables, sur une embarcation anglaise sous pavillon parlementaire.

C'est après demain qu'expire le délai fixé pour le départ des Hellènes, chassés en masse de la Turquie au nombre de plus de soixante mille. Tout annonce que la mesure sera rigoureusement exécutée de force contre ceux qui ne seront pas partis avant dimanche, ou ne se seront pas fait naturaliser *rayas* en prêtant serment de fidélité au sultan, sous la garantie personnelle de deux honnêtes répondants sujets de la Porte-Ottomane.

Les Grecs catholiques, effrayés du sort qui peut les attendre dans leur pays, au milieu de fanatiques orthodoxes, ont sollicité, avec l'appui de l'ambassade française et du patriarche latin, la permission de rester en Turquie. Ils faisaient observer, non sans raison, que l'on n'avait à craindre d'eux aucune complicité avec la Russie leur persécutrice.

Le Divan aurait volontiers accordé cette demande si juste ; mais lord Stratford-Caning, jaloux de l'influence que ce protectorat religieux pouvait donner à ses alliés, objecta que si le patriarche catholique obtenait une pareille exemption en faveur de ses coréligionnaires, le patriarche grec de Constantinople ne manquerait pas de réclamer aussitôt la même grâce pour les siens, ce qui annulerait l'efficacité de la mesure ou, en cas de refus, irriterait la vanité du clergé orthodoxe que l'on avait besoin de ménager. Cet avis a prévalu, dit-on, et les Grecs-unis partiront comme les autres. Des peines sévères sont portées d'avance contre les *rayas* qui cacheront chez eux des Hellènes. Chaque matin, les espèces de marguilliers qui, à défaut de cloches, parcourent les rues en frappant de leur bâton ferré le pavé ou les portes des maisons pour avertir les Grecs de l'heure de la messe, crient partout en même temps un avis à peu près ainsi conçu : « Chrétiens orthodoxes, gardez-vous de cacher dans vos maisons des Grecs étrangers, ceux qui n'observeront pas cet ordre encourront la peine des galères. »

La raison de ces sévérités est moins le désir d'exercer des représailles, que la crainte d'une insurrection ou d'un incendie facile à allumer dans cette ville de bois et qui pourrait, à un moment donné, favoriser singulièrement les opérations d'une armée russe en Roumélie. Ces craintes ne sont pas tout à fait sans fondement, car avant hier encore on a découvert pendant la nuit un individu qui montait, du port en haut de Galata, une caisse d'armes et de munitions que l'on a pu saisir, mais l'homme s'est échappé dans le dédale des ruelles de ce quartier. Depuis une semaine la police redouble de vigilance ; elle arrête tous les *rayas* et même souvent les Européens qui circulent sans lanterne dans les rues après la tombée de la nuit ; passé onze heures, il est défendu de sortir des maisons sans être accompagné d'un soldat de la police porteur d'un fallot ; en outre, de nombreuses patrouilles d'infanterie et de cavalerie sillonnent toute la ville entre le coucher et le lever du soleil.

De jour Constantinople est d'ailleurs parfaitement calme et tranquille ; un Européen peut s'y promener partout en pleine sécurité. Je vais souvent faire seul de longues courses de trois ou quatre heures dans les quartiers les plus éloignés du vieux Stamboul, dans des endroits perdus où l'apparition d'un habit franc est un phénomène ; je n'y ai jamais rencontré l'ombre de malveillance ou d'insulte ; loin de là, plusieurs fois m'étant arrêté pour dessiner debout, j'ai vu des Turcs sortir de leur maison et m'offrir un siége avec une obligeance à laquelle j'étais loin de m'attendre.

Les seuls musulmans dont un chrétien puisse avoir à craindre quelque chose, et encore seulement dans la campagne et dans certaines circonstances, ce sont les *bachibozouks*, ou cavaliers irréguliers, les guerriers les plus fantaisistes, les plus barbares, les plus variés, les plus terribles et les plus comiques que les caprices de l'imagination puissent rêver : au feu, ils ne valent pas le diable, mais ce sont d'adorables troupiers d'aquarelle. Constantinople en est déjà rempli, et il en arrive incessamment de nouvelles bandes sorties du Curdistan, de la Syrie, de la Mésopotamie, du Liban, de la Caramanie et des frontières de l'Arabie. Les bigarrures, les irrégularités de nos ex-gardes nationales de village étaient des modèles d'uniformité militaire, comparées aux excentricités de costume et d'armement de ces farouches volontaires de l'islam et du pillage ; ils n'ont de ressemblance les uns avec les autres que par le luxe de la guenille orientale et la férocité de la moustache.

Il serait trop long de vous décrire tous ces types africains et asiatiques coiffés de haïks arabes, de bonnets en peau de mouton ou en fourrure noire, de chachias comiques, de draperies flottantes ou de turbans extravagants; de vous dépeindre ces vêtements en lambeaux, ces cabans de grosse bure, ces peaux de bique, ces paletots en couvre-pieds piqués dont le coton s'échappe par les trous, et ces robes de chambre de mère-grand en mauvaise indienne. Les plus somptueux portent encore de vieilles vestes jadis tout empesées de dorures, des tuniques à broderies éraillées, des dalmatiques en laine, rayées noir et blanc, ou des pelisses écarlates du temps de Tamerlan avec des fourrures dont le vent emporte les derniers poils. Parmi tant de gueux des déserts, on admire çà et là quelques splendides costumes de Syriens drapés dans les plis étoffés de larges chappes de soie jaune à bandes et rentrures de pourpre et d'or; quelques-uns ont de vastes pantalons à la mamelouck, avec des bottes de maroquin à longs poignards d'acier en guise d'éperons; d'autres étreignent les flancs de leurs maigres cavales entre des jambes nues couleur d'amadou, et accrochent à des étriers de cordes leurs pieds crochus comme des griffes de vautour à cheval.

En tête de chaque horde, caracole sur une vieille rosse le fou-poète-musicien, burlesquement attifé de guenilles aux couleurs vives et coiffé d'un bonnet pointu de fer-blanc, orné d'un miroir sur le front et d'une queue de renard en guise de panache. Son rôle est de charmer les loisirs des guerriers par ses grimaces et les chants qu'il improvise au son du tambourin et de la flûte arabe; pour sa peine, il a droit à une part du butin.

La plupart des soldats n'ont pour armes qu'une longue javeline de roseau emmanchée d'un fer aigu aux deux bouts, et ornée d'une houppe de plumes d'autruche; plusieurs portent de ridicules hallebardes à fer gigantesque, de vieux cimeterres en croissant cachés dans un fourreau de bois cerclé de cordes, des yatagans ou des pistolets dépareillés qui n'ont pas toujours leur chien; mais, par compensation, les *effendis*, les chefs, sont surchargés d'un assortiment complet de toute espèce d'outils de massacre, amoncelés sur leur ventre et autour de leur corps, dans une ceinture qui leur prend depuis les hanches jusqu'aux aisselles. J'en ai étudié un qui avait ainsi trois sabres de différentes dimensions, deux poignards, une broche pour faire frire le kébab, un énorme pistolet tromblon, et deux autres, plus modérés, avec des baguettes de fer ciselé pour les charger : par-dessus tout cela, son ventre portait encore trois espèces de gibernes brodées en or, son mouchoir à carreaux, une bourse, une horloge renfermée dans un gros oignon d'argent, une tabatière et une blague à tabac. Enfin, derrière son cou se dressait le fourneau de sa pipe, dont le tuyau était enfoncé dans le dos de sa veste; et de son gilet entr'ouvert sortait la pointe — qui le croirait ? — d'une corne de savetier pour enfiler ses babouches. Ce formidable guerrier avait l'air d'une femme enceinte d'un arsenal. Son petit cheval, crotté, tout hérissé, disparaissait quasi sous les couvertures déchirées de son vieux harnais raccommodé avec des ficelles.

Malgré leur ridicule équipement, de pareilles hordes ne laissent pas, sur la place de l'Atmeïdan, de présenter par leur sauvage désordre un aspect imposant d'énergie barbare. Après tout, elles seront au moins au niveau des cosaques russes.

Malheureusement, ces bandes ardentes au pillage sont loin d'observer une discipline aussi sévère que les troupes turques, et elles apportent de leurs provinces reculées un fanatisme et des superstitions bizarres, qui rendent leur rencontre sur les routes assez dangereuse pour les ghiaours : un lièvre, un cochon, un nègre ou un chrétien qui traversent la route devant elles les mettent en fureur. Au commencement du mois de mars, un Français faillit être massacré pour cela, aux environs de Brousse, par une troupe de bachi-bozouks qui, peu de jours auparavant, dans cette même ville, avaient saccagé, profané une église grecque, et chassé les fidèles à coups de plat de sabre. En Bulgarie, Omer-Pacha a beau en faire brancher par demi-douzaine pour servir d'épouvantail, il a de la peine à contenir cette milice accoutumée à l'indépendance du désert.

A quoi bon chercher à pallier ces désordres et représenter *ces têtes-à-l'envers* comme de vertueux et benins guerriers? Non, ce sont bien des barbares et ils se comportent en barbares; mais, tout bien considéré, peut-être sont-ils encore moins odieux, moins fanatiques que les Tartares moscovites et même que les brigands hellènes. Comment s'étonner, en effet, que des Curdes, des Nègres, des Syriens musulmans violent la sainteté d'un sanctuaire, quand récemment, à Jérusalem, un prêtre grec, poussé par l'excès de la haine, a donné l'exemple d'une profanation ignoblement ordurière contre un culte chrétien, en *urinant* — qu'on me pardonne ce mot moins sale que l'action — sur une procession catholique, du haut de la terrasse de sa maison et revêtu des ornements sacerdotaux, afin d'aggraver encore le scandale ?

Comment se formaliserait-on de voir de pauvres diables demi-sauvages voler un mouton et rosser un raya, quand un empereur très-pieux, très-sage et très-civilisé, fait massacrer des milliers d'hommes pour s'emparer des provinces d'un prince voisin, parce que celui-ci refuse de lui livrer ses sujets, absolument comme un voleur qui prendrait votre bourse, afin de vous forcer à lui donner de bonne grâce l'argent qui est dedans ?

Puisque je vous ai parlé des bachi-bozouks, il est juste que je vous dise aussi quelques mots des troupes de ligne turques dont l'excellente discipline et la conduite exemplaire rachètent, et au-delà, les peccadilles que l'on peut légitimement reprocher aux corps irréguliers. Si la tenue de ces régiments n'est pas aussi belle, aussi correcte que celle des nôtres, du moins elle est bonne et suffisante ; c'est l'essentiel. Les hommes en sont généralement plus carrés, plus vigoureux que nos fantassins de ligne, mais moins lestes, moins vifs. Leur habillement se compose d'ordinaire d'une bonne chemise, d'un caleçon, d'une camisole de coton, piquée, descendant au bas du ventre, et d'un pantalon ; d'une veste ou d'une jaquette en très-gros drap bleu, mal teint et mal cousu. Ils portent, l'hiver, par-dessus cet uniforme une longue capote en bure blanche très-épaisse, et un capuchon séparé, de même étoffe, qui s'attache par des bandes assez longues pour se croiser sur la poitrine et se nouer derrière le dos. Ce capuchon compense un peu l'insuffisance de la coiffure du fez, petite calotte rouge, à gland de soie bleue épanoui autour d'un large bouton de laiton fixé au centre.

La partie la plus défectueuse de cet équipement, c'est la chaussure : elle est très-mal confectionnée et très-mal portée, à cause des exigences du culte et des usages musulmans qui commandent de se déchausser en entrant dans les mosquées et les appartements. On a dû donner à chaque soldat une paire de pantoufles, outre ses gros souliers qu'il ne chausse que dans la rue, comme des claques bien vite éculées et déformées. Il n'en peut pas être différemment, car au poste ou à la caserne les hommes doivent laisser leur chaussure crottée à la porte, dans une sorte d'armoire faite exprès. Crie-t-on à la garde ! tous se précipitent sur les savattes pour choisir et enfiler à la hâte chacun les siennes; la plupart du temps ils le font à moitié, et viennent se ranger en ligne en traînant le pied d'une façon peu militaire.

Leur armement vaut mieux que leur équipement. Les buffleteries croisées et vernies en blanc soutiennent une grosse giberne et un sabre-briquet à lame droite; les fusils sortent en grande partie de la fabrique de Saint-Étienne. L'artillerie est armée de carabines à baïonnettes-sabres dont une partie a le dos de la lame dentelée en scie, comme chez les Russes. Enfin, les soldats de la police portent un pistolet dans une fente à la ceinture, et douze cartouchières de cuivre rangées sur la poitrine en tuyaux d'orgue. Quant aux officiers turcs de tous les grades et de tous les corps, sauf le fez et la couleur du pantalon bleu comme la tunique, leur uniforme ressemble exactement à celui de nos officiers d'infanterie, et plusieurs ont sous ces habits européens de magnifiques tournures militaires. Je ne suis pas juge compétent pour décider du mérite pratique et réel de ces troupes musulmanes; tout ce que je puis dire, c'est que j'en ai vu souvent exécuter des manœuvres ou des feux avec un ensemble que ne désavoueraient pas nos propres régiments. Ces braves gens ont certainement le courage et le patriotisme, la force et l'adresse manuelle; ils sont surtout doués d'une rare sobriété et d'une incroyable fermeté dans la souffrance : pour faire d'excellents soldats, que leur manque-t-il donc? De bons souliers. On ne comprend pas comment avec d'aussi mauvaises chaussures ils peuvent faire de longues marches. Du moins, dédommagement qui n'est pas à dédaigner, ils sont, même en campagne, aussi bien nourris, dit-on, que le soldat anglais dans sa caserne.

Je termine ces détails sur l'armée turque par le portrait de son chef souverain, le padischa Abdul-Medjid-Khan. C'est vendredi dernier que j'ai vu en plein soleil et de très-près *ce monsieur*, comme l'appelle très-impertinemment cet autre *monsieur* Nicolas. Il allait du palais Chéragan sur le Bosphore, à la petite mosquée de l'école d'artillerie, en arrière de Beschik-Tasch au sommet du coteau. Les élèves et une partie des troupes étaient rangés en bataille sur le passage de Sa Hautesse. Des pachas et des officiers supérieurs avaient fait étendre des tapis pour les dames de leur harem au bord d'une berge gazonnée à l'ombre des arbres d'un petit cimetière, qui longeait la route dans l'endroit le plus étroit. Avec d'autres Français, des Anglais et des Polonais nous escaladâmes un mur écroulé, à côté de ces *khanouns*, et nous attendîmes sans peine un gros quart d'heure en contemplant hypocritement les magnificences lointaines du Bosphore étalées sous nos pieds, mais épiant beaucoup plus attentivement du coin de l'œil les menus détails de beauté que le souffle de la brise ou la transparence des voiles nous permettaient d'admirer chez nos voisines.

La tête du cortége parut enfin en haut du chemin ; les soldats présentèrent les armes à la française ; la musique joua l'air national composé par Donizetti, et une brillante cohorte de pachas et d'officiers de tout grade défila d'abord, précédant une demi-douzaine de magnifiques chevaux tenus en mains par des saïs noirs et harnachés avec un luxe vraiment oriental. Je remarquai surtout un alezan clair d'une exquise beauté, dont la selle et la chabraque brodées au chiffre impérial étincelaient de diamants, de rubis et d'émeraudes, certainement moins précieux que le coursier qui daignait les porter. Ces chevaux du sultan font partie essentielle, obligée, de son cortége de cérémonie pendant sa vie, et certes ils y figurent mieux que beaucoup de bipèdes. Je ne sais pas si les nobles bêtes sont encore aujourd'hui, comme autrefois, forcées de suivre le fils des grands khans de Tartarie dans l'autre monde. Le glorieux padischa s'avançait seul, à égale distance entre ses chevaux et les officiers de son palais ; Sa Hautesse était facilement reconnaissable à l'aigrette d'oiseau de paradis attachée sur le devant de son fez par une rosace de diamants, et à son manteau noir agrafé sous le menton par un soleil de pierreries éblouissant.

Je ne fis attention ni au reste de son costume, ni au cheval qu'il montait avec l'aisance d'un cavalier accompli ; je n'avais des yeux que pour cette figure de sultan *adoré* par cinq cents femmes, et dont un signe *peut* faire tomber tant de têtes, *si toutefois* ce sublime Commandeur des croyants *peut encore commander plus* que ne commande en Angleterre la reine Victoria. A l'approche de Sa Hautesse, nous nous étions tous levés, et nous nous découvrîmes devant elle seule afin de bien marquer l'intention de ce témoignage de respect. Le sultan passa lentement à deux pas de nous en tournant la tête de notre côté, avec une intention bien marquée de nous rendre notre salut selon l'étiquette de son rang, de sorte que je pus le voir aussi bien que possible.

Abdul-Medjid est de taille médiocre, et un peu maigre ; sa figure pâle et immobile est gravée de petite vérole, chose très-commune à Constantinople ; son nez, assez développé, manque de caractère et n'est pas d'une régularité parfaite ; ses yeux noirs sont profonds et leur regard a ce vague indéfinissable d'un rêveur solitaire qui vit au-dedans de lui-même ; son front ne manque ni de grandeur, ni d'intelligence ; mais sa bouche sérieuse semble étrangère au sourire.

Cette physionomie douce et mélancolique porte l'empreinte d'un ennui souverain, irrémédiable ; sentiment facile à comprendre dans la position épineuse où se trouve le sultan, jeune encore, en butte à tant d'inimitiés et ne pouvant même plus trouver une consolation aux peines de la politique dans les voluptés dont il a déjà épuisé toutes les jouissances jusqu'à la satiété. A voir ce frêle et triste enfant d'Othman, on est tenté de se demander si c'est bien là réellement l'héritier, le successeur de tant d'héroïques sultans, d'Amurath, du grand Soliman, de Mahomet II et de Bajazet-la-Foudre.

# IVᴹᴱ LETTRE.

**Invasion de la Dobrutscha par les Russes. — Description de ce pays.**

Constantinople, 18 avril 1854.

Je renonce presque à vous parler des nouvelles politiques, car je m'aperçois par les journaux que vous m'envoyez qu'en France on est beaucoup mieux et beaucoup plus vite renseigné sur ce qui se passe aux bords du Danube ou même à Constantinople, qu'à Constantinople même. Ceci a l'air d'une plaisanterie et n'est que l'exacte vérité : la population européenne de Péra attend les journaux de Paris et de Londres pour apprendre les nouvelles turques. Ce miracle est moins dû à la nullité de la presse en ce pays et à la réserve habituelle de la Sublime-Porte qu'à la télégraphie électrique.

C'est pour cela que je n'ai pas cru devoir ajouter à mon dernier courrier un *post-scriptum* inutile, afin de vous apprendre que le 14 au soir l'*Himalaya* avait apporté ici les premières troupes anglaises de la garnison alliée. Tandis que, retenu dans ma chambre par la neige qui couvrait ce Moscou oriental, je vous écrivais que cette occupation était probable et prochaine, elle s'accomplissait, et sans doute la nouvelle en courait déjà sur les fils électriques avant que j'en fusse informé le lendemain matin.

Depuis lors, d'autres steamers ont porté à environ 3,500 hommes le chiffre de ce corps incessamment accru par de nouveaux arrivages. On s'étonne seulement de ne voir venir encore que des Anglais, qui ont ainsi le double avantage de se montrer les premiers dans la capitale, d'y captiver les premières, les plus chaudes *sympathies* et d'être commodément, confortablement logés, pendant que les Français restent toujours à se morfondre dans un village, campés au milieu de la neige et de la boue. Pourtant nous n'avons pas été les derniers, les moins généreux instigateurs de la résistance aux violences moscovites.

Je viens, je crois, de manifester la crainte que les Anglais, en nous prévenant ici, n'épuisent à notre détriment toute l'ardeur des sympathies turques. Qu'on se rassure ! Les musulmans en ont fait jusqu'ici une si petite dépense en faveur des habits rouges, qu'il doit certainement en rester une forte dose pour les pantalons garance, à supposer toutefois que la vue de ghiaours quelconques puisse charmer les islamites. En France et en Angleterre on aime à se figurer, — vaniteuse illusion ! — que le débarquement de nos soldats alliés aux brillants uniformes doit exciter dans la bouillante population de cette capitale une effervescence d'enthousiasme oriental; imbu de ce naïf préjugé, je taillais déjà ma plume pour vous faire une chaleureuse description de cette entrée triomphale. Hélas ! il faut en rabattre beaucoup ; rabattons-en même tout, et nous serons dans le vrai.

Doit-on accuser de cette froideur, la neige, le petit nombre de soldats, l'éloignement de la caserne de Kadi-Kœï, ou, ce qui me semble probable, une sourde jalousie, un secret sentiment d'humiliation ? Je ne sais ; mais que ce soit ceci ou cela, il n'en est pas moins vrai que l'accueil fait aux Anglais a été aussi froid que la température.

Serons-nous mieux reçus ? J'en doute. Maintenant que je vois les choses de près, et que je comprends mieux la fausse position des Turcs pris entre leurs ennemis russes protecteurs des rayas et leurs amis occidentaux affranchisseurs des rayas, à peu près comme le fer chaud entre l'enclume et le marteau ; à présent que je commence à voir tout ce qu'il y a de vieil orgueil blessé, de fausse honte, et de misère profonde sous les guenilles brodées de l'Orient, je me rends parfaitement compte de l'attitude réservée des Turcs à notre égard. Ils imitent la superbe indifférence des Arabes que j'ai vus cent fois à Alger passer à cheval à côté de nos plus belles revues sans daigner tourner la tête pour regarder nos bataillons.

D'ailleurs, ces splendides costumes militaires des ghiaours ne font-ils pas cruellement ressortir la pauvreté de l'accoutrement des soldats du Coran ? Les peuples ont jusqu'à un certain point les passions des individus : qu'on juge de ce que souffrirait un orgueilleux gentilhomme qui, après avoir longtemps vécu dans le faste, avoir humilié et dédaigné ses voisins, se verrait enfin forcé de recourir à leur générosité, de les appeler chez lui, de les recevoir, eux riches et parés, dans son château démeublé et à demi ruiné ! Voilà à peu près la position des musulmans vis-à-vis de nous. Pour fondre la glace et rapprocher les cœurs des masses, il ne faudra rien moins que le feu du canon et la confraternité du champ de bataille.

Les frayeurs inspirées par le passage du Danube se sont évanouies devant l'immobilité des troupes russes qui ne paraissent pas songer à s'avancer pour le moment au-delà de la muraille de Trajan. On en conclut que leur but a été uniquement de rectifier leur ligne défensive en s'emparant de la presqu'île de Dobroutscha, par laquelle on pouvait couper leur armée de la Valachie et la séparer de la Moldavie, sa base d'opérations.

J'ai vu ce matin la lettre d'un officier attaché particulièrement à la personne d'Omer-Pacha. Il écrit, à la date du 11 courant, que « les Russes n'ont encore envoyé que quelques avant-postes de cavalerie légère en-deçà de Matschin, Iassactchi et Toultcha qu'ils occupent en force.

« Ils regardent cette position comme l'équivalent de celle de Kalafat, à l'autre extrémité de la frontière. De même que, par celle-ci, les Turcs se sont habilement ménagé le moyen de menacer les communications d'une armée russe qui tenterait de passer le fleuve dans son voisinage, de même les premiers par celle-là espèrent pouvoir, en débouchant de la Dobroutscha, inquiéter le flanc ou les derrières de l'armée alliée qui voudrait pénétrer de ce côté dans la Valachie : de sorte qu'en ce moment les deux généraux seraient simplement manche à manche. A bientôt la belle.

« Schoumla est depuis quelques jours encombré de paysans bulgares, turcs et zaporogues ; tous, à l'approche des Russes, ont fui en masse de la presqu'île, complétement évacuée à l'heure qu'il est. Tout le pays compris entre la Mer-Noire, Roustchouk, le Danube et le Balkan se vide également. Le désert se fait devant la prétendue armée libératrice des Cosaques, ce qui prouverait peu de sympathie de la part des rayas du pays, que l'on disait si bien disposés en faveur du czar. Il est juste d'ajouter, pour dire toute la vérité, que les bachi-bozouks ont fait de leur mieux pour forcer à partir ceux qui voulaient rester. Ces barbares ont commis dans cette malheureuse province des horreurs inouïes.

La Dobroutscha ou Dobrudzik, que les Russes viennent d'envahir, n'est pas, comme on l'a dit, un marécage inondé par les crues du Danube et à peu près inhabitable. Son nom, qui signifie en slave *bonne terre*, et surtout le brusque détour que cette presqu'île fait faire au Danube, suffiraient à indiquer que ce doit être un fertile pays de coteaux. Même dans sa partie la plus déprimée, là où l'on prétend à tort retrouver l'ancien lit direct du fleuve, de Rassova à Kostenji, la chaîne de collines conserve encore un minimum de 50 mètres environ de hauteur. Ce qui a pu induire en erreur sur la carte, c'est la vue d'une série de petits lacs qui semblent, en effet, continuer la ligne directe du lit du fleuve; mais ces bassins, bien loin d'être alimentés par les eaux du Danube, y versent au contraire celles qu'ils reçoivent des plateaux qui longent le littoral de la Mer-Noire.

En-deçà et au-delà de cette espèce d'isthme fermé par l'antique rempart de Trajan, le pays se relève par une succession de coteaux et de plateaux bosselés, vers le sud, jusqu'au pied du Balkan de Schoumla, et, vers le nord, jusqu'au *mont du père* (Baba-Dagh), qui atteint une élévation d'environ 300 mètres entre Matschin et Toultcha.

C'est au-delà de cette dernière montagne que le Danube peut enfin se jeter à la mer, n'étant plus repoussé par cette espèce d'éperon de hautes terres, qui le forçait de déverser ses eaux dans les plaines basses et marécageuses de la Valachie inférieure et de la Bessarabie.

Ce peu de mots d'explication suffit pour démontrer que les Russes, indépendamment des avantages stratégiques, ont gagné encore de meilleurs cantonnements en montant des bas-fonds de la rive gauche du fleuve sur les collines plus saines de la rive droite, dans la Dobroutscha. Les parties basses de la presqu'île présentent seules une insalubrité positive pendant la saison des chaleurs, et encore ne tient-elle qu'à l'état inculte des riches terrains d'alluvion qu'on y trouve, et non à la nature marécageuse du sol, moins humide que dans les provinces environnantes.

*P. S.* 20 avril. — Même dans d'aussi graves conjonctures il y a quelque chose de comique dans les variations continuelles du baromètre politique à Constantinople. Avant hier, on assurait que Gortschakoff resterait sur la défensive derrière le Danube ; hier, on se désespérait de ce que Paskiewitsch allait devancer les Franco-Anglais à Andrinople, et aujourd'hui l'on tremble que l'armée russe ne recule dans ses steppes désertes en déclinant le combat, de manière à faire traîner la guerre en longueur, etc., etc.

On a organisé ici une légion étrangère principalement composée de Hongrois ; elle doit, dit-on, partir après demain pour la Circassie. On cherche surtout à envoyer dans ce pays de bons officiers européens ; mais bien peu se soucient d'un pareil service nécessairement obscur et pénible ; il offre cependant un puissant attrait par son caractère aventureux chez les montagnards si peu connus de Schamyl.

Les Polonais réfugiés en Turquie offrent aussi leurs services à la Sublime-Porte, qui ne demanderait pas mieux que de les employer, s'ils ne mettaient pas à leur concours des conditions inadmissibles pour le moment. Ainsi, ils demandent à n'obéir qu'à des officiers de leur pays, et à combattre sous leur drapeau national, au lieu de celui du Sultan. Cette dernière exigence suffirait peut-être, à elle seule, pour fournir à la Prusse et à l'Autriche un prétexte d'alliance ouverte avec la Russie.

Les pachas de l'armée d'Asie ont reçu, dit-on, l'ordre formel de ne pas ménager les pauvres *bachi-bozouks*, et de faire tirer sans miséricorde sur ces *têtes-à-l'envers*, toutes les fois qu'elles gêneront les manœuvres par leurs fantasias désordonnées qui ont déjà entraîné à deux reprises la déroute des troupes régulières.

Omer-Pacha, lui, n'a pas attendu les ordres du Divan pour en agir ainsi, et souvent ces guerriers capricieux, en qui se résume la plus pure poésie orientale, ont été fort scandalisés de se voir pris entre les feux croisés des Russes et des Turcs. Ils s'en tirent comme ils peuvent, et vont passer leur mauvaise humeur sur les villages de la Bulgarie, où ils pillent et massacrent indistinctement chrétiens et musulmans, jusqu'à ce que la cavalerie régulière vienne les accrocher à des arbres.

A l'autre bout de l'empire, les pieux Hellènes en font autant, avec cette différence cependant que leurs chefs, le roi Othon tout le premier, ne font rien pour réprimer ce brigandage libérateur qui procède à l'affranchissement des orthodoxes thessaliens, en les volant et en les exterminant.

Un journal athénien a eu pourtant la pudeur de flétrir ces crimes, parce qu'ils nuisaient, disait-il, au développement des sympathies thessaliennes en faveur des révolutionnaires. En présence de toutes les horreurs de cette guerre barbare, auxquelles il convient d'ajouter celles des Cosaques dans les principautés danubiennes, on ne peut s'empêcher de maudire l'ambition effrontée qui, sans l'ombre de provocation, a déchaîné tant de féroces passions sur des pays naguère si paisibles.

Plus de vingt mille Hellènes renvoyés de Constantinople seulement sont partis en douceur ; beaucoup ont obtenu un délai pour arranger des affaires urgentes, et d'autres en plus grand nombre se sont fait naturaliser *rayas*. En somme, les autorités turques ont montré de la modération et de généreux égards dans l'accomplissement de cette mesure de juste sévérité.

On attend ici d'un moment à l'autre l'arrivée du prince Napoléon. Nous verrons bien si nos alliés musulmans conserveront encore leur indifférence, réelle ou affectée, en présence du neveu de *Bounaberdi*, le seul *Franguis* dont le nom soit resté dans toutes les mémoires orientales, gravé à grands coups de batailles.

# V^ME LETTRE.

**Illusions des Hellènes, leurs divisions, leurs vices. — Causes de la ruine de l'empire byzantin. — Revue des Anglais à Scutari. — Arrivée de bachi-bozouks.**

Constantinople, 24 avril 1854.

Les nouvelles du Danube et d'Odessa que l'on répand ici sont tellement incohérentes et dépourvues de certitude, que ce n'est pas la peine d'en parler. La seule chose qui paraisse positive, c'est que les Russes se sont avancés jusqu'au rempart romain qui ferme la presqu'île de la Dobroutscha.

Le roi et la reine des Hellènes sont décidément résolus à conquérir le trône d'Orient. En attendant le fortuné moment où elles pourront revêtir la pourpre impériale dans Sainte-Sophie, leurs majestés se laissent agréablement chatouiller les oreilles par le titre de *Sébastocrator* que leur décernent des courtisans grecs plus malicieux, dit-on, que flatteurs. L'impératrice *in partibus infidelium* a même, dit-on, déjà daigné choisir pour sa future résidence le nouveau palais de Béchik-Tash, sur le Bosphore.

On a peine à concevoir si peu de cervelle sous le bandeau royal.

La restauration d'un empire byzantin a pu sembler de loin aux meilleurs esprits la solution naturelle de la question d'Orient; mais, en relisant attentivement l'histoire de la chute de cette monarchie, et en examinant de plus près l'état actuel de la population de la Turquie, on reste convaincu que cette prétendue solution, bien loin de rien résoudre, recommencerait au contraire toute une série de complications inextricables dont nous ne voyons maintenant qu'une faible partie.

L'empire d'Orient, surtout depuis les invasions barbares du $V^e$ au $VII^e$ siècle, a toujours été un amalgame de races hétérogènes, tellement discordantes que la paix n'a jamais pu y régner que par la force des armes étrangères, invoquées successivement par tous les partis, toutes les nationalités distinctes. Aussi peut-on dire avec justice que le trône de Constantin a été renversé, bien moins par le cimeterre des Ottomans, que par les dissensions acharnées des Byzantins eux-mêmes, qui se sont constamment servis des armes de ces barbares belliqueux pour s'entre-détruire mutuellement, jusqu'au moment où le calme fut rétabli dans l'empire par l'asservissement de tous.

L'empereur Nicéphore, le premier, appelle en 807 les Sarrasins d'Afrique en Europe, pour l'aider à reconquérir la Macédoine et la Grèce sur les Slaves, maîtres de ces pays.

Pendant plusieurs siècles ensuite, les sultans turcs d'Asie sont sans cesse obsédés par les sollicitations des usurpateurs, des empereurs et des chefs de partis byzantins qui les poussent, lors même qu'ils ne le veulent pas, à combattre leurs rivaux, les hérétiques, les chrétiens, et surtout les croisés latins.

Enfin Cantakuzène introduit, en 1347, les premières armées ottomanes dans la Roumélie, afin d'en écraser l'empire Serbe du czar très-*orthodoxe* Douschan ; et, par un juste retour des choses d'ici-bas, en 1386, les Serbes, les Bulgares, les Slaves, vaincus et tributaires des Turcs, fournissent à ceux-ci des soldats auxiliaires pour détruire la puissance byzantine qui les avait traîtreusement livrés entre les mains des musulmans.

Et plus tard, n'a-t-on pas vu maintes fois les Grecs aider et applaudir aux victoires des Ottomans contre les Latins, spécialement quand les Vénitiens furent chassés de la Morée et de Candie? N'est-ce pas enfin un prêtre grec qui livra Argos aux Turcs, plutôt que de le voir rester aux mains des hérétiques romains ?

Mieux que tout cela, Constantinople ne fut-il pas pris par Mahomet II, parce que les sujets de Constantin XIII refusèrent de se battre et de fournir à leur héroïque souverain les subsides nécessaires pour payer ses soldats, déclarant ouvertement qu'ils préféraient obéir aux musulmans plutôt qu'à un prince coupable de catholicisme? Le patriarche Gennadius lui-même ne s'écria-t-il pas, la veille de l'assaut, qu'il aimait mieux voir dans Sainte-Sophie un turban plutôt qu'un chapeau de cardinal? De quoi se plaignent donc les Grecs? ils ont ce qu'ils ont choisi.

Croit-on que le malheur et la servitude aient changé le caractère des Byzantins, fondu les races diverses en une seule nationalité, adouci les haines de sectes, éteint les rancunes du passé? Non ! bien au contraire. Quatre cents ans de sujétion étrangère n'ont fait qu'accroître et envenimer tous ces éléments de discorde, car les Turcs, avec une extrême habileté, maintiennent leur domination en entretenant soigneusement parmi les rayas la division qui leur a donné l'empire. C'est dans ce but qu'ils ont donné à chaque religion, à chaque nationalité, Serbe, Valaque, Slave, Grecque, Arménienne, Catholique, Syrienne, Albanaise, etc., un chef, un patriarche particulier en antagonisme avec ses confrères.

Les mêmes causes toujours subsistantes produiraient encore, dans un cas donné, exactement le même résultat : le gouvernement de la Turquie d'Europe par une puissance étrangère dominatrice.

Aucune des races ou des sectes qui se partagent le sol de ce pays ne veut perdre son individualité; aucune ne veut obéir librement à l'une d'entre elles; et aucune n'est assez forte pour commander d'autorité aux autres. Mais toutes s'accordent à préférer l'esclavage étranger à l'humiliation du joug d'un rival.

La conséquence de cet état de choses que, d'après les meilleures informations, j'ai lieu de croire fort exact, c'est que de nos jours un empire byzantin est un anachronisme impossible. Lors même que toutes difficultés extérieures seraient écartées, lors même que les Turcs seraient refoulés en Asie, lors même qu'un Paléologue national et non un monarque allemand de création diplomatique, ceindrait le diadème ensanglanté de son aïeul Constantin Dracosès, si le trône d'Orient était relevé aujourd'hui, demain il serait renversé de nouveau par les sujets du nouvel empereur lui-même. Chaque parti, chaque race ennemie appellerait à la curée, qui les Français, qui les Autrichiens, qui les Russes, qui les

Anglais ; et quelle qu'elle fût, la puissance victorieuse se trouverait, dès le lendemain de sa victoire, en butte à autant d'animosité que les Osmanlis en accumulent sur leur tête en ce moment.

Pour résumer ma pensée en quatre mots, les Grecs invoquent aujourd'hui le czar de Russie contre les Turcs, comme jadis leurs aïeux appelèrent ces mêmes Turcs contre les czars de Servie ; mais si pour leur malheur ils venaient à tomber sous le knout de leur prétendu libérateur, ils éprouveraient certainement le désir de rappeler leurs débonnaires oppresseurs.

Je me dispense de tirer la conclusion, elle est trop claire. J'aime mieux faire trève avec la politique et vous raconter, si vous le permettez, quelques menus détails de chronique locale constantinopolitaine.

Vendredi dernier, on avait répandu le bruit que Sa Hautesse irait prier à la mosquée du sultan Sélim à Scutari, et passer ensuite en revue les troupes anglaises casernées à côté. La majeure partie de la colonie européenne et un grand nombre de musulmans étaient accourus sur la côte d'Asie, pour être témoins de ce curieux spectacle, sans exemple depuis la fondation de l'empire ottoman.

Abdul-Medjid n'a pas jugé à propos de donner cette satisfaction d'amour-propre à ses alliés, cette mortification à ses sujets : il n'a pas paru. Seuls, les bataillons britanniques se sont montrés en grande tenue sur le champ de manœuvres de Haïder-Pacha attenant à leur caserne, et pendant deux heures y ont exécuté divers simulacres de combat.

C'est une justice à leur rendre ; ces cinq régiments d'infanterie de ligne, admirablement équipés et exercés, auprès desquels je regrettais seulement de ne pas voir paraître les capotes grises de nos troupiers, présentaient un fort beau coup d'œil dans les vertes prairies de ce joli vallon, tantôt déployés en longues lignes d'habits rouges et de pantalons bleus, tantôt massés sur le penchant des coteaux en colonnes serrées dont les baïonnettes ondoyaient au soleil comme une moisson d'acier étincelante. La foule bigarrée des piétons, des cavaliers, des arrabas, des femmes et des enfants, dispersée sous les arbres, au milieu des prairies ou au sommet des collines, semblait suivre avec un vif intérêt les différentes phases de ce brillant spectacle si nouveau pour elle, et ajoutait encore à la beauté du coup d'œil par l'originalité de ses costumes aux vives couleurs.

A ce tableau quel cadre sublime ! A gauche se dressait la sombre forêt de cyprès du grand champ des morts; en face, sous les arbres d'une petite vallée, apparaissait le palais du sultan, d'où, huit jours auparavant, était partie la caravane de la Mecque; en arrière au-delà du Bosphore, Constantinople élevait entre la mer et le ciel ses dômes et ses milliers de blancs minarets ou de noirs cyprès; à droite, s'étendait à perte de vue la nappe d'azur de la Propontide, toute moirée d'argent, semée d'îles bleues, et découpée à plaisir par de longs promontoires chargés de villages et de châteaux; enfin, à l'horizon lointain, cette délicieuse perspective fuyante était terminée par la silhouette vaporeuse du mont Olympe glacé de neiges éblouissantes.

La foule, habituée à ces splendides paysages d'Orient, y faisait moins attention qu'aux manœuvres anglaises ou aux fantasias effrénées des bachi-bozouks, qui caracolaient à ravir autour des bataillons carrés et surtout devant les arrabas des dames turques. A pied dans les rues de la grande ville, ces sauvages enfants de la Syrie ont une tournure pittoresque qui ne laisse pas de friser un peu le ridicule, mais à cheval sur leurs rosses pitoyablement harnachées, et la lance à la main, ils sont magnifiques; en dépit de leurs sales guenilles, ils ne perdaient rien à paraître à côté des beaux uniformes écarlates des soldats de la reine Victoria.

Armés et fagotés en sacripants, comme je vous les ai dépeints, ils tenaient tous à la main une longue javeline de roseau emmanchée d'un dard aigu quadrangulaire de huit pouces de longueur; chacune des arêtes de ce fer se termine en bas par une petite lame d'acier pendue à une chaînette, et au-dessous de la gouge s'arrondit une touffe de plumes d'autruche, noires, assez semblable à la tête d'un *araignoir*. Hurlant, vociférant, les draperies flottantes, et lancés à triple galop les uns contre les autres, dans la prairie, autour des bataillons, ils maniaient cette arme élégante et leurs maigres chevaux avec une adresse, une audace, une souplesse fabuleuses, qui faisaient rêver des mamelucks de Saladin. Au bruit de ces hourras sarrasins, au son des clairons, aux roulements des tambours, se mêlaient par intervalle le chant des muezzins qui, du haut d'un minaret voisin, annonçaient la prière en miaulant leurs strophes nasillardes.

Un dernier incident vint donner à cette scène un caractère encore plus prononcé de couleur locale. Depuis un moment, j'entendais sur la route qui longe le champ de manœuvres la batterie monotone et bien connue d'un tambourin turc, accompagné du mirliton arabe ; bientôt je vis s'avancer un grand drapeau vert, orné d'une inscription du Coran en lettres blanches. La foule se précipita de ce côté, je courus encore plus vite que la foule, et je me trouvai au premier rang pour assister au défilé d'une petite troupe de fantassins bachi-bozouks, caricature tellement falote qu'on n'en oserait pas imaginer de pareille dans un mélodrame burlesque.

En tête de la bande marchait un âne pelé, surmonté d'un jeune garçon portant le drapeau et flanqué de deux tambours sur lesquels deux santons, en tunique rousse déguenillée et en longs cheveux épars, frappaient des coups à intervalles égaux pour marquer le pas. Ils auraient pu aussi bien battre la caisse sur les côtes de la bête, elles auraient rendu le même son. Derrière la queue du baudet, un joueur de mirliton sauvage soufflait avec un sérieux sanguinaire dans son petit instrument, exactement semblable à un long verre à champagne dont le pied aplati servirait d'embouchure.

Venait ensuite une sorte de capitaine ou de sapeur coiffé d'une tiare, en forme de dôme pointu, posée sur une forêt de cheveux crépus, florissants, et tombant jusqu'au milieu des reins. Sa barbe noire et touffue, ses moustaches formidables et ses culottes en lambeaux, son dolman de poil de chameau et ses chaussures de guenilles tortillées avec des lanières de cuir, son arsenal de ceinture et surtout son effroyable hache d'armes lui donnaient un air terrifiant.

Il était suivi de quinze hommes jeunes ou vieux, aussi irréguliers de mine et d'habit que possible, mais tous uniformément armés de la même féroce hallebarde que leur chef de file. Elle mérite une description spéciale, car l'Asie paraît en avoir fabriqué des pacotilles pour hacher l'armée russe. Figurez-vous un manche à balai orné d'un pommeau en bas, et en haut d'une longue pointe de fer brillante et peu solide ; au-dessous de cette lance et presque au tiers de la longueur de la hampe, est placé un immense fer de hache, mince comme une lame de faux et recourbé en pointe comme le croissant de la nouvelle lune.

Un pareil engin de tuerie semble fait exprès pour effrayer les femmes et les petits enfants ; je doute qu'il ait beaucoup d'efficacité même contre les lances des Cosaques. Sans être professeur d'art militaire, je crois qu'il sera beaucoup plus sûr à la bataille de se trouver face à face de ces bachi-bozouks sapeurs, que dans leurs rangs quand ils feront le moulinet.

La colonne était fermée par deux vénérables effendis à barbe grise, montés sur de bons chevaux, vêtus de manteaux verts et armés de sabres dorés. Malgré leur bon air et leur mine grave, ils devaient être encore plus *têtes-à-l'envers* que les pauvres diables qui les précédaient, pour aller se frotter à des troupes régulières avec de pareils soldats.

Les tirailleurs anglais rangés en ce moment le long de la route ne pouvaient s'empêcher de rire en voyant défiler cette parade de funambules ; j'en ai ri aussi de bon cœur, mais au fond cela m'attristait ; car sous cette forme ridicule se cachaient de grands et nobles sentiments populaires, toujours respectables, même chez des barbares : le dévouement à sa foi, à sa patrie, et la haine de l'oppression étrangère.

# VIᴹᴱ LETTRE.

**Bombardement d'Odessa. — Esprit public en Russie.**

30 avril 1854.

Le bombardement d'Odessa que vous connaissez déjà a produit ici une grande sensation, moins par le fait en lui-même et le dommage causé à l'ennemi, que parce que ce premier acte d'hostilité effective engage l'avenir et coupe court à tous les ménagements gardés jusqu'à présent. Cette rude exécution a surtout causé un vif plaisir aux Turcs, qui la considèrent comme une première revanche de Sinope : une seule chose diminue leur bonheur, c'est que la flotte ottomane n'ait pas pu prendre part à la vengeance. Dimanche dernier elle était encore à Buyukdéré, où j'ai vu mouillés six beaux vaisseaux de ligne égyptiens et cinq autres bâtiments d'un rang inférieur.

Au milieu de tous les détails et de tous les bruits contradictoires que l'on invente ici sur cette affaire, je n'ai pu recueillir de précis que les faits suivants, copiés sur la lettre d'un officier de la flotte anglaise, dont on m'a permis de prendre connaissance. Au hasard d'arriver un peu tard, je vous envoie ce petit bulletin que vous pouvez regarder comme *quasi-officiel*.

« Le 21 avril, dans la soirée, le *Caton*, vapeur français, fut envoyé en parlementaire à Odessa, porteur d'un message au gouverneur. Les amiraux exigeaient la restitution immédiate de tous les bâtiments marchands français et anglais indûment retenus dans le port, et la destruction de la batterie qui avait tiré sur l'embarcation parlementaire du *Furious*. Le *Caton* revint aussitôt avec une réponse négative formelle.

« Le lendemain 22, à sept heures du matin, la première division de steamers, composée des vapeurs anglais *Samson*, *Tiger* et *Furious*, et des vapeurs français *Vauban* et *Cacique*, commença à canonner toutes les batteries du port. Le feu fut soutenu de part et d'autre avec vigueur.

« A 11 heures, la seconde division de steamers, composée des vapeurs français *Mogador* et *Descartes*, et des vapeurs anglais *Retribution* et *Terrible*, entra en ligne à son tour, et joignit son feu à celui de la première escadrille.

« A 3 heures, les boulets-Fouquet de la *Rétribution* firent sauter la grande poudrière dont l'explosion causa de graves avaries dans le quartier de la Marine, principalement habité par des Polonais.

« Plusieurs autres dépôts de poudre dans les batteries firent également explosion, et les Russes, après s'être jusque-là bravement défendus, furent contraints de cesser leur feu, qui, du reste, manquant de précision, n'avait causé que fort peu de dommage à la flotte. Le soir, à cinq heures, la plupart des bâtiments marchands grecs et russes rassemblés dans un des ports avaient été détruits, ainsi qu'une corvette de guerre moscovite de 35 à 40 canons; tout l'arsenal brûlait, et toutes les batteries étaient démontées, démolies. Un petit fortin seul avait été épargné, à cause du voisinage des navires de commerce français et anglais que l'on n'a pas voulu s'exposer à atteindre en tirant de ce côté. A la faveur du tumulte du combat, plusieurs de ces bâtiments ont eu l'adresse de se sauver et sont arrivés sans grandes avaries à Constantinople. Un capitaine français a même eu le talent de profiter de l'occasion pour fuir avec les dépouilles opimes de l'ennemi, un demi-chargement de blé non payé. »

L'officier anglais qui écrit ne connaissait pas encore la perte des Français, mais le *Vauban* paraît avoir eu beaucoup de mal. Un boulet à la Paixhans a brisé sa poulaine et incendié son gaillard d'avant.

Le *Terrible* a eu pour sa part dix ou douze boulets dans sa coque, un homme tué et cinq blessés. Les autres steamers anglais ne comptent chacun que trois ou quatre blessés, sauf la *Rétribution* sur laquelle aucun homme n'a été atteint.

Toute la flotte alliée, rangée en bataille devant le port, assistait silencieuse à ce bombardement qui ressemblait moins à un combat qu'à un châtiment dédaigneux. Les marins inoccupés regrettaient de ne pas pouvoir *travailler*; ils se sont consolés en recevant l'ordre d'aller à Sébastopol, où, comme disent nos troupiers, *il y en aura pour tout le monde, et même davantage.*

Osten-Sacken I$^{er}$, gouverneur d'Odessa, assistait, lui aussi, à la tête de ses troupes, à cette rude correction. Il était dans un état d'excitation qui lui faisait perdre la tête.

Il commandait, contremandait, et recommandait de nouveau de si burlesques manœuvres que ses propres officiers ne pouvaient s'empêcher d'en rire ; il faisait élever des barricades du côté de la terre contre une attaque impossible, dressait des batteries de pièces de campagne hors de portée des vaisseaux, et massait les bataillons en colonnes serrées sur les terrasses de la ville, les plus exposées au feu de l'artillerie ennemie. La flotte alliée aurait pu les écharper si, même dans l'exécution de ce juste châtiment, les amiraux n'avaient pas voulu montrer une généreuse modération, en ne tirant absolument que sur les batteries du port militaire.

Le czar cherchera-t-il à venger cet affront sur mer par un coup d'éclat sur le Danube ? C'est probable, car le moindre échec au sein de son empire le blesse plus au vif que de grandes défaites au dehors. C'est que, dans ce cas, l'évidence du fait détruit en partie cet échafaudage de mensonges absurdes qui fait la base de l'éducation populaire en Russie et la force morale de l'autocratie religieuse et militaire du souverain.

Je tiens de différentes personnes qui ont longtemps fréquenté les classes inférieures du peuple russe, de curieuses révélations sur ce chapitre.

Ainsi dans tout l'empire les popes enseignent aux serfs et aux moujiks des campagnes, comme autant d'articles de foi, que le czar est le seul et unique légitime souverain de la terre entière, que Dieu lui a donné à gouverner ;

Que les rois, les empereurs et les princes étrangers ne sont que ses vicaires, ses vassaux, et que toute nation qui ose lui faire la guerre est une tourbe de rebelles ;

Que tout soldat russe qui se fait tuer à son poste ressuscite dans son village;

Qu'aucune armée moscovite n'a été, ne peut être et ne sera jamais battue, etc., etc.

C'est pour corroborer cette dernière opinion dans les masses, et pallier à leurs yeux le plus éclatant démenti qu'elle ait jamais reçu, que l'empereur Alexandre fit dresser une colonne sur le champ de bataille de la Moskowa, en commémoration de la *glorieuse victoire remportée en* 1812 *par les Russes contre les impies révolutionnaires français.* Qu'on s'étonne ensuite des bulletins toujours triomphants de Gortschakoff! Osten-Sacken Ier est capable, pour suivre de si glorieux exemples, de faire chanter un *Te Deum* en l'honneur de son bombardement!

Ces absurdités, qui semblent simplement ridicules aux nations étrangères, ont pour résultat très-utile d'inspirer aux soldats moscovites un fanatisme aveugle, une fermeté inébranlable au feu, une obéissance à toute épreuve.

Si j'en dois croire des renseignements donnés par des réfugiés ennemis de la Russie, qui ont appris à connaître par expérience le mérite de leurs adversaires et qui entretiennent encore parmi eux des correspondances secrètes, la population des campagnes serait en masse enthousiasmée pour la croisade, ainsi que le bas peuple des villes : des paysans vendent jusqu'à leurs derniers bestiaux, leurs derniers bijoux, pour payer les frais de la guerre. Mais ce n'est que dans la Moscovie propre, et encore, même à Moscou et dans les autres grandes villes de ce pays, les classes aisées cachent sous des semblants obligés de dévouement un profond mécontentement, car la guerre ruine le commerce, et aussi la noblesse dont l'autocrate prend tout à la fois les esclaves et les roubles pour les équiper.

Les Polonais attendent curieusement le résultat de cette lutte gigantesque d'où leur affranchissement pourrait bien sortir. Les troupes de cette nation forment environ les deux tiers de l'effectif des divisions de Gortschakoff. Elles se battent froidement et mollement, sous la pression de la discipline russe. En cas de revers, presque tous ces soldats se retourneraient contre la Russie, avec autant d'acharnement qu'ils en montrent peu vis-à-vis des Turcs.

Le sixième corps d'armée du Danube, récemment arrivé en Valachie, est tout composé de Moscovites et combattra de pied ferme jusqu'au dernier homme.

## VII<sup>me</sup> LETTRE.

**Différend entre l'ambassadeur de France et l'ambassadeur d'Angleterre au sujet des Hellènes catholiques. — Arrivée du prince Napoléon. — Incendie à Constantinople.**

Constantinople, 5 mai 1854.

L'attitude prise par notre ambassadeur, le général Baraguey-d'Hilliers, dans l'affaire des Hellènes catholiques qu'il a pris hardiment sous sa protection, a fait ici grande sensation. Sans me prononcer sur la conduite du représentant de la France, considérée sous le rapport politique, je puis vous certifier qu'elle a fait grand plaisir, non seulement aux Grecs-unis qui redoutaient les vengeances et les mauvais traitements auxquels ils eussent été exposés à leur retour dans leur patrie, mais encore à toute la colonie française, qui n'est pas habituée à voir nos représentants résister avec autant de fermeté aux exigences britanniques. Je ne parle que de celles-ci, car les Turcs eux-mêmes ne demandaient pas mieux que d'excepter du bannissement cette catégorie d'Hellènes; l'ambassadeur anglais seul exigeait son expulsion, afin d'empêcher la France d'augmenter ainsi son influence sur les populations catholiques de l'Orient. Si cette affaire n'est pas encore entièrement terminée, elle est en bonne voie d'accommodement.

Les rayas orthodoxes, eux, les Grecs schismatiques, sujets du sultan, se tiennent le cœur en joie et en espérances. Depuis Pâques tous leurs jours sont des jours de fête, et leur gaîté n'annonce guère des malheureux opprimés.

Lundi de l'autre semaine, c'était la fête des hammals ou portefaix; Grecs, Arméniens, Turcs et Albanais dansaient ensemble joyeusement dans le cimetière des Arméniens, à Péra. Les tentes des baladins, des Guignols, des restaurants indigènes et des cafés, étaient installées parmi les tombeaux dont les pierres plates servaient de bancs ou de tables aux consommateurs, de fourneaux aux cuisiniers et de roulette aux joueurs.

Des enfants imberbes et des enfants très-barbus se balançaient sur leurs escarpolettes accrochées aux branches des arbres mortuaires; des Marocains promenaient leur pyramide humaine au milieu de la foule qui fumait, riait, chantait et buvait côte à côte avec les morts. Quelle dérision de nous vanter le respect de ces gens-là pour les tombeaux!

Comme pour ajouter le comble à ces profanations, on voyait, au plus épais de la cohue, un groupe nombreux de Turcs et d'Arméniens exécutant, au son du tambourin et du mirliton, une pyrrhique passablement lascive, à côté de trois papas grecs qui nasillaient des psaumes et brûlaient de l'encens sur une tombe à peine refermée.

Vendredi dernier, autre fête d'un caractère presque politique. Les Grecs allaient en masse à Psammathia, pour voir si les petits poissons du moine Nicolas allaient enfin être bientôt complétement fricassés, opération commencée depuis tantôt quatre cents ans et qui fut interrompue par la conquête de Constantinople.

Vous n'ignorez pas cette curieuse légende byzantine : au moment où les janissaires de Mahomet II, pénétrant par la brèche de Top-Kapoussi, se précipitaient dans la ville en massacrant tout sur leur passage, un moine nommé Nicolas faisait frire des petits poissons dans sa cellule au bord de la mer, à l'autre bout de Constantinople. On accourut lui annoncer la mort de Constantin et la prise de la ville ; mais lui, confiant dans les prédictions qui annonçaient que jamais armée ennemie ne pourrait dépasser la colonne de Marcien, il répondit d'un ton incrédule : « Plutôt que d'admettre la possibilité d'une pareille catastrophe, je croirais que ces sardines vont sortir de ma poêle et se mettre à nager dans ce vivier. » Aussitôt les poissons de sauter et de nager à moitié grillés.

Depuis quatre cents ans, des moines montrent dans ce bassin de Psammathia de petits poissons bruns d'un côté, blancs de l'autre, en assurant que ce sont toujours ceux de Nicolas. Les rayas sont persuadés qu'à l'instant où la croix remontera sur le dôme de Sainte-Sophie, la friture interrompue miraculeusement s'achèvera. Ils en croient bien d'autres !

Les plus fanatiques sont tellement certains de la prochaine restauration du trône de Byzance par les Russes, qu'ils retardent le baptême de leurs enfants nouveau-nés, afin de pouvoir procéder à cette cérémonie dans la vieille basilique de Justinien, le jour où elle sera rendue au culte orthodoxe.

Il y en a qui vont tous les dimanches se promener devant la porte Dorée, par laquelle le nouvel empereur doit entrer en triomphe à la fin du présent mois de mai, selon les prophéties, pour s'assurer si le mur qui la bouche ne commence pas à s'ébranler.

Les succès des bandits Hellènes ne sont guère de nature à accélérer cet événement. Les Russes seront-ils plus heureux? A moins de discordes *sérieuses*, improbables pour le moment, entre les puissances alliées, cela n'est pas à présumer. On peut compter surtout que cette fameuse prédiction recevra un démenti, quant à la date au moins; car ce ne sera certes, ni le 29 mai à la grecque, ni le 29 mai à la romaine, que le nouveau Constantin fera son entrée dans Byzance. Les Russes ne sortent pas de la Dobroustcha, et les Hellènes, battus en toute rencontre par les troupes turques régulières, ne tarderont pas à subir de rudes représailles sur leur propre territoire, pour leur injuste agression. Les chefs palikares, qui tiennent encore la campagne, bornent maintenant leurs exploits à une guerre de guérillas, où ils se montrent les dignes émules des bachi-bozouks.

Les brigandages de ces derniers en Bulgarie et en Asie sont maintenant le plus grand embarras, peut-être même le plus grand danger de la Turquie : car au dehors ils jettent l'odieux sur une juste et noble cause, tandis qu'au-dedans, ils paralysent l'élan des populations et leur feraient presque désirer le triomphe des Cosaques, si ce remède n'était pire que le mal.

La Russie, non contente de lancer les pillards du Don et de la Mer-Noire sur les malheureuses provinces envahies, appelle encore à elle, du fond de la Tartarie, dix mille cavaliers Mongols et Baskirs armés de flèches.

Quelle pitié de voir des souverains se disant civilisés rouvrir ainsi les portes aux invasions des barbares, et renouveler de propos délibéré toutes les dévastations des ve et vi[e] siècles ! Au moins le sultan a pour lui l'excuse de la défense et de la faiblesse ; mais il faut convenir que les Mongols païens du pieux autocrate sont d'étranges défenseurs de la liberté chrétienne.

Ce n'est là que le prologue du drame : le dénoûment est encore un mystère qui surprendra, je crois, beaucoup de gens.

A entendre le bruit des pas de toutes ces nations qui, des quatre coins du monde, descendent dans les plaines de la Thrace pour s'y combattre et se mêler dans une lutte géante, on croit vraiment sentir la main de Dieu disposant sur ce que l'homme propose, et préparant je ne sais quelle immense révolution humaine là où l'on ne voyait d'abord qu'une petite querelle d'influence politique.

Le télégraphe électrique vous a déjà annoncé l'arrivée du prince Napoléon : personne ici ne sachant au juste le jour de son entrée, je n'ai pu y assister de près. Je me trouvais en ce moment dans la grande mosquée de Soliman ; au bruit du canon qui roulait sous la coupole comme un tonnerre lointain, musulmans et chrétiens ont couru sur la terrasse extérieure, d'où l'on domine la Corne-d'Or, pour voir arriver le neveu de Bonaparte. Les quais, les ponts, et les croisées des maisons ayant vue sur la mer, étaient encombrés de *curieux*.

Je me sers de ce mot, parce que, pour être vrai, il faut convenir que la présence de ce jeune prince n'inspirait pas et ne pouvait pas inspirer plus d'enthousiasme que la

vue des bataillons anglais, français ou égyptiens; que l
personne du souverain padischa lui-même. Le peuple
turc flegmatique par excellence ne s'enflamme guère qu'à
l'aspect du drapeau de son prophète déployé contre les infidèles ; et encore !

Arrivé lundi 1ᵉʳ mai, à 2 heures du soir, le *Roland* n'a fait que passer devant la Corne-d'Or, en échangeant les saluts d'artillerie avec les vaisseaux et les batteries de l'arsenal ; il a remonté, sans s'arrêter, le Bosphore jusqu'au palais de la sultane Validé, mis par le sultan à la disposition du prince. Ce palais est une assez jolie villa bâtie au bord même du Bosphore dont les eaux coulent à ses pieds, rapides comme le Rhône, en s'étendant sur une largeur d'une demi-lieue. Cette villa n'a pas de prétention architecturale avec son rez-de-chaussée en pierre et son premier étage en planches vernies. Son intérieur même n'est pas précisément meublé avec un luxe impérial; on y retrouve ainsi que dans tous les palais turcs un naïf mélange de richesse et de pauvreté ; mais sa fraîcheur et sa vue ravissante en font une délicieuse habitation d'été pour un prince autant artiste que militaire.

Dès le même soir, Son Altesse Impériale a fait une première visite à son hôte le sultan, dans son palais d'hiver un peu au-dessous sur la même rive du Bosphore. Le lendemain matin, après avoir reçu une députation de la colonie française, le prince a été voir Reschid-Pacha à la Sublime-Porte, et partout sur son passage il a été accueilli par la population de Constantinople avec les marques d'un vif intérêt.

Je ne vous dis rien des nouvelles du Danube et de Sébastopol, par la raison qu'il n'y en a pas de positives, et que je ne veux pas vous répéter les absurdes rumeurs que mettent en circulation des agents très-peu dissimulés de la Russie, qui mentent et dénigrent ici toutes choses, avec une impudence égale seulement à leur optimisme imperturbable pour tout ce qui concerne les soldats, les triomphes et la philanthropie du czar très-pieux et très-juste.

Un terrible incendie est venu cette nuit-ci faire trêve un moment aux préoccupations de la politique, qui cependant pourrait bien ne pas y être étrangère, car on murmure déjà ce matin que c'est là une vengeance de conspirateurs hellènes ou de rayas furieux de l'expulsion de leurs complices.

Le feu a commencé vers dix ou onze heures du soir dans un dédale de mauvaises ruelles de bois, derrière la mosquée de Jéni-Djami, presque en face du vieux pont de Galata. Réveillé à minuit par la clarté des flammes qui embrasaient un ciel couvert de noirs nuages, j'ai couru aussitôt sur le lieu du sinistre. Des hauteurs de Péra c'était un spectacle d'une effrayante beauté.

Tous les voyageurs ont vanté le coup d'œil magique du double amphithéâtre de Constantinople sur les deux rives de la Corne-d'Or ; ainsi que je vous l'ai dit, il y a beaucoup à en rabattre, parce que le grand jour y fait découvrir bien des misères sordides à côté des plus somptueux monuments ; mais de nuit, à la lueur de cet ardent crépuscule, ce panorama avait quelque chose de prodigieux, d'idéalement fantastique, dont aucune description ne saurait donner une juste idée. Les flammes, alimentées par les bois desséchés des maisons, s'élevaient à cent pieds en l'air en épais tourbillons. Sur cette masse éblouissante de lumière, la grande mosquée Validé découpait en noir la silhouette de ses dômes et de ses minarets à triples bracelets, tandis que tous les autres édifices étagés sur les coteaux de Stamboul et de Péra, resplendissaient d'un vif éclat qui allait en s'affaiblissant, suivant la distance. La Corne-D'Or et le Bosphore semblaient des lacs de feu ; Scutari lui-même, sur la côte d'Asie, était éclairé comme par une aurore boréale, et des fanaux rouges, hissés au sommet des hautes tours de Galata, du séraskier et du vieux sérail, brillaient au ciel comme de sanglantes comètes.

Les portes et les ponts de la ville étaient ouverts ; j'arrivai facilement sur le théâtre de l'incendie. Les rues étaient encombrées par une foule de curieux ou de gens occupés à faire leurs paquets pour être prêts à déménager en cas de nécessité ; mais peu songeaient à combattre le feu ; la plupart même des boutiquiers, menacés dans leur fortune, une fois leur petit bagage préparé, s'asseyaient dessus, devant leur boutique, et, fumant philosophiquement leur chibouck avec un sang-froid inaltérable, attendaient que la flamme vînt les forcer à déguerpir. La raison de ce stoïcisme merveilleux est moins un effet du fatalisme religieux que le résultat raisonné de la jurisprudence turque, qui affranchit de toutes ses dettes le marchand incendié.

N'ayant pas à espérer de bénéfices de cette sorte, les pauvres gens, les femmes, les enfants, les vieillards, tous chargés de meubles et de linge, couraient se réfugier entre les murailles de pierre de l'enceinte extérieure de la mosquée. A cent pas de là, au bout d'une étroite ruelle qui mène au bezestan, le volcan grondait avec furie ; le haut de la rue, complétement embrasé des deux côtés, présentait l'aspect d'une avenue infernale. C'était folie de chercher à éteindre un pareil foyer : il fallait lui faire sa part, et une part très-large ; au lieu de cela une cohue informe et hurlante armée de haches, de harpons, de chaînes de fer et de piques, cherchait à renverser les maisons qui brûlaient, tandis que des pompiers tout ahuris lançaient de maigres jets d'eau sur le brasier ardent. Ces pompes, portées à bras, alimentaient leur réservoir de 50 centimètres carrés avec l'eau que les porteurs d'eau et des mules apportaient de loin dans des outres de cuir, Pas un seau, pas moyen d'organiser une chaîne ; les hommes se renversaient, s'estropiaient réciproquement; les bêtes effrayées se cabraient et se ruaient au milieu de la foule qui recevait sur la tête des tuiles, des fragments de croisées, des meubles etc., jetés par des pompiers trop zélés : heureusement les cafetans et les turbans amortissaient un peu la violence des coups.

Au fur et à mesure des progrès de l'incendie, les boutiquiers impassibles transportaient leurs meubles et leurs marchandises à trente pas plus loin, rallumaient leur pipe, et un quart d'heure après déménageaient de nouveau. Le feu gagnait rapidement. Les corniches des maisons, se touchant presque les unes les autres des deux côtés de la rue, s'embrasaient en un clin-d'œil. On voyait la flamme briller un instant derrière les grillages serrés des harems comme une moire étincelante, puis les moucharabys saillants s'écroulaient tout d'une pièce, en vomissant au ciel des tourbillons de flammèches qui allaient tomber en neige ardente sur les maisons voisines.

Telle était la violence de la dilatation de l'air que, sans le moindre souffle de vent, elle enlevait et projetait à de grandes distances de lourds fragments de planches embrasées.

Dans une rue où je me trouvais, on entendit tout d'un coup un effroyable écroulement. Tout un rang de maisons fléchit en craquant. Une terreur folle s'empare de la foule; bêtes et gens, tout se précipite à la fois vers la seule issue laissée par le feu; les mules se lancent au galop, les pompiers s'empêtrent dans leurs engins; on s'écrase, on se cogne, on se monte les uns sur les autres. En une seconde le pavé est jonché de centaines de Turcs, de Persans, de soldats, de Circassiens, de marchands et de marins: c'est une affreuse mêlée. Si les maisons avaient été moins solides et ne s'étaient pas maintenues à demi penchées, tout ce monde était enseveli sous les ruines brûlantes.

Au milieu de ce désastre, il y avait quelque chose de très-comique dans l'air effaré de ces braves gens cherchant à repêcher au hasard dans la boue leurs bonnets pointus d'Astracan, leurs turbans, leurs calottes, ou leurs tiares entourées de peau de mouton.

J'ai été témoin là d'une foule de scènes trop longues à raconter, qui peignent à ravir certains côtés originaux des mœurs musulmanes. Ici, toute une chaîne de pompiers et de soldats tombe à la renverse en tirant un câble qui se rompt. Ce sont d'abord des hurlements à faire frémir: cependant un des plus enragés interrompt ses cris et souffle entre deux *papelitos*, afin de ne pas brûler deux feuilles au lieu d'une pour la cigarette qu'il roule entre ses doigts très-paisiblement.

Ailleurs, c'est un jeune pacha turc qui commande à travers le feu, en se faisant suivre partout de son chibouckdgi portant sa pipe soigneusement enveloppée dans son fourreau de drap. Le plus comique de tous ces Osmanlis échaudés était un bon patriarche amoureux comme un tigre, qui se lamentait, non de voir sa maison brûler, mais de ce que le feu le forçait à donner la clef des champs, en présence de tant d'hommes, à ses *tourterelles* chéries dont le pigeonnier flambait déjà. *In petto*, il semblait se demander s'il ne valait pas mieux les laisser griller.

A trois heures du matin, le feu était à peu près contenu et n'avait dévoré qu'environ six hectares de superficie : ce n'est rien pour Constantinople.

*P. S.* Avant hier un bâtiment de guerre français a ramené à Thérapia une goëlette marchande russe prise dans la Mer-Noire. Pas de nouvelles de Sébastopol. Pendant toute la nuit du 3 j'ai entendu de Buyuck-Déré le bruit du canon retentir hors du Bosphore. Je n'ai pu en apprendre la cause. La flotte égyptienne est toujours à l'ancre dans cette baie. On disait qu'elle devait partir le lendemain 4 pour transporter en Circassie la légion étrangère. Les Anglais ont maintenant environ 12,000 hommes à Scutari, dans les casernes, et dans le camp qui occupe un développement de près d'une lieue. Pas encore de troupes françaises : elles sont massées à Gallipoli et dans la presqu'île.

# VIII<sup>me</sup> LETTRE.

**Les TE DEUM russes. — Une boutade de Menschikoff. — Pillages dans l'administration moscovite. — Causes de la faiblesse des armées ottomanes. — Arrivée du maréchal de Saint-Arnaud.**

Constantinople, 10 mai 1854.

Je crois que dans une de mes dernières lettres je me suis permis de dire en plaisantant que les Russes ne manqueraient pas de chanter un *Te Deum* en actions de grâces du bombardement d'Odessa : ils n'y ont pas manqué. La vanité moscovite a réalisé ce que vous aurez pu regarder comme une raillerie indélicate. Oui ! le lendemain même du départ des flottes alliées, en face des maisons et des navires incendiés qui fumaient encore, les autorités russes d'Odessa ont commandé aux habitants de croire qu'elles venaient de remporter une brillante victoire sur les Français et les Anglais mis en fuite. Afin de les en convaincre, on a fait promener dans les rues une centaine de matelots anglais faits prisonniers sur les navires marchands retenus dans le port; on a tiré le canon de réjouissance et chanté un *Te Deum* solennel pour remercier Dieu de la défaite des *barbares païens*. Si après ces manifestations triomphales quelque malotru se permet encore de douter, gare le knout et la Sibérie ! On attend incessamment les récompenses envoyées par l'empereur Nicolas à ces singuliers vainqueurs. Cette réjouissance de gascon battu a beaucoup diverti Osman-Pacha qui, de l'hôtel où il est fastueusement installé, à Odessa, aux frais de la vanité russe, se trouvait aux premières loges pour voir venger son désastre de Sinope et sa jambe de bois.

Je tiens ces curieux détails et bien d'autres d'un négociant français établi depuis cinq ans à Odessa et qui, ayant d'avance son passeport en règle, a pu partir sur un bâtiment neutre le surlendemain du bombardement.

Cette parade ridicule et dont l'impiété semblait rendre Dieu complice d'un mensonge impudent, faisait hausser les épaules à toutes les classes intelligentes de la population, mais elle enthousiasmait les moujicks barbus qui en sont encore au même degré de civilisation que les serfs d'Ivan-le-Terrible. Ces gens-là ont une foi si robuste que, recevant le knout, ils seraient de force à croire que ce sont eux qui le donnent, si leur empereur le leur affirmait.

Il paraît, du reste, que même dans les états-majors des armées russes, où l'on n'est pas plus sot qu'ailleurs, on se permet de plaisanter *entre amis* des bulletins toujours triomphants des généraux, bulletins faits seulement pour éblouir la vile populace moscovite. Le prince Menschikoff surtout abuse de sa haute position à la tête du vieux parti russe, qui lui assure l'impunité, pour railler ouvertement son collègue Gortschakoff, avec une causticité impitoyable et un gros esprit tartare à la Souvarow. Voici, comme échantillon, une des boutades de cet ex-ambassadeur très-extraordinaire, telle qu'elle était racontée dernièrement dans les salons d'Odessa.

Il était à Sébastopol, où il commande en chef toute la flotte russe de la Mer-Noire, commandement dont la présence des escadres alliées fait une véritable sinécure. Son impuissance aigrissait son caractère déjà passablement atrabilaire ; les fanfaronnades de Gortschakoff achevaient de l'exaspérer. Un matin les officiers, en venant lui faire leur visite de cérémonie habituelle et obligatoire, furent très-surpris de trouver leur grand amiral encore en robe de chambre. Ils s'informèrent anxieusement de sa santé. —Non, dit Menschikoff, je ne suis pas malade, mais je suis préoccupé par un songe mystérieux qui me trouble et dont il faut absolument que je vous fasse la confidence.

Cette nuit j'ai rêvé que j'étais dans le vestibule du Paradis ; on frappa à la porte. — Qui est là ? demanda saint Pierre. —Nous sommes six cents Français. —D'où venez-vous ? — Nous avons été tués dans tel combat en Afrique. — Attendez un instant que je vérifie si vous dites la vérité. Le céleste portier parcourut le *Moniteur*, s'assura que le chiffre était exact, tira son verrou, et dit aux troupiers africains : Vous n'êtes pas trop bons chrétiens, n'importe ! entrez toujours, parce que vous n'avez pas menti.

On frappa de nouveau à la porte. — Qui va là ? — Nous sommes neuf cents Anglais tués par les Shickes dans les Grandes-Indes. Et derechef saint Pierre confronta les chiffres sur les rapports officiels du gouverneur des Indes-Orientales ; puis, ouvrant la porte aux habits rouges : — Entrez, entrez, leur dit-il ; vous ne valez pas grand'chose, mais le compte est juste.

On frappa une troisième fois. — Qui heurte? répéta saint Pierre. — Nous sommes douze cents Russes. — Bien! mes enfants; d'où arrivez-vous? — Des bords du Danube où nous avons été occis par les païens pour la sainte orthodoxie. — C'est très-bien! mais attendez un instant que je consulte mes papiers. Et aussitôt il se mit à feuilleter les derniers numéros de la *Gazette officielle de Saint-Pétersbourg.* Tout d'un coup, fermant le livre avec colère, le saint portier cria par le trou de la serrure: Allez au diable, canailles maudites! Me prenez-vous pour un sot? Vous vous présentez là douze cents pour entrer au Paradis, et je vois par le bulletin de Gortschakoff qu'il n'a eu que deux tués! *Nescio vos! racca!*

Les officiers avaient bonne envie de rire de la boutade de leur amiral, d'abord pour lui faire leur cour, puis parce qu'elle ne manquait pas d'une certaine originalité plaisante; mais entre Menschikoff et Gortschakoff, craignant d'offenser celui-ci en riant et celui-là en ne riant pas, ils feignirent de prendre cette vision au sérieux comme celles de l'empereur, du patriarche de Moscou, et d'une foule d'autres grands personnages. Car en Russie, maintenant, les visions sont fort à la mode; tout le monde s'en mêle.

Si les Russes, gens d'esprit et instruits par les voyages, se moquent eux-mêmes de leurs propres fanfaronnades officielles, il y a aussi, à côté de cette minime minorité, une masse énorme de fanfarons naïfs qui nourrissent dans la candeur de leur âme tartare les idées les plus saugrenues sur les peuples étrangers. Je vous ai parlé dans une autre lettre des croyances des serfs moscovites sur la souveraineté universelle de leur autocrate; la noblesse militaire n'est guère plus avancée. Depuis le commencement des hostilités, on entend dans tous les salons de Bucharest et d'Odessa les officiers des corps d'armées russes déclarer hautement, avec la certitude d'un fait accompli, qu'au printemps prochain ils iront à Paris et à Londres *civiliser les païens occidentaux, en leur portant les lumières de la véritable orthodoxie.* Ce sont encore les mêmes vanteries, la même présomption qu'à la veille d'Austerlitz.

Un général de division russe, bien connu à Odessa, rencontra un jour dans un salon le Français de qui je tiens ces détails, et l'abordant de bonne amitié, sans la moindre intention de le blesser, il lui demanda si, en son âme et conscience, il pensait que la France pût mettre sur pied une armée de cent mille hommes.

J'avais toujours admis en fait que les troupes russes étaient les meilleures et les mieux équipées du monde, et j'avais souvent taxé d'exagération les récits de voleries effrontées des officiers moscovites. Aujourd'hui, devant le témoignage unanime et très-peu passionné de personnes qui viennent de la Valachie et d'Odessa, je suis forcé de rabattre beaucoup de cette estime préjugée pour le colosse du Nord.

D'après leur dire, qui me paraît vrai, l'empereur Nicolas sacrifie tout pour sa garde afin d'éblouir l'étranger par l'éclat, l'excellence positive de ce corps d'élite ; mais derrière cette brillante façade de son armée, se cachent un désarroi, une misère, un pillage effroyable, et une impuissance qui étonne quand on la compare à la grandeur des moyens. Les différents corps d'armée récemment concentrés en Bessarabie et près d'Odessa présentent surtout un aspect de dénûment et de souffrance dont rien n'approche.

Les soldats turcs et égyptiens dont je vous ai fait une peinture peu flattée ne sont certes ni bien heureux, ni bien beaux, pourtant ce sont des Sardanapales auprès des troupiers russes ; ceux-là sont du moins de robustes gaillards, nourris, vêtus et chaussés de manière ou d'autre ; ceux-ci pris au hasard, jeunes ou vieux, valides ou invalides, ne sont ni nourris, ni vêtus, ni chaussés par le gouvernement. Leurs officiers volent à peu près tout ce qui leur est destiné ; ils en sont réduits à vivre aux dépens du public et souvent de mendicité. On a vu, en pleine rue d'Odessa, des soldats exténués de faim et de fatigue, baiser la main de l'étranger qui leur tendait un morceau de pain.

L'effronterie du pillage des officiers de marine, d'infanterie, de cavalerie, et des administrateurs de toute espèce, atteint les limites du possible et a l'air d'une bravade de comédie. On fait nourrir les soldats par les habitants chez lesquels ils sont logés, quoique ceux-ci ne doivent que le logement et l'eau ; pendant ce temps-là, les officiers font vendre à peu près publiquement à leur profit les vivres ainsi économisés. On vend pareillement les draps, les toiles, les canons, les plombs, les chevaux, les fourrages du gouvernement : si l'état-major le pouvait, il vendrait jusqu'aux hommes, jusqu'au czar !

Je ne vous raconte ni l'histoire déjà ancienne du beurre de l'armée du Caucase, lequel se fondit si bien sur le marché de Sébastopol, que les soldats n'en eurent même pas de quoi se lécher les doigts ; ni celle de la poudrière d'Okzakow et des magasins d'approvisionnements de Fokchani, dont le feu vient de liquider l'inventaire ; une anecdote récente peint encore mieux le pillage organisé de l'armée russe.

Une division arrivant à marches forcées en Bessarabie se trouva, au bout de la route, absolument sans souliers. On demanda aux magasins de l'Etat une fourniture de cuirs pour les remplacer ; les cuirs arrivèrent en quantité suffisante. Le général commença, suivant l'usage, par prélever sur le convoi la part du lion qu'il s'adjugea ; puis ses lieutenants firent leur main, et les colonels, les majors et les fournisseurs, chacun la sienne. Bref, il ne resta plus aux cordonniers des régiments que juste assez de cuir pour faire la moitié d'un soulier à chaque soldat, ou une chaussure complète au quart des hommes. Cette difficulté imprévue fut soumise à l'état-major de la division. Il décida que pour ne pas faire de jaloux tous les soldats continueraient à marcher nu-pieds, puisqu'ils en avaient pris la salutaire habitude. Quant au misérable reliquat de cuirs, ce n'était pas la peine de raturer les comptes de Sa Majesté Impériale pour une semblable bagatelle ; au lieu de le restituer, on le supprima comme le reste.

Le czar sait parfaitement à quoi s'en tenir sur la moralité des pillards qui l'entourent jusque sur les marches de son trône. Mais, tout autocrate qu'il est, il ne peut rien contre eux, et l'histoire de sa famille lui apprend qu'au besoin ces nobles larrons ne respecteraient pas plus sa vie sacrée que son trésor.

Voilà bien assez de médisances sur la Russie ; j'aurai à peine le temps de vous parler des Turcs. Sans péricliter en aucune façon, leurs affaires ne paraissent pas en ce moment très-brillantes sur les bords du Danube.

On considère dès à présent comme positif que les Turcs ne sont pas en état de tenir seuls la campagne contre les forces accumulées par les Russes dans la Dobroutscha ; la coopération des troupes auxiliaires anglo-françaises leur est absolument nécessaire pour prendre un avantage décidé sur leurs adversaires. Telle est du moins l'opinion d'un officier, par position, très-favorable à la cause de la Turquie, parfaitement informé et très-apte à juger de ce qu'il a vu de ses yeux dans vingt combats auxquels il a assisté.

Quelque mauvaise que soit l'administration de l'armée russe, celle-ci ne laisse pas d'avoir actuellement sur celle des Ottomans une réelle supériorité par le nombre des hommes, par l'excellence de sa cavalerie, et par la science militaire de ses officiers qui, sans être des aigles, en savent cependant un peu plus que les pachas ganaches des états-majors ottomans.

Le fantassin turc, de l'aveu de tous les juges compétents qui l'ont étudié, est un très-bon soldat : brave jusqu'à la témérité, patient, dur à la fatigue et à la souffrance, il a toutes les qualités du grenadier russe avec plus d'intelligence, plus de feu, mais un peu moins de subordination.

La véritable cause de la faiblesse de l'armée du sultan, c'est l'incapacité du corps d'officiers. Mahmoud a bien pu discipliner matériellement ses troupes à l'européenne, mais il n'a pas réussi à inculquer aux chefs la science militaire. On compte dans les rangs de l'armée une foule de caporaux et de sous-officiers, mais peu de capitaines et de commandants, à part un petit nombre d'exceptions, particulièrement chez les Egyptiens. La plupart des colonels et des généraux-pachas sont hors d'état de combiner ou de suivre un plan stratégique.

Seul, Omer-Pacha, qui d'ailleurs est un ancien sous-officier croate, supplée à son défaut de science théorique par l'instinct de la guerre et une intelligence naturelle hors ligne. Mais, n'étant pas assez secondé, il est forcé de tout faire par lui-même et de perdre ainsi son temps dans une foule de détails subalternes. Par une conséquence naturelle de cette certitude de l'insuffisance de ses lieutenants, il a dû renoncer à prendre l'offensive et à manœuvrer en rase campagne; il s'est borné à la guerre de chicanes et de retranchements, en attendant l'arrivée des troupes européennes dont l'exemple pourra guider les siennes.

Une autre cause, encore plus palpable que l'insuffisance des officiers, paralyse l'armée turque, c'est le manque de bonne cavalerie régulière en état de résister à celle des Russes, qui est excellente. Omer-Pacha n'a pas avec lui la valeur de six régiments complets, ce qui est hors de proportion avec son infanterie. On a cherché à suppléer à ce dénûment par des hordes de bachi-bozoucks, et on les garde faute de mieux, en dépit de leur indiscipline féroce, plus redoutable aux amis qu'aux ennemis.

Ce défaut de l'armée ottomane est, à ce qu'il paraît, sans remède aujourd'hui. Chose incompréhensible! ce pays autrefois si renommé pour sa cavalerie manque maintenant de chevaux de guerre. C'est l'opinion nettement exprimée par le vétérinaire en chef de l'armée d'Omer-Pacha.

Dernièrement, le général d'Allonville est venu à Constantinople afin d'en acheter trois mille pour la remonte de notre armée d'Orient. En vingt jours, il en a trouvé... *trente-un*, réunissant à peu près les conditions requises, et à des prix exorbitants.

Le retard de l'arrivée de l'artillerie et des chevaux de notre cavalerie paraît arrêter seul encore le mouvement en avant de nos troupes, maintenant presque toutes massées dans la Chersonèse de Thrace, comme celles des Anglais le sont à Scutari.

Le général en chef lui-même, le maréchal de Saint-Arnaud, est arrivé ici avant hier au soir ; il a été salué par les batteries de Tophana et des vaisseaux de guerre, juste au moment où S. A. I. le prince Napoléon et les ambassadeurs se rendaient à la gracieuse invitation du sultan, qui leur offrait à dîner dans un petit palais dépendant de son sérail du Bosphore. L'étiquette orientale ne permet pas encore à Sa Hautesse de recevoir des chrétiens ni même des musulmans à sa table, ou de s'asseoir à la leur.

Sauf cette réserve commandée par sa position, le jeune sultan s'est mis en frais extraordinaires d'amabilité et de prévenances vis-à-vis de son hôte impérial. Le corps diplomatique a été stupéfait de le voir accompagner Son Altesse jusqu'en bas des escaliers, à la porte de son palais, chose inouïe de la part d'un sultan. Le nom magique de Napoléon est pour beaucoup, à ce qu'il paraît, dans cet excès de politesse.

Reschid-Pacha et lord Sratford-Caning, tous deux blessés au vif par la conduite énergique de notre ambassadeur dans l'affaire des catholiques Hellènes, se sont excusés de ne pas paraître à cette fête : l'un avait mal au pied, et l'autre au petit doigt.

Il est à présumer que par politique, sinon par inclination, Abdul-Medjid fera le même accueil à S. A. R. le duc de Cambridge, arrivé, lui aussi, ce matin dans le Bosphore qui, en ce moment, est encombré de vaisseaux de guerre et de transports militaires. C'était un magnifique coup d'œil. La canonnade a encore duré près d'une heure, comme pour le prince et le maréchal.

Le bruit incessant du canon, la vue continuelle des uniformes anglais, les récits et les images du bombardement d'Odessa, les bruits qui courent sur la prise de Cronstadt, tout cela commence à fouetter le sang des vieux Turcs. Les vendeurs de *siége d'Odessa* sont entourés par la foule des gros turbans et des pelisses abricot ; hier, sur le pont, j'ai vu une vénérable *khanoun* (dame turque), à bottines jaunes, à yachmak vert-pomme, arrêter un de ces marchands par le bras, écarter son voile pour poser sur son nez ses larges bésicles, et contempler pendant un quart d'heure cette terrible lithographie coloriée à feu et à sang, en s'écriant : Allah ! Allah ! Allah ! Evidemment l'odeur de la poudre tourne la tête même à la plus belle moitié de nos alliés orientaux.

Maintenant que toutes les troupes européennes sont réunies, que les généraux sont à leur tête, que les princes ont fait leur entrée officielle à Constantinople, et que les Russes s'avancent, c'est le cas de dire comme les Américains : *Go ahead !!*

# IX<sup>ME</sup> LETTRE.

**Visite aux camps de Gallipoli. — Scènes militaires. — Change de monnaies. —Coups de sabre.—Vol au four.— Une difficulté entre les derviches et le général L...— Galanteries publiques des dames turques aux eaux douces d'Europe.**

Constantinople, 15 mai 1854.

Le sultan ne paraît pas encore se disposer à partir pour Andrinople comme il l'avait promis, comme on l'avait espéré. Les princes français, anglais, turcs et égyptiens se font des politesses, se promènent sur les eaux du Bosphore ou font la sieste dans leurs palais de bois, tandis que les Russes menacent Silistrie.

Le maréchal de Saint-Arnaud est retourné avant hier à Gallipoli, où l'armée française attend toujours; l'armée turque du Danube ne fait pas beaucoup parler d'elle ; les conquérants hellènes, mis en déroute de tous côtés, et par les Turcs et par leurs propres coréligionnaires, ont bien rabattu de leurs premières fanfaronnades ; enfin la flotte de la Mer-Noire croise devant Sébastopol en attendant l'occasion d'agir. Bref, l'intérêt politique de cette demi-décade est un peu nul, atténué qu'il est par le souvenir récent des émotions passées et l'attente des émotions à venir ; ce n'est donc pas la peine d'insister sur ce chapitre insignifiant; il ne saurait captiver des lecteurs impressionnables qui ne se tiennent pas pour satisfaits, à moins que l'histoire ne marche tambour battant à la péripétie finale, à travers une gradation ascendante d'incidents de plus en plus terribles, ainsi que dans un drame en cinq actes de la Porte-Saint-Martin. Avec la meilleure volonté du monde, il m'est impossible d'inventer le moindre petit bombardement fictif ou anticipé, comme ceux d'Odessa le 14 avril, et de Silistrie le 24. N'en déplaise aux ingénieux correspondants allemands, dont les bonnes oreilles ont entendu le fracas horrible des bombes écrasant cette dernière ville infortunée, dont les bons yeux ont vu ses maisons abîmées dans un océan de flammes, cet affreux bombardement est encore, quant à présent, un canard danubien, de même que tant d'autres qui l'ont précédé et qui le suivront. Jusqu'à présent, les Russes se sont bornés à lancer, de la rive gauche du fleuve, quelques boulets et quelques obus perdus, qui ne font aucun mal à la ville. Ils n'ont encore transporté sur la rive droite qu'une seule batterie de pièces de campagne parfaitement impuissantes.

Un officier français, récemment arrivé et engagé au service du sultan, avait la bonhomie, chaque fois qu'il apprenait une nouvelle extraordinaire, de courir s'informer de sa véracité au séraskiérat. A la fin, Rizza-Pacha lui dit : « Hé ! mon cher commandant, si vous prêtez l'oreille à tous les bruits en circulation, ce ne sera pas assez de venir ici trois fois par jour. »

A défaut de la politique, vous parlerai-je des banales

splendeurs des fêtes officielles en l'honneur des hôtes illustres du sultan ? Certes, j'aurais beau jeu à vous tirer là un feu d'artifice *de magnificences* des *Mille et une Nuits,* car en France on en est encore à croire sérieusement aux merveilles orientales. Hélas ! hélas ! c'est triste à dire, mais cela est : rien n'est plus vulgaire qu'une fête en Orient. Le luxe trivial de la rue Saint-Denis a supplanté la poésie, le goût, l'élégante originalité des artistes asiatiques, dans tous les palais de bois du magnifique padischa; deux seuls exceptés, celui de *Beschik-Tasch* qui reste inachevé, et le vieux divan abandonné où j'ai vu les araignées filer en paix leur toile dans le trône somptueux de Constantin Dracosès.

Au lieu de vous parler de ces solennités officielles, que vous pouvez très-bien vous figurer en allant au bal chez un ministre ou un préfet, j'aime mieux vous raconter ma visite aux camps français et anglais à Gallipoli et Kadi-Kœï.

Retenus au port jusqu'à neuf heures du soir, par la nécessité d'attendre les dépêches du maréchal, nous avons eu tout le loisir d'admirer les illuminations des palais, qui rayaient les eaux du Bosphore de longues traînées de feu, et le féerique coup d'œil de Constantinople au clair de lune. Cette ville trop vantée n'est belle que vue de loin ou à travers le voile transparent de la brume et de la nuit; de même que ses femmes, qui gagnent beaucoup à se cacher à demi sous la gaze de leur yachmak, ou le léger treillis des jalousies de harems.

Le lendemain matin à huit heures, nous arrivions en face du premier camp établi sur le penchant des collines qui dominent la mer de Marmara, à deux lieues environ en avant de Gallipoli. A partir de ce point, jusqu'à deux lieues au-dessous de la ville et dans la ville elle-même, on aperçoit de toutes parts des milliers de tentes blanches alignées sur les plateaux, groupées au fond des vallons, ou dressées au sommet des rochers qui bordent le rivage. On distingue au loin les bataillons qui manœuvrent, les travailleurs qui creusent des fossés ou réparent les routes, et les cavaliers qui font baigner leurs chevaux à la mer. Ici, dans cette petite plaine, l'artillerie s'exerce au tir, et là-bas, au bout de la baie, le canon des vaisseaux de ligne lui répond comme un écho. Six bâtiments de guerre, parmi lesquels se trouve le *Montebello,* gardent la rade où s'abrite toute une flotte de grands navires de transports numérotés ; cinq ou six bateaux à vapeur promènent sur les eaux bleues du canal leurs longs panaches de fumée, et des centaines de grosses mahonnes turques débarquent incessamment les soldats et les munitions de guerre, au bout des petites jetées de pilotis improvisées par le génie militaire. C'est un spectacle d'activité fébrile, bien différent de la triste solitude que j'ai vue ici un mois et demi auparavant.

Gallipoli est bien d'ailleurs le misérable village dont je vous ai dit quelques mots en passant. Le consul anglais, fixé depuis longtemps dans le pays, n'estime pas sa population habituelle à plus de 8,000 âmes ; et franchement, ce chiffre m'a semblé encore exagéré en parcourant cet amas informe de pauvres chaumières de briques ou de pierres brutes, aux toits effondrés, aux murs déjetés, où l'on trouve à chaque pas les traces de l'abandon et de la pauvreté excessive.

Cette singulière capitale d'un pachalik est bâtie sur le

flanc intérieur d'un promontoire qui, avançant dans la mer ses falaises à pic, en forme de pudding de coquillages, protége une baie assez vaste. On n'y trouve ni une mosquée ni même une maison passables. Le général Bouat, un des mieux partagés, est logé dans une baraque turque, jolie en aquarelle, mais où le plus fanatique aquarelliste ne se soucierait pas de demeurer huit jours. Les rues montantes et mal pavées sont en partie couvertes par les auvents des maisons et par des planches ou des branchages posés en travers sur l'intervalle d'un toit à l'autre. Tel est le lieu dont je ne sais plus quel grave voyageur a vanté le charme et la richesse. Il est impossible de se moquer plus agréablement de ses lecteurs : tout cela est pourri, cassé, sale et trivial à faire frémir. Au milieu du principal groupe d'habitation, auprès du port, s'élève un monticule couronné par les tours démantelées du vieux château génois-byzantin, sur lesquelles flottent en ce moment les drapeaux de France et d'Angleterre, plantés à côté l'un de l'autre comme jadis sur la brèche de Ptolémaïs. Ses murs sont tout incrustés de débris d'antiquités romaines, grecques ou byzantines. Le génie militaire a déjà commencé à fouiller ces ruines pour tâcher d'en tirer parti ; d'autres soldats abattent des maisons afin d'élargir les rues, et, avec les décombres, ils comblent les ravins creusés par les ruisseaux au milieu de la voie publique.

Bien que la plupart des troupes soient maintenant installées dans les camps, la ville n'en est pas moins encore encombrée de soldats de toutes armes, Anglais, Turcs et Français : zouaves, tirailleurs algériens, infanterie de ligne, infanterie légère, marins, vivandières, chasseurs d'Afrique, gendarmes, artilleurs, hussards, dragons, spahis arabes, highlanders et grenadiers anglais remplissent les rues de ce triste village et lui donnent un air de gaîté et de fête, l'animation d'une grande ville. Turcs et rayas, paysans thraces et troupiers étrangers vivent, du reste, à présent, en bonne intelligence. Il est même resté dans les maisons indigènes un petit nombre de vieilles femmes et de toutes petites filles, ce qui n'a rien à craindre.... Mais les premiers temps ont été rudes. Je tiens de bonne source que, sur les représentations très-vives d'un colonel de cavalerie, le pacha vaincu par la force des circonstances, finit par promettre — chose inouïe chez un musulman—de fermer les yeux à l'avenir sur les conquêtes amoureuses des officiers français dans les harems indigènes. Les maris, moins accommodants que ce magistrat, philosophe à leurs dépens, aimèrent mieux se priver de leurs épouses, plutôt que de s'exposer à payer ainsi en nature les frais de la guerre.

La principale cause de désordre était le manque de monnaie. Les soldats n'ayant que des pièces de cinq francs, se trouvaient plus pauvres que s'ils n'avaient eu que les cinq sous du juif errant, car pas un marchand ne pouvait ou ne voulait les leur changer. Quand par hasard on en trouvait un plus accommodant, il escomptait ses sous aussi cher que des quadruples, et imposait par-dessus le marché les conditions les plus burlesques.

Un jour un grenadier va acheter six œufs valant dix sous ; mais il n'avait qu'une pièce de cent sous une et indivisible, et pas un seul décime. Le juif lui rendit en monnaie un paquet de porreaux, une paire de babouches turques ayant un peu servi, six pieds de cordes, deux laitues, un vieux fez, trois piastres turques, une petite pièce russe, une autrichienne, une espagnole, une allemande et une italienne : le plus habile arithméticien n'aurait pu calculer à combien revenait l'œuf.

Le troupier français ne brille guère par la patience. Entre vendeurs et acheteurs, on en vint bien vite aux coups. Ceux-là n'étant pas les plus forts se calfeutrèrent dans leurs boutiques-armoires, et se mirent à vendre leurs denrées par un petit trou aux chalands qui montraient d'abord de la monnaie. La guerre aux sous dégénéra pour lors en embuscades burlesques. Souvent les soldats happaient la main du bédouin au moment où elle passait au dehors, et ne la restituaient à son propriétaire que contre change sans escompte et sans babouches.

Les zouaves n'y mettaient pas tant de finesse que la ligne : dégaînant leur glaive et passant le bras par la chattière, ils instrumentaient à l'aveuglette dans la boutique, jusqu'à ce que le boutiquier se rendît à discrétion.

Ce n'est là que peccadille innocente, histoire de rire. On en dit bien d'autres sur le compte de ces Africains : une histoire, entre autres, qui a tellement égayé l'armée, que tout le monde leur a pardonné, même ceux que leur larcin avait condamnés à un jeûne forcé : Dernièrement une escouade de zouaves — ces gaillards-là ont le génie incarné de la maraude — s'étant glissée la nuit derrière les rangées de petits fours de campagne improvisés dans Gallipoli par la manutention des vivres, en descellèrent adroitement, à l'aide de leurs glaives, les briques du fond, de manière à y pratiquer sans bruit une ouverture suffisamment grande; puis, épiant les progrès de la cuisson, quand ils la jugèrent réussie à point, un moment avant le défournement légal, ils opérèrent, pour leur propre compte, un petit défournement partiel et illégitime par leur porte secrète soigneusement refermée ensuite avec les briques remises en place. Le butin enlevé et vendu, les maraudeurs partis, le boulanger ouvrit son four, et, à son grand ébahissement, au lieu de vingt-cinq à trente pains qu'il avait enfournés, il n'en retrouva plus qu'une vingtaine. Tous les autres, disparus, évaporés, pas la moindre trace !

La première, même la seconde fois — car le prodige se renouvela pendant plusieurs jours, — le brave Champenois s'imagina qu'il avait commis une erreur ou que ses camarades lui avaient joué un tour. A la troisième, ce phénomène s'étant reproduit, malgré toutes ses précautions, et avec un alarmant *decrescendo* de fournée, ses cheveux se hérissèrent de terreur devant la gueule noire et béante de son four infernal, rempli de maléfices diaboliques et absolument vide de pains : tous avaient été subtilisés comme des muscades sous le gobelet d'un enchanteur.

Les chefs furent avertis ; on compta, on pesa les pains en pâte, on plaça des factionnaires devant la porte des fours : rien n'y fit ! le maléfice continua. Les savants du pétrin expliquèrent le fait par la volatilisation des gaz ; les mitrons demeurèrent convaincus que la griffe du diable se cachait là-dessous. Enfin, le prévôt de l'armée, gendarme expérimenté, examina la question sous toutes ses faces, et, à force de tourner autour des fours, il parvint à découvrir le sortilége, mais non les sorciers aussi fins que lui.

Les Anglais, quoique plus innocents, ont bien, eux aussi, à se reprocher quelques péchés mignons du même genre. Cependant, il est juste de dire qu'ils sont généralement moins pillards que pillés. Leurs amis les zouaves, flairant de l'or dans ces poches britanniques, les exploitent comme une Californie ambulante. Il les entraînent à la cantine, dont le riche soldat de la reine veut faire les honneurs ; il tire de sa poche une belle guinée du bon Dieu impossible à changer. L'Algérien se charge aussitôt de cette difficile opération commerciale, obtient de la monnaie au moyen des procédés indiqués plus haut, paie la dépense, et, par distraction, engloutit dans sa vaste culotte l'argent de l'Anglais, qui, d'abord stupéfait, finit toujours par rire aux éclats de cette bonne plaisanterie.

On a cherché à exagérer outre mesure tous ces légers désordres, inévitables dans les premiers moments d'une telle concentration de troupes en pays étranger ; on a même été jusqu'à parler à plusieurs reprises de sanglantes répressions, tantôt contre des Anglais, tantôt contre des zouaves ; tout cela est faux. Aucun soldat n'a été fusillé dans l'armée alliée, et rien de grave n'y a encore mérité un tel châtiment.

Dans la ville même une partie des troupes est logée sous la tente, et chaque section de campement a une garde turque pour la police vis-à-vis des indigènes ; en outre, un escadron de lanciers ottomans est campé sous les tentes vertes en arrière de Gallipoli, sur un des promontoires de rochers qui dominent la mer.

Ainsi que je vous l'ai dit, les principaux édifices publics et privés de Gallipoli ont été utilisés par les armées alliées comme hôpitaux, magasins, bureaux d'administration, etc. Naturellement, cela ne s'est pas effectué sans quelques petits tiraillements douloureux ; mais la persuasion et une douce violence habilement employées tour à tour, selon les occurrences, ont aplani toutes les difficultés. Voici un bon exemple de cette diplomatie franco-turque :

Un de nos généraux de division avisa le couvent des derviches tourneurs, la plus belle, la plus vaste habitation de la ville. Il alla immédiatement la demander au pacha pour en faire un hôpital militaire. Le débonnaire gouverneur y consentit très-volontiers, pourvu, toutefois, que la sainte communauté y donnât son agrément. Son vénérable supérieur fut mandé, séance tenante, par-devant son excellence ottomane, qui lui exposa la requête du général *franguis*.

A cette proposition impie, le moine tourneur se hérisse d'indignation. — Qui ! moi ! s'écrie-t-il, trahir ainsi les intérêts d'Allah et de mes frères ! abandonner à des cochons (*domous*) de ghiaours notre sainte maison, où nous sommes si commodément installés, où si béatement nous tournons et virons au son de la flûte sacrée ! Que les oiseaux du ciel salissent de leurs ordures la barbe des infidèles et de leurs amis ! Plutôt que de leur céder notre temple, plutôt que de permettre cette abominable profanation, je me ferai hacher menu, menu, menu comme chair à kébab.

— Qu'est-ce que chante ce vieux bonhomme ? interrompit le général ; il a l'air de faire le malin, je crois. — Il jure, reprit le pacha, qu'on le coupera en morceaux plutôt que de l'expulser de chez lui. — Capitaine, prenez vingt fusiliers, et allez me dénicher ce tas de cafards. Et l'aide-de-camp fit la chose aussi vivement que le général l'avait dite.

Dès qu'ils virent briller les baïonnettes à leur porte, les farouches derviches sautèrent par les fenêtres. Les retardataires seuls reçurent quelques bourrades au-dessous des reins. Loin d'affronter le martyre et de se faire hacher menu, menu comme du kébab, le supérieur donna le premier à ses disciples l'exemple de la fuite, en courant plus vite qu'il n'avait jamais tourné.

Trois camps français sont établis à environ deux lieues au-dessous de la ville, au bord de la rade ; quatre ou cinq autres sont en amont. Le plus éloigné, le plus considérable de tous est à trois lieues de distance, à cheval sur l'isthme qui réunit la péninsule à la terre ferme, et que l'on travaille en ce moment à couper. Cette immense ligne de tentes blanches suit les contours sinueux d'un double ravin dont on fortifie la crête.

Tous les jours les Français fournissent environ 4,000 hommes et les Anglais un millier, pour travailler aux fortifications des ravins. La principale défense est un hexagone placé au centre de la ligne, et dont les fossés ont six mètres de largeur sur quatre de profondeur. Ces travaux s'exécutent avec beaucoup d'ardeur et d'émulation ; tout le monde en comprend l'importance.

Pour l'élévation, la nature du terrain et la largeur de l'isthme, cette position ressemble assez bien à celle du camp de Sathonay, entre le Rhône et la Saône. Mais quelle différence pour la magnificence grandiose du paysage ! Du point de partage des eaux, occupé par les tentes des zouaves, la vue s'étend à l'ouest sur le golfe de Saros, et à l'est sur les vagues azurées de la mer de Marmara et le doux rivage de l'Asie, tout resplendissant de fraîche verdure jusqu'au sommet de ses montagnes.

Vous connaissez par les rapports officiels quelles sont les troupes qui occupent ces différentes positions ; je ne vous en parle donc pas, non plus que de l'aspect des camps ; car en France nous sommes depuis longtemps familiarisés avec ces villes de toile. Qui a vu nos camps de Saint-Omer et de Sathonay peut se faire une idée assez exacte de ceux de la Chersonèse de Thrace. Je n'y ai pas remarqué grande différence, sauf le nombre des tentes et le luxe des cuisines que les troupiers n'ont pas ici le temps d'orner de statues et de jardins.

Vingt-sept mille Français et 5,000 Anglais étaient réunis à Gallipoli, à la date du 11 mai ; il y avait en outre 15,000 Anglais campés à Scutari. Pendant cette journée du 11, j'ai vu encore débarquer dans la première de ces deux villes 450 hommes du 5e bataillon de chasseurs de Vincennes, un escadron du 6e dragons français et 1,000 hommes du 38e anglais. Le soir il est encore arrivé sur rade la frégate à vapeur le *Sané* remorquant la frégate à voiles l'*Egérie*, toutes deux chargées de troupes africaines.

Ce qui manque toujours, ce sont les chevaux ; il y en a à peine 500 de débarqués.

Pour suppléer autant que possible à l'insuffisance de notre cavalerie, on a décidé la formation d'un corps de bachi-bozouks à la solde de la France et organisés sur le même pied que nos spahis irréguliers de l'Algérie. Un capitaine de dragons, familiarisé avec la langue et les mœurs turques, est chargé de recruter et de former cette troupe qui pourrait rendre de grands services si l'on parvenait à la discipliner un peu.

Maintenant, si vous le voulez bien, passons à Scutari, dans le camp anglais. Il est assis dans une magnifique position, en face de la mer et de Constantinople, sur les collines onduleuses qui s'étendent entre le grand champ des morts de Scutari et la petite ville de Kadi-Kœï, l'antique Chalcédoine. Les grenadiers de la garde sont les plus rapprochés de ce dernier point, et forment l'extrême gauche de la ligne. Leurs tentes blanches, entremêlées de bonnets à poil plantés au bout de bâtons, font un joli effet au sommet de la colline adossée aux sombres cyprès du cimetière ottoman.

Cette fraction est séparée du centre, où sont réunis les régiments de ligne, par le vallon ou champ de manœuvres de Haïder-Pacha. Enfin les highlanders écossais occupent l'extrême droite, entre les deux grandes casernes de Kadi-Kœï. Ce dernier camp est le plus pittoresque, le plus intéressant; aussi, attire-t-il la foule de préférence, voire même des dames turques et chrétiennes.

Pourtant, le beau sexe est exposé à y voir d'étranges exhibitions, surtout quand ces guerriers peu vêtus sont assis par terre pour manger leur dîner : on aperçoit alors de bien grandes jambes et de bien courts jupons. Grâce à ce costume excentrique, les montagnards écossais obtiennent un succès de vogue à Péra et à Constantinople. Ils ne peuvent pas se montrer dans les rues sans être escortés de centaines de curieux et de curieuses qui sacrifient leur pudeur et leurs babouches jaunes pour approcher plus près de ces hommes sauvages, comme elles les appellent.

Les jeunes officiers anglais, frais et bien rasés, n'obtiennent pas moins de succès que les highlanders auprès du beau sexe indigène, et dans un rang plus élevé. Du train dont vont les choses, je prévois une révolution intérieure dans les harems, qui sera peut-être plus douloureuse aux Turcs que la perte de la Valachie. Les maris ottomans pourraient bien en définitive payer tacitement les frais de la guerre.

Vendredi dernier, *dimanche musulman*, j'ai vu aux eaux douces d'Europe des horreurs dont je frémis encore, et qui bouleversent toutes mes idées reçues sur la polygamie, les eunuques, la vertu et la jalousie orientales. J'ai vu de jeunes officiers aux gardes, fort jolis gentlemen, dont le spencer écarlate faisait merveilleusement valoir la riche tournure, payer des musiciens pour jouer à des dames turques en arrabas des morceaux choisis de *Norma* et de *Lucie* ; et les eunuques laissaient faire comme de grands nigauds ! Les officiers échangeaient des bouquets avec ces dames; et les eunuques, traîtres à leur métier, ne disaient mot ! Les officiers enfin envoyèrent des baisers auxquels les *khanouns* répondirent en souriant et en montrant, à travers la gaze excessivement transparente de leur yachmak, beaucoup plus de choses que leur radieux visage. Pour le coup, les eunuques révoltés poussèrent les Anglais, afin d'écarter le feu de la poudre ; mais ceux-ci résistant et riant comme des fous, les cerbères conjugaux finirent par prendre le parti, plus facile, d'écarter les poudres du feu.

Se sentant entraînée par son arraba loin de ces charmants ghiaours, la plus belle de ces odalisques eut l'audace, qui le croirait, de leur adresser un geste d'adieu délicieusement équivoque entre le salut et le baiser. Le cheval y gagna un rude coup de fouet qui accéléra sa marche, et je crus lire sur la sombre physionomie du nègre que, rentré au logis, il préparerait d'avance son sac, sa vipère et son chat traditionnels. Je vous répète que cette scène, sans exemple dans les mœurs turques, s'est passée publiquement en présence de la foule assemblée, dans la prairie des eaux douces d'Europe, ce site délicieux qui fait oublier toutes les saletés, tous les ennuis de Constantinople, et où la soirée du vendredi se transforme en un carnaval de Venise cent fois plus gai, plus original, plus poétique que celui de la ville des doges.

Que l'on dise après cela que les Turcs ne se civilisent pas ! Il y a cinq ans à peine, un eunuque frappa d'un coup de fouet en pleine figure un Français nommé Picard, cordonnier dans Stamboul, parce qu'il avait eu l'audace de ne pas se détourner sur le passage d'un araba du sérail. Il est vrai que ledit Picard, ancien grenadier africain, arracha le courbach des mains du nègre et en caressa rudement son uniforme impérial ; que la garde turque étant arrivée reçut sa part de la distribution, et qu'il lui arracha un fusil avec lequel il exécuta un si terrible moulinet, qu'elle courut se réfugier dans son poste ; qu'enfin cet enragé cordonnier, ne pouvant enfoncer la porte, arracha comme Samson les deux colonnes de la façade de ce temple de l'ordre public, et ensevelit ses ennemis sous les tuiles.

Le meilleur de l'histoire, c'est que Picard alla de suite chez l'ambassadeur de France pour réclamer satisfaction de son injure.

— Hé ! mon bon ami, lui dit le général Aupick en riant, à moins de déclarer la guerre à la Turquie et de mettre Constantinople à feu et à sang, je ne vois pas quelle satisfaction je puis demander pour vous meilleure que celle que vous venez de prendre.

# X^ME LETTRE.

**Conseil de guerre de Varna. — Projets de campagne. — Les drogmans d'ambassade. — Revue des troupes turques par S. H. le sultan. — Lancement d'une frégate turque dans la Corne-d'Or.**

Constantinople, 20 mai 1854.

Avant hier encore, des gens *très-bien informés* auprès des ministères turcs niaient le bombardement de Silistrie; hier les mêmes gens m'ont appris que la ville venait de céder après un siége meurtrier, que la veille ils traitaient de fable absurde. En présence de pareilles contradictions, que croire? Tout et rien en même temps, sauf vérification. Ainsi, ce matin, on m'a annoncé que l'armée ottomane d'Asie avait de nouveau été mise en déroute complète par les Russes et les bachi-bozouks, leurs coopérateurs involontaires. Je n'ai pas plus accepté que rejeté cette nouvelle, quoiqu'elle ne m'étonne guère, car, composée et surtout commandée comme elle l'est, cette armée *pittoresque* ne doit pas s'attendre à cueillir beaucoup de lauriers arméniens. Le bombardement et la prise de Silistrie, si le fait devient authentique, seraient, il faut en convenir, une rude riposte à notre exploit d'Odessa où, dédaignant un triomphe complet, nous avons permis à un sentiment d'humanité d'enchaîner nos bras, de paralyser les terribles moyens de destruction dont nous disposions.

Nous avons voulu faire la guerre aux Moscovites avec les mêmes ménagements que nous avons observés dans les négociations; et, loin de reconnaître en cela notre générosité, notre humanité, en vrais barbares à demi civilisés, ils n'y ont vu ou ont affecté de n'y voir que faiblesse. Nous pouvions facilement écraser Odessa; ce n'eût pas été très-glorieux, puisque cette ville est à peine défendue, mais c'eût été frapper un coup sensible à notre ennemi, et nous en avions le droit. Au lieu de cela, nous nous sommes contentés de détruire quelques batteries; ce n'est que par accident qu'un quartier a été incendié : les Russes ont chanté victoire.

Vous aurez peut-être regardé le *Te Deum* d'action de grâces d'Osten-Saken, dont je vous ai parlé, comme une plaisanterie; rien n'est plus vrai cependant. Une autre personne arrivée avant hier de cette ville m'a encore confirmé le fait : elle mentionne même des détails que l'on avait oublié de me raconter. Après avoir remercié Dieu de la victoire signalée qu'il venait de donner au saint empire moscovite sur les barbares païens de l'Occident, toute la ville a été illuminée, par ordre bien entendu. Selon le bulletin officiel russe, trois vaisseaux anglais auraient été coulés bas, et un vaisseau français complétement désemparé. C'est pour persuader ces effrontés mensonges à la population qui venait de voir le contraire, qu'a eu lieu la promenade des prétendus prisonniers de guerre; simples matelots des bâtiments marchands anglais retenus dans le port.

Il ne faut pas trop s'étonner de ces impudences ; elles sont impérieusement commandées en Russie. Un officier peut être battu sur le champ de bataille, mais sur le papier il doit toujours triompher ; et si un impertinent se permet de manifester le moindre doute sur la véracité des bulletins moscovites, on l'envoie à l'armée du Danube ou du Caucase comme simple soldat, afin d'y vérifier les choses par lui-même.

On ne peut nier, du reste, que cette intrépidité de mensonge, ridicule à nos yeux, ne produise un bon résultat chez les Russes ; elle engendre en eux une confiance fanatique qui double les chances de succès. Elle ressemble un peu à ces bravades de sauvages qui, attachés au poteau des tortures, assurent à leurs bourreaux qu'ils éprouvent un vif plaisir à se sentir tordre les nerfs.

Si l'on peut fermer aux armées de Paskiewitch la chaîne du Balkan et les renfermer dans la vallée du bas Danube, elles y trouveront durant cet été deux ennemis plus terribles que les Turcs et leurs alliés, et contre lesquels les fanfaronnades seront impuissantes : la fièvre et la dyssenterie. De même que celles de Diébitch en 1828, elles y fondront aussi vite qu'au feu de la mitraille. Au dire de tous les gens qui en ont été témoins oculaires, c'était quelque chose d'effrayant que la mortalité de l'armée qui fit le siége de Schoumla et s'avança ensuite sur Andrinople : on pouvait la suivre à la piste des cadavres.

Nos soldats d'Afrique et les Anglais, tous habitués aux chaleurs de l'Algérie et des Indes-Orientales, souffriront infiniment moins de ce climat que les Russes descendus des plaines du nord, mal nourris, et livrés à la plus brutale ivrognerie.

Il est bon de remarquer que les troupes moscovites de l'armée du Caucase, les seules qui seraient acclimatées, n'ont pas pu être appelées sur le Danube, parce qu'on est forcé de les laisser à leur poste où elles sont plus nécessaires que jamais, à cause des renforts envoyés récemment à Schamyl.

D'un autre côté, si les Russes tentent le passage des Balkans, pour se procurer des cantonnements plus sains ou afin de pousser la guerre vivement, ils perdront dans ces montagnes tout l'avantage de leur supériorité en cavalerie, et ils y rencontreront nos fantassins avec lesquels leurs lourds soldats à pieds plats sont incapables de lutter dans une guerre de tirailleurs.

Au surplus, il ne paraît pas que l'on veuille attendre ces *messieurs*. Hier matin, le maréchal de Saint-Arnaud, lord Raglan, le capitan-pacha et le séraskier, sont partis de Constantinople pour aller à Varna, où se rendront simultanément, chacun de leur côté, Omer-Pacha et les deux amiraux de la flotte alliée. Là, dans un grand conseil de guerre, on concertera les opérations de la campagne, et l'on avisera aux moyens de frapper quelque coup vigoureux qui puisse contrebalancer l'effet moral des succès de Paskiéwitch sur le Danube.

Déjà, suivant l'usage invariable, les habiles devinent d'avance toutes les résolutions de ce congrès militaire, que ses membres eux-mêmes ne pourraient peut-être pas préciser encore. On décide sur la carte un débarquement en Crimée, un siége de Sébastopol du côté de la terre, une descente en Circassie, et l'on met une garnison anglaise à Varna, etc., etc.

Je vous fais grâce de toute cette stratégie constantinopolitaine ; malgré son rapprochement du théâtre de la guerre, elle ne vaut pas mieux que celle qui s'improvise sous les marronniers des Tuileries ou dans les cafés de Lyon et de Marseille.

Cependant les trois *on dit* que je vous ai cités sont appuyés sur des faits. Des transports et des officiers anglais sont en effet commandés pour Batoum, et doivent se tenir prêts à partir dans un assez bref délai, huit ou dix jours. Quinze cents artilleurs, et une partie de l'infanterie, campés à Scutari sont également sur le point de s'embarquer pour Varna. Une chose pourra retarder le départ de cette artillerie, c'est le manque de chevaux : tous ne sont pas encore débarqués à Kadi-Kœï, où l'on attend encore deux mille hommes de la même arme et trois mille cavaliers. En ce moment, les Anglais ont environ vingt mille hommes à Scutari et cinq mille à Gallipoli ; avec le contingent attendu, cela complétera un effectif de trente à trente-deux mille solides combattants.

L'armée française ne dépasse pas encore de beaucoup ce chiffre. Elle va faire un mouvement en avant en même temps que celle des Anglais. La première division sera cantonnée à Andrinople, et la seconde à Rodosso, sur la mer de Marmara ; comme la quatrième division ne compte encore qu'un millier d'hommes, elle restera à Gallipoli, afin d'y attendre que les cadres soient complétés par l'arrivée des bataillons qui lui arrivent journellement de France. La troisième division sera la mieux partagée ; elle campera sous les murs de Constantinople. Son général, le prince Napoléon, lui a choisi pour cantonnement les magnifiques casernes impériales de Daoud-Pacha, à une lieue des antiques remparts de Constantin, au centre à peu près du plateau resserré entre les eaux douces d'Europe et la Propontide.

Quoique la distance de ce quartier à Péra soit un peu forte, les troupes de cette division ne laisseront pas d'avoir la facilité de venir souvent en ville sans aucuns frais, et recevront aussi, je crois, de nombreux visiteurs, surtout si le 6e cuirassiers en fait partie. Ces cavaliers produiront une foudroyante impression sur l'imagination des Orientaux, qui ne sont pas habitués à en voir de pareils.

Quant au débarquement en Crimée, je n'en ai entendu parler que par les personnes qui n'en savent rien ; celles qui sont dans le secret se gardent bien d'en dire un mot. Au reste, ce n'est pas de sitôt que l'on sera en mesure de tenter ce coup hardi. De l'aveu des gens du métier, la prise de Sébastopol, but de l'entreprise, est une opération excessivement hasardeuse par terre, et reconnue à peu près impossible par mer.

Par terre, il faudrait débarquer au moins la totalité des troupes alliées, en face d'une armée d'élite de 70,000 hommes environ ; puis faire le siége d'une place forte qui ne peut être investie à cause de l'immense développement de ses fortifications, lesquelles embrassent les deux rives de sa triple rade hermétiquement fermée à nos vaisseaux.

Par mer, il paraît, d'après ce que j'ai entendu dire à un officier de la flotte anglaise, qu'il y a dans la passe du port des batteries creusées dans le roc, et si formidables que les bâtiments de guerre, impuissants contre leur artillerie, resteraient exposés sans défense à un feu irrésistible. C'est pour cela que les deux amiraux anglais et français, d'un commun accord, ont converti l'attaque de vive force en un blocus qui ne termine rien.

Cet officier ajoutait que huit bâtiments de la flotte russe étaient absents du port de Sébastopol, et cachés on ne sait où. Une escadre détachée à leur recherche a vainement exploré les côtes de la Circassie ; on pense qu'ils ont pu se réfugier dans la mer d'Azof; mais les bas-fonds et le manque de pilotes y rendent les investigations très-dangereuses. Une frégate, commandée par M. de Bouchot, a apporté ici sans accident un chargement complet de munitions de guerre et de rechange pour la flotte. Comme ce navire à voiles, encombré de poudres et de boulets, n'avait plus que six ou huit canons, il n'a pas pu aller rejoindre l'amiral Hamelin devant Sébastopol, au risque de se faire capturer par des vapeurs russes, dans le cas où les flottes se seraient retirées : il attend à Beïcos.

Constantinople est encombré d'officiers de toutes nations, qui viennent offrir à la Porte-Ottomane leurs services ou leurs conseils contradictoires. Le Divan ne sait auquel entendre, et parfois il n'a pas la main heureuse dans ses choix. Ces jours-ci, il est parti un grand nombre de Hongrois, de Belges, de Français et d'Italiens pour l'armée d'Asie et la Circassie. Le général Prim est gravement indisposé, et son armée espagnole de huit gendarmes catalans est paralysée par cette maladie.

On s'est beaucoup égayé ces jours-ci du fiasco déplorable d'un gros ex-colonel d'artillerie de la garde nationale d'une grande ville de France, que je ne veux pas nommer. Ce bon bourgeois, affligé d'une manie militaire bien opiniâtre, s'était vu destituer en 1849, après s'être laissé enlever tous ses canons, pendant une nuit, par quatre hommes et un caporal. Il abandonna son ingrate patrie et vint apporter le secours de sa vaillante épée au sultan qui n'en avait que faire. Dernièrement de maladroits protecteurs, prenant son grade au sérieux, lui rendirent le mauvais service d'obtenir en sa faveur un poste important dans l'armée d'Omer-Pacha. Il ne s'agissait plus pour lui de parader à la tête de ses batteries dans une solennité patriotique, mais de commander réellement dans une vraie bataille. Cette épreuve lui fut fatale.

Bien que les artilleurs turcs ne soient pas des aigles, ils s'aperçurent du premier coup que leur colonel *franguis* en savait bien moins qu'eux. Cela revint aux oreilles du général en chef qui surveille tout par lui-même : il s'assura du fait, et congédia fort irrévérencieusement le malheureux officier manqué, lui, son gros ventre, son grand sabre et ses lunettes vertes.

Le ministre de la guerre, furieux d'avoir été pris pour dupe par les amis du *monsieur*, leur demanda de quel front ils avaient osé lui présenter comme colonel d'artillerie une ganache — le mot turc est plus fort — qui ne savait seulement pas faire manœuvrer une pièce de canon. — Excusez-nous, excellence, lui fut-il répondu, ce brave homme montre tant de goût pour l'état militaire, que nous avons pensé qu'il devait en avoir le génie.

Ce pauvre colonel, deux fois destitué, doit aller, dit-on, réorganiser l'artillerie du shah de Perse. Il serait à souhaiter qu'il pût en faire autant à celle de Gortschakoff.

Mercredi dernier, le sultan offrait, dans son palais de Beylerbeg, un grand dîner d'apparat au duc de Cambridge, comme Sa Hautesse l'avait fait quelques jours auparavant pour le prince Napoléon. Abdul-Medjid a reçu ses hôtes avec une exquise courtoisie, a causé un instant avec Son Altesse Royale, mais ne s'est pas mise à table.

Son Altesse Impériale et le général Baraguay-d'Hilliers n'ont pas paru à cette fête à laquelle ont assisté Reschid-Pacha et l'ambassadeur d'Angleterre, tous deux guéris de leur *indisposition diplomatique* par le départ de notre habile et vigoureux représentant, qui savait si bien suppléer aux finesses diplomatiques par la rectitude de son jugement et l'énergie de sa volonté.

Aux yeux des Français résidant en Turquie, il avait surtout un rare mérite, celui de faire marcher droit les drogmans indigènes, rouages intermédiaires malheureusement indispensables de la diplomatie et des chancelleries dans ce pays. Leur rôle effectif semble être le plus souvent d'intriguer, de brouiller les cartes et de faire battre les montagnes les unes contre les autres. Je pourrais citer, entre autres actualités, un de ces drogmans parvenus qui se vante à peu près publiquement à Péra *d'avoir fait casser les vitres* au général Baraguay-d'Hilliers dans ses rapports officiels avec Reschid-Pacha, et cela uniquement pour se venger de la rudesse militaire de notre représentant, le rendre impossible, et s'en débarrasser.

Les drogmans parisiens ne valent guère mieux que les drogmans indigènes. Ces derniers sont pour la plupart des intrigants, les premiers sont trop souvent de beaux fils de famille, qui craignent de souiller la virginité de leurs gants jaunes, en prenant en main les intérêts commerciaux des négociants français. Le personnel de la légation anglaise est plus aristocratique que celui de la nôtre, et pourtant, ces fils de la noblesse britannique montrent infiniment plus de zèle et d'activité à défendre le calicot, les fers et la morue de leurs nationaux.

Puisque le fil de cette causerie m'amène à parler du commerce, je mentionne en passant que la guerre lui fait ici de durs loisirs. Les affaires sont à peu près nulles; tous les négociants se plaignent, et beaucoup liquident, non sans peine. Les hôteliers, les cafetiers, les débitants de vivres et de munitions de toute sorte sont les seuls qui gagnent à cet état de choses. La présence des armées alliées en Turquie fera la fortune de beaucoup de pauvres diables, et ruinera encore plus de grandes maisons. Le Bosphore et la Corne-d'Or sont encombrés de navires ; mais ce sont des bâtiments de guerre ou des transports militaires, tous beaux moulins qui tournent à vide pour la richesse des nations.

Parlons donc encore de guerre, puisque c'est la grande, la seule affaire du moment. Mardi de cette semaine, le sultan, allant assister aux examens de l'école polytechnique, a profité de cette occasion pour passer en revue toutes les troupes turques de Constantinople rangées en bataille sur son passage. Un bataillon de sa garde, en pantalons gris-bleu et vestes ponceau, occupait les abords de l'école située sur la montagne, en arrière de Péra. L'infanterie de ligne, les lanciers et trois batteries d'artillerie, formant un effectif d'environ cinq mille hommes, étaient échelonnés le long de la route de Thérapia par les plateaux. Ces troupes, en grande tenue, avec leurs jaquettes bleues et leurs buffleteries blanches, avaient une bonne tournure militaire, et produisaient un effet très-pittoresque au milieu de ce sévère paysage au terrain tourmenté, désert et déboisé comme une savane du Texas.

Sa Hautesse, en costume extrêmement simple, pantalon, redingote et manteau bleu foncé, et fez tout uni, s'avançait à cheval, escortée d'une douzaine de saïs à pied, et suivie à vingt pas de distance par la foule des pachas, des ministres, des ambassadeurs et des officiers étrangers, les uns à cheval, les autres en voiture. Dès que le padischa parut sur le front des troupes, le canon tonna et tous les soldats exécutèrent des feux de bataillon ; puis, poussant des hurras et tenant leur arme de la main gauche, ils saluèrent le sultan à mesure qu'il passait, en portant leur main droite à leurs lèvres, à leur front et vers la terre. Cela veut dire en bon turc : « Je mets ma tête et toute ma personne à vos pieds. »

Une foule considérable encombrait les abords de l'école et les talus de la route. Il y avait surtout une multitude de femmes turques qui paraissent idolâtrer leur jeune et ennuyé sultan. Je remarquai d'une manière particulière deux des femmes de S. H. Abdul-Medjid dans deux élégantes voitures historiées d'arabesques d'or comme un bijou d'orfévrerie : elles s'étaient arrêtées un instant pour faire distribuer charitablement aux soldats une grande manne de pain qu'elles venaient d'acheter à un marchand sur la route. Une dame de leur suite brisait les pains de ses blanches mains toutes constellées de diamants, et passait les morceaux à ses eunuques qui les transmettaient aux troupiers.

Ce pain aurait pris une toute autre saveur s'il eût été partagé par les petites mains gantées des deux kadines elles-mêmes, car les portières ouvertes et les rideaux tirés laissaient voir très-librement, sous des voiles transparents comme du tulle, des beautés radieuses vraiment dignes d'un padischa.

Je vous ai déjà dit quelques mots du voile des femmes turques ; plus je vais, et plus je reste convaincu que pour les grandes dames au moins ce n'est plus une affaire de jalousie, mais bien de coquetterie ou simplement d'usage et de convenance; les maris n'y gagnent rien, bien au contraire.

Je m'écarte singulièrement de la politique ; j'y reviens. Le prince Napoléon, dans la voiture de notre ambassadeur, était suivi de ses officiers d'ordonnance à cheval ; le duc de Cambridge montait un magnifique cheval caparaçonné d'or ; l'ambassadeur goutteux du shah de Perse se faisait hisser péniblement par deux officiers dans son coche doré, et ces trois grands bonnets pointus d'Astrakan avaient peine à garder leur équilibre pendant cette difficile opération; l'ex-ministre de la guerre, le vieux Méhémet-Ali-Pacha, le rival, l'ennemi mortel de Reschid-Pacha, venait derrière celui-ci, maniant avec une adresse merveilleuse un cheval fougueux. La figure rébarbative de ce beau-frère du sultan est un type admirable de la race ottomane. Son cœur est encore plus turc que sa physionomie. Pendant son ministère il *économisait*, dit-on, 300,000 piastres environ par jour sur ses appointements.

J'oubliais dans ce cortége oriental la figure du jeune prince égyptien, fils d'Abbas-Pacha, qui doit épouser, demain ou ce soir, une des filles du sultan. C'est un jeune homme de bonne tournure, autant qu'on peut l'avoir sous le fez ou la redingote de la réforme. Seulement il ne m'a pas paru avoir une figure de circonstance. C'est que ce n'est pas tout rose d'épouser la fille d'un souverain padischa. Elle n'est pas pas précisément la femme de son mari; mais l'époux, lui, est bien le mari de sa femme, ce qui n'est pas tout à fait la même chose. Pour faire comprendre cette distinction en apparence futile, il suffit de dire que le dit mari ne peut, suivant l'étiquette orientale, entrer dans la couche nuptiale *que par le pied du lit.* Du reste, la femme conserve le droit de vie et de mort sur *son* époux.

Une circonstance m'a touché dans les incidents de cette solennité officielle : c'est l'enthousiasme naïf des petites orphelines européennes, que Sa Hautesse a recueillies dans un hospice fondé par elle-même en face de son école polytechnique. Toutes ces petites fillettes, habillées de blanc, se sont rangées devant la porte de leur asile, orné de drapeaux et de devises en l'honneur de leur bienfaiteur, et quand Abdul-Medjid a passé, elles l'ont salué de leurs acclamations.

Cette ovation enfantine a paru faire plaisir au sultan. Sa figure attristée s'est éclaircie un peu en se tournant vers ses pupilles : il leur a presque souri du haut de sa puissance. C'est rare, très-rare, cela prouve que chez ce grand seigneur le cœur est las, mais n'est pas mort.

Ce fait prouve surtout, chez le commandeur des croyants, que tant de gens accusent de fanatisme et de tyrannie, un peu plus de tolérance et de libéralisme généreux que chez le pontife-empereur Nicolas, qui prend les enfants de ses sujets pour leur faire abjurer de force la religion de leurs pères.

Depuis quelque temps Abdul-Medjid ne passe presque pas un jour sans sortir des arcanes du sérail et sans paraître en public. Avant hier, il s'est rendu en grande pompe à l'arsenal de Kassim-Pacha, dans la Corne-d'Or, pour y assister à la mise à flot d'une superbe frégate de soixante-quatre canons.

A deux heures précises, Sa Hautesse est arrivée dans son caïque impérial, à seize rameurs en blouse de pourpre; derrière cette pirogue effilée, gracieusement recourbée en patin, sculptée, peinte et dorée avec un luxe tout oriental, plusieurs femmes du sultan venaient dans une autre embarcation de forme européenne, aussi richement décorée et couverte d'un tendelet de soie pourpre doublé de satin blanc.

Les ministres, les pachas, les officiers étrangers suivaient sur une flottille de caïques pavoisés aux couleurs ottomanes ; puis en arrière, par côté, sur toute la surface de la Corne-d'Or, s'élançaient à la suite du cortége des milliers de pirogues chargées de curieux. De grands étendards de soie ponceau, armoriés du soleil impérial, flottaient au faîte de tous les édifices voisins et à la poupe de la frégate. En arrière de la cale sèche entourée par un bataillon de la garde, on voyait une foule de dames et de peuple en costumes de couleurs vives, groupés de la manière la plus pittoresque, sous les grands cyprès du cimetière qui couvre les pentes du coteau de Galata. En face, sur la rive droite de la Corne-d'Or, se dressait le féerique amphithéâtre du vieux Stamboul couronné de mosquées et obliquement éclairé par les rayons du soleil. L'air retentissait des sons de la musique militaire, des acclamations des soldats, des hurras des marins français de la frégate à vapeur le *Descartes*, mouillée vis-à-vis de l'arsenal, et des salves d'artillerie des bâtiments turcs. C'était un magnifique spectacle.

Pendant que l'eau se précipitait dans la cale par les écluses ouvertes, Sa Hautesse s'était retirée auprès de ses femmes, dans une superbe tente préparée pour elles et garnie de grillages dissimulés au milieu des entrelacs d'une broderie, afin qu'elles pussent regarder la cérémonie librement, sans la gêne du feredgé et du yachmak.

Au bout d'une heure environ, le bassin fut rempli ; la frégate se trouva à flot. Alors le suprême commandeur des croyants récita une formule de prière en forme de litanie, et à chaque verset l'équipage du navire, rangé sur le pont, répétait : *Amin*. — *Amen*. Ces préliminaires achevés, les portes s'ouvrirent, les troupes présentèrent les armes et poussèrent trois hurras, un en l'honneur d'Allah, un autre pour son prophète, et le dernier pour Abdul-Medjid ; la musique joua, et le noble vaisseau sortit de sa prison dans la mer libre, aux sons d'une excellente polka de Strauss.

Aussitôt après, le sultan remonta sur son caïque doré, et... le dirai-je, au risque de détruire bien des illusions orientales ? mon devoir de véridique narrateur m'y oblige... Sa Hautesse, le sublime padischa, le fils du soleil, le frère de la lune et des étoiles, abrita modestement sa tête sacrée contre les rayons de son père céleste sous un humble parapluie rose de paysan.

# XIᴹᴱ LETTRE.

**Guerre en Epire. — Excès et dissensions des bandes hellènes. — De quelques préjugés contre les Turcs. — Les bons côtés de la civilisation musulmane. — Défauts des Francs-orientaux et des capitulations.**

Constantinople, 25 mai 1854.

Vous avez su avant nous et probablement mieux que nous de quelle manière vigoureuse les troupes turques régulières, envoyées en Epire et en Thessalie, ont malmené les bravaches palikares et les ont refoulés en Grèce. Ce résultat n'a surpris ici aucune des personnes en relations habituelles avec les Hellènes; il s'accorde d'ailleurs merveilleusement bien avec les renseignements qu'un vieux négociant grec dont je vous ai parlé m'avait donnés au moment le plus florissant de l'insurrection.

Faux, traîtres et voleurs par nature, et toujours fanfarons devant la faiblesse jusqu'à la bouffonnerie; rampants devant la force jusqu'à la vilenie; voilà le portrait que l'on fait généralement du Grec moderne. Il est certain que, sauf un petit nombre de traits de courage individuel chez d'obscurs aventuriers, les bandes insurrectionnelles n'ont pas péché par excès de bravoure téméraire : en maintes rencontres elles se sont même signalées par une poltronnerie égale à leurs bravades, à leurs pillages, à leurs cruautés. Les chefs surtout ont fait remarquer à leurs amis comme à leurs ennemis la prestesse et l'habileté avec lesquelles ils évitaient prudemment tout héroïsme nuisible à leur santé. Et pourtant, lors de la guerre de l'indépendance, on a rapporté de ce peuple hellène de magnifiques exemples de courage et de dévouement : il faut que la manie philhellène ait à cette époque singulièrement exagéré le bien et dissimulé le mal, ou que la Grèce affranchie ait bien dégénéré en si peu de temps — et en ce cas elle ne peut plus s'en prendre à l'oppression étrangère — ou enfin que la guerre actuelle ne soit qu'une expédition de banditisme. La vraie vérité est peut-être dans ces trois suppositions réunies.

Un des traits les plus caractéristiques de cette levée de boucliers, une des principales causes en tout temps de la faiblesse de la race grecque, c'est la vanité excessive et l'individualisme outré des soldats et des chefs. L'ignorance étant à peu près égale dans tous les rangs de l'armée hellène, il n'y a pas un palikare simple fusilier qui ne se regarde très-sérieusement comme l'égal de son colonel ou de son capitaine, pas un lieutenant qui ne prétende commander à son général. Dans les rangs de l'armée régulière, la discipline militaire et le poids de l'autorité royale compriment avec peine ces folles vanités qui, une fois lancées hors de la frontière dans l'indépendance d'une vie de guérillas, ont fait explosion toutes à la fois.

Il paraît qu'à ce sujet il s'est passé dans les diverses bandes hellènes des scènes où le burlesque le dispute à l'odieux. Tel capitaine du roi Othon qui avait franchi la frontière turque à la tête d'une cinquantaine de soldats, en se décernant à lui-même le titre de général, s'est vu réduit, quatre jours après son entrée en campagne et sans avoir livré aucun combat, à un régiment d'un homme seul, tous les autres l'ayant abandonné afin de se faire, à l'image de leur chef, qui capitaine, qui colonel, qui général.

Entre tous ces officiers sans troupe il régnait une telle fraternité que si les Turcs n'étaient venus les séparer et les chasser, ils se seraient exterminés les uns les autres. Le mal n'eût pas été grand s'il se fût borné là. Le pire était que ces larrons libérateurs se faisaient réciproquement la guerre aux dépens des chrétiens épirotes qui n'en pouvaient mais.

Il ne suffisait pas que les rayas orthodoxes prissent les armes bon gré mal gré contre les Turcs; il leur fallait encore prendre parti pour tels et tels chefs hellènes, au risque d'être saccagés par les rivaux de ceux-ci. En effet, au commencement de la sainte croisade, il régnait entre les héros palikares une furieuse émulation d'affranchissement : Grivas venait-il de forcer un village à se soulever au moyen du pillage et du meurtre, vite Kariskaïkis accourait le ravager par jalousie de la *gloire* de son collègue; puis Tzavellas brochant sur le tout complétait la dévastation, afin de témoigner hautement son regret d'être arrivé le dernier au *champ d'honneur*.

On se lasse des meilleures choses quand on en abuse : jugez si les Thessaliens et les Epirotes se sont fatigués d'être pillés de toutes les manières et sous tous les prétextes. Aussi ne faut-il pas s'étonner qu'en beaucoup d'endroits les affranchis aient chassé leurs libérateurs à coups de fusils.

Ces divisions, ces excès des chefs hellènes, avoués publiquement par eux-mêmes et leurs journaux, ne sont pas d'ailleurs la seule cause de l'avortement de leur invasion en Albanie et en Thessalie : la principale qui tient également au caractère grec est inhérente au pays lui-même : c'est le fractionnement hostile des tribus albanaises entre elles, et surtout le mépris, la haine ouverte que toutes professent pour les Moréotes. Les colonies albanaises sont tellement nombreuses en Thessalie, que les mêmes sentiments y dominent.

Dans le reste de la Turquie européenne, on trouve quelques nationalités assez importantes, assez homogènes pour mériter le nom de peuple, comme les Serbes, les Bulgares, les Valaques : dans les montagnes qui bordent la mer Adriatique, il n'y a plus que des tribus, des clans ennemis et antipathiques les uns aux autres. Tous, par une aspiration bien naturelle, voudraient jouir de leur indépendance complète ; mais ce n'est pas pour former une nation, un grand Etat, c'est pour se détruire mutuellement au gré de leurs inimitiés héréditaires. Plutôt que d'obéir ou même de se réunir sur le pied de l'égalité à leurs rivaux et principalement aux Hellènes dégénérés de la Morée, Albanais, Epirotes et même Thessaliens préféreraient le joug turc.

C'est pour cela que si souvent on a vu, tour à tour suivant les circonstances, les Arnaoutes musulmans, les Toskes et les Guègues orthodoxes, les Myrdites et les Malsores catholiques, et vingt autres peuplades albanaises ou épirotes se combattre les unes les autres au nom du sultan, et mêler aux étendards ottomans leurs drapeaux de chrétiens; car il est bon de le remarquer en passant, la guerre actuelle n'est pas la première où la croix latine et la croix grecque ont paru à côté du croissant dans les camps musulmans.

Pour être juste envers et contre tous, il importe aussi de tenir compte des fautes de la diplomatie européenne qui a eu le talent de créer en Grèce une monarchie artificielle sans aucun élément de vitalité propre. Cette faute, dont la responsabilité appartient surtout aux jalousies maritimes de l'Angleterre, est assurément une des principales causes des agitations de la Grèce. Les Hellènes sensés et honnêtes sentent bien que leur pauvre pays étouffe, mais sans pouvoir deviner encore le remède à leur souffrance. Les masses brutales voient ce remède dans les violences d'une guerre absurde. Le temps seul peut amener un changement favorable à cette nationalité jetée hors de ses voies naturelles.

Le mieux pour le moment est de maintenir, comme nous le faisons, le *statu quo* politique, en Grèce aussi bien qu'en Valachie, tout en favorisant, autant que nous le pouvons, le progrès de la civilisation chez les Turcs.

Ce progrès, tout le monde en parle et le comprend différemment. Je commence à entrevoir que bien peu de gens sont dans le vrai à ce sujet. Les uns, trop prompts à s'enthousiasmer, ont cru sérieusement que la réforme de Mahmoud avait transformé la société ottomane de même que les uniformes des armées turques, à l'instar des sociétés chrétiennes; les autres, les pessimistes de bonne foi, s'en fiant aux récits de quelques violences, de quelques abus criminels, ont nié toute civilisation musulmane, après comme avant la réforme.

Ces deux opinions très-répandues sont aussi erronées l'une que l'autre. Je ne suis pas resté assez longtemps dans ce pays pour traiter ce sujet en pleine connaissance de cause, mais le peu que j'en ai vu ou entendu dire par des gens plus experts que moi et parfaitement désintéressés, me prouve que, d'un côté, la réforme européenne de Mahmoud n'a guère entamé que la superficie des mœurs de son peuple, et de l'autre, que la vieille civilisation ottomane est, sur quelques points essentiels, égale et peut-être même supérieure à la nôtre. Le plus grand malheur des Turcs consiste à n'avoir pas su employer l'imprimerie aussi bien que la poudre à canon : à cause de cela le progrès des sciences a été moins prompt chez eux que chez nous, et ils n'ont pas pu divulguer au dehors le beau et le bien de leur société, pour contrebalancer le mal que ses détracteurs en disaient.

Ces récriminations sont souvent bien aveugles ou bien injustes. Les uns reprochent aux Ottomans des cruautés et des abus de pouvoir, sans prendre garde que nous autres chrétiens, dans les mêmes circonstances de révolte et de guerres civiles ou religieuses, en Vendée, en Irlande, en Flandre, en Russie, en Allemagne, nous nous sommes montrés tout aussi féroces et implacables. Encore aujourd'hui n'y a-t-il pas autant de violences et de mépris de la justice sur les seules frontières des Etats-Unis d'Amérique tant admirés, que dans toute la Turquie que nous dénigrons? Pourquoi encore des esprits lumineux attribuent-ils la décadence de l'empire des Osmanlis à deux institutions qui cependant en Angleterre sont une des

— 170 —

bases de la puissance britannique : la concentration des propriétés et l'interdiction aux étrangers de posséder le sol ?

Quelle plus sotte et quelle plus commune injustice encore que celle de rejeter sur la tête des Turcs la dévastation de tous les monuments antiques, ruinés par les tremblements de terre et les guerres, ou, ce qui est bien plus piquant, qui ont été démolis par nos propres ancêtres très-chrétiens les Génois, les Vénitiens et les Français de Godefroi de Bouillon, de Bohémond ou de Beaudouin, pour en construire des forteresses, des églises et des palais !

Je ne veux donner qu'un exemple de ces stupidités archéologiques. Je lisais dernièrement dans un ouvrage très-sérieux des doléances amères sur la barbarie turque, qui avait réparé les murailles de Constantinople du côté de la mer en entassant des tronçons de colonnes de marbre, comme des rondins de bois dans un stère. Le fait est exact : j'ai vu ces colonnes transformées en moellons, mais j'ai vu aussi au-dessus un charmant monument byzantin du IX$^e$ ou X$^e$ siècle qui, construit au sommet du rempart, prouve sans réplique que les Grecs seuls sont coupables de cette mutilation barbare dont les Turcs sont bien innocents ; car, à cette époque, pauvres bergers asiatiques, ils ne songeaient guère à conquérir Constantinople.

Les Turcs laissent tomber en ruine les monuments qui leur sont inutiles, ils ne les renversent pas ; et depuis cent ans la France a détruit dix fois plus de monuments qu'eux. Constantinople surtout n'a pas à se plaindre de leur vandalisme. La ville de Constantin XIII ne conservait presque plus rien des splendeurs de la capitale du grand

Constantin : les sultans y ont prodigué les merveilles du génie architectural de l'Asie. Quelque barbare que soit encore cette immense cité, elle est cependant bien plus belle que ne l'a trouvée Mahomet II le 29 mai 1453.

On ne se contente pas d'attribuer aux Osmanlis des dévastations où ils ne sont pour rien, on leur impute encore la responsabilité d'une foule d'institutions politiques purement byzantines, qu'ils n'ont fait que maintenir, à l'exemple des empereurs grecs. Telle était, entre autres, la plus injuste, la plus funeste de toutes, celle du minimum du prix des blés : vieille loi romaine qui obligeait les paysans des provinces à vendre leurs récoltes à vil prix pour l'approvisionnement de Constantinople.

Que de fois n'a-t-on pas répété qu'en Turquie le caprice du sultan ou du juge était la seule loi du pays? Cette fausseté est devenue proverbiale, cependant il y a chez les Turcs tout autant de lois que chez les autres peuples civilisés; et la plupart sont remarquables par leur justice, leur haute moralité sociale. Si quelques-unes, dictées par les exigences de la politique, sont empreintes d'un esprit de domination sur les peuples conquis, que l'on veuille bien se rappeler quelle était il y a cinquante ans à peine la législation protestante anglaise vis-à-vis des catholiques irlandais. Malheureusement les lois turques ont le triple défaut de n'être connues que d'un petit nombre de savants, de ne pas être traduites en langues européennes et par ainsi divulguées au dehors, et surtout d'être une lettre morte, soit faute d'être coordonnées en un code régulier, soit faute de contrôle sérieux sur les agents inférieurs du pouvoir judiciaire, soit surtout faute d'égalité civile devant les tribunaux qui admettent le serment du Turc et rejettent celui du raya. Ce dernier vice de la législation turque suffit pour corrompre et annuler dans la pratique les meilleures lois.

La mieux observée de toutes montre chez les musulmans un amour de l'instruction populaire qui pourrait faire honte à beaucoup de nations chrétiennes, orgueilleuses de la supériorité de leurs lumières : c'est celle sur l'instruction primaire. Cette loi oblige, sous des peines assez sévères, les pères de famille à envoyer leurs enfants aux écoles publiques, qui toutes sont gratuites.

Les fils de princes ou de pachas y vont comme ceux des plus pauvres portefaix. Quand ces enfants de grands seigneurs, ayant atteint l'âge fixé, se rendent pour la première fois à l'école, leurs petits camarades les y accompagnent en chantant, au nombre de deux ou trois mille, suivant le rang de leur famille. Rien de gai et d'intéressant comme ces processions enfantines qui remplissent les rues du vieux Stamboul de leurs milliers de jolies figures éveillées et rieuses.

Un des plus récents progrès de notre civilisation occidentale, les bains et les lavoirs publics et gratuits, est imité d'une des plus vieilles institutions charitables de la Turquie. Depuis très-longtemps, il y a dans toutes les grandes villes d'Orient des étuves où les pauvres gens peuvent aller se baigner gratuitement, à la seule condition de se servir eux-mêmes, sans recourir au ministère des employés de l'établissement. Presque toutes les casernes ont également des bains gratuits pour les soldats.

A chaque pas dans les rues et fréquemment sur les routes on trouve des fontaines, avec des tasses de métal ou de bois pour y boire commodément. Chaque mosquée a ses latrines publiques, ce qui du moins épargne aux rues déjà si sales l'indécence et l'infection des ordures humaines.

Non seulement les hôpitaux reçoivent les malades, mais, chose non moins utile, des khans et des caravansérails offrent aux voyageurs pauvres un abri gratuit inconnu dans notre Europe.

Quelle plus heureuse combinaison d'économie commerciale que celle des bazars, où des milliers de magasins et des valeurs immenses sont enfermés dans une enceinte commune et gardés par un petit nombre de surveillants? N'est-ce pas la première idée des docks de Londres si vantés?

Que dirai-je des casernes et des hôpitaux militaires de Constantinople? Nos administrateurs, nos chirurgiens majors, nos officiers du génie sont unanimes pour déclarer que la France n'a rien de comparable à ces établissements pour la grandeur, la propreté, la salubrité parfaite, et le confortable. Un détail fera comprendre avec quels soins intelligents et généreux le soldat turc est traité : dans toutes les salles d'hôpital le parquet de bois est revêtu de nattes et même de tapis, afin que les malades ne soient pas exposés à se refroidir les pieds en descendant de leur lit.

Il serait trop long d'énumérer tout ce qu'il y a de bon et d'honorable dans la civilisation et dans le caractère de ce peuple ottoman, que l'on trouve commode de traiter tout net de barbare, plutôt que de prendre la peine d'étudier ses institutions et son génie, ou de faire un sage retour sur nos propres défauts, avant de juger trop sévèrement les siens.

Le plus injuste de tous les reproches adressés aux Turcs, c'est certainement celui d'intolérance. L'histoire en mains, on pourrait prouver qu'il n'y a pas un peuple chrétien qui, dans les mêmes circonstances, se trouvant en minorité, mais victorieux et tout puissant, au milieu de vaincus supérieurs en nombre, eût montré autant de tolérance pour leur culte naturellement hostile à sa domination. Que l'on compare la conduite de l'Angleterre, celle de la Suède, de la Russie et de la Hollande contre les catholiques, et celle des catholiques, en quelques circonstances, contre les protestants ou les Albigeois.

Les conquérants musulmans, et principalement les Turcs, ont toujours laissé aux peuples vaincus l'alternative de rester chrétiens en payant l'impôt comme sujets, ou de s'affranchir de toute imposition en se convertissant à l'islamisme; et l'histoire, les faits matériels prouvent qu'ils ont assez fidèlement observé ce pacte de la victoire. De sorte que l'on peut affirmer qu'en Turquie la liberté de conscience a été la loi d'État, bien longtemps avant qu'on eût pensé à l'établir en Europe. Ce qui a fait penser le contraire, c'est que les sujets chrétiens de la Porte-Ottomane ayant souvent été victimes de cruelles mesures politiques, on a confondu, à dessein ou sans le vouloir, des rigueurs destinées à étouffer ou punir une révolte, avec des persécutions religieuses qui n'ont jamais été que de rares exceptions, même sous les plus mauvais sultans. Le fait est que, maintenant encore, la liberté religieuse n'est nulle part en Europe aussi complète qu'à Constantinople, au centre de l'islamisme.

On en peut dire autant de la liberté civile en Turquie. Dans aucun pays, je n'en excepte pas même l'Amérique du Nord, l'homme n'est aussi libre de ses actions, n'est aussi peu gêné par le pouvoir ou la loi, que sous la domination dite despotique du sultan.

C'est que la société turque paraît reposer sur un principe diamétralement opposé au principe européen et surtout français. Nous avons la passion de vouloir tout coordonner, et ne rien laisser faire; le Turc, lui, ne coordonne rien et laisse à peu près tout faire, pourvu qu'on ne le moleste pas. Aussi les villes, Constantinople spécialement, sont-elles de fidèles images matérielles de la société et de l'administration ottomanes; tout y est fait à l'aventure et sans ordre. C'est pittoresque dans le paysage, c'est fort agréable pour la liberté individuelle, mais cela ne laisse pas d'avoir pour la société des inconvénients un peu plus grands que ceux d'un excès de régularité.

De ce principe de laisser faire, vient le défaut de surveillance et de prévention, cause première de tous les abus du gouvernement turc : exactions des pachas en province, mauvaise répartition des impôts d'ailleurs très-faibles; les corvées injustement exigées, les tripotages de la douane, les denis de justice, les violences isolées de quelques magistrats fanatiques, le mauvais état de la viabilité, l'abandon des mines les plus riches, le gaspillage des fonds publics, la dépréciation des propriétés; en un mot, l'épuisement apparent des ressources d'un empire qui, seul en Europe, n'a point de dette publique, pas la dixième partie de nos contributions, et qui n'a qu'à savoir et vouloir pour développer ses richesses naturelles dans des proportions incalculables.

Tous ces inconvénients sont grands, je le sais; ne sont-ils pas en partie rachetés par la liberté civile la plus étenduc? Cependant, c'est pour n'oser pas assez la restreindre, que bien souvent la Sublime-Porte est entravée dans sa marche vers le progrès.

Chose singulière et qu'on ne croirait pas si les faits ne l'attestaient formellement, les Européens de Péra et de Galata, à l'abri derrière leurs capitulations et secondés par les chancelleries complaisantes des ambassades chrétiennes, sont un des plus grands obstacles à la civilisation de la Turquie et spécialement de Constantinople.

Veut-on élargir une rue, la paver, l'éclairer, la balayer, arrêter des voleurs, punir des assassins, établir de sages règlements de voirie, etc., cela ne peut se faire sans blesser les intérêts ou les habitudes de quelque Pérate. Vite il se réclame de son ambassadeur, qui se hâte d'apposer son véto sans examen, uniquement parce que c'est un de ses nationaux, et que par amour-propre son national doit toujours avoir raison contre les Turcs, même quand il a tort.

Il y a quelques années, sur les instances d'un grand nombre de négociants européens, le gouvernement voulut installer l'éclairage public des rues à Péra. Il dut reculer devant le rempart que les capitulations opposaient à son autorité. Il eût suffi qu'une légation consentît, pour que d'autres refusassent. Le Divan laissa faire, à ses périls et risques, un riche Arménien confiant dans les hâbleries de civilisation pérate.

Celui-ci commença un éclairage par souscriptions volontaires : il se ruina bien vite. Les plus riches négociants francs trouvèrent que des réverbères qui illuminaient également le riche et le pauvre faisaient bien moins briller leur vaniteuse aristocratie que l'antique usage des *lanternes à trois chandelles*, portées devant eux avec autant de fierté que l'étendard à trois queues de cheval devant les grands pachas. Les souscriptions n'alimentant plus cet éclairage public, il s'éteignit de lui-même; et encore aujourd'hui, par le fait des Européens et non des indigènes, dans ce grand et sale village de Péra qu'on ose comparer à Paris, personne ne peut circuler la nuit, sans s'éclairer soi-même avec une lanterne de papier, comme dans un hameau de la Basse-Bretagne. Cela n'empêche pas ces braves Pérates de déblatérer contre la barbare incurie des Turcs! La plupart des rues de Constantinople et de Galata sont horriblement étroites et sales, les maisons affreuses et vieilles : pourquoi ne réforme-t-on pas cette voirie, et ne rebâtit-on pas ces abominables baraques? Vous vous récriez encore contre la barbarie turque. Hé, mon Dieu! c'est justement parce que le gouvernement turc veut trop civiliser son peuple et prescrit le reculement des maisons à rebâtir, en exigeant un léger surcroît d'impôt pour payer les frais d'élargissement de la voie publique devant la façade de ces immeubles, que les propriétaires francs, rayas ou musulmans, s'acharnent à croupir dans leurs vieilles baraques vermoulues, jusqu'au jour où elle s'écroulent sur leur tête ou sont dévorées par un incendie. Il est vrai que, généralement, l'impôt dont sont maladroitement frappées les maisons neuves va se perdre dans le gouffre sans fond des poches des pachas.

Dernièrement, le capitaine de la police turque surprend un voleur grec la main dans le sac; il le fait mettre en prison. Le larron se trouvait sujet autrichien; vite un drogman de l'ambassade court chez l'officier de police, l'insulte grossièrement pour je ne sais quel vice de forme, le fait destituer, et le coupable est relâché.

L'ambassadeur a-t-il jugé et puni celui-ci ? Pas le moins du monde. Il le réclamait parce que, selon lui, *l'honneur* de l'Autriche était intéressé, non pas à la moralité, mais à l'impunité des scélérats autrichiens. Ce qu'il faisait en cette circonstance, presque tous les autres ambassadeurs l'eussent fait avec une égale émulation.

Il y a trois ou quatre ans cette noble rivalité en arriva au point que Galata et Péra étaient devenus de véritables coupe-gorge. Un négociant anglais y ayant été assassiné d'un coup de couteau dans le ventre, en plein jour, en pleine rue, au milieu de la foule, le commerce européen, beaucoup plus sensible aux coups de poignards qu'aux vanités diplomatiques, adressa une pétition à messieurs les ambassadeurs pour les prier de protéger un peu moins les bandits, et laisser la police turque défendre un peu plus efficacement les honnêtes gens. Cette adresse, revêtue des plus honorables signatures, fut prise en considération : le pays et les Francs eux-mêmes s'en trouvèrent très-bien.

Ils se trouveraient bien mieux encore si, par une réforme plus radicale et plus rationnelle, on supprimait ces capitulations, qui sont un anachronisme et une contradiction avec notre siècle et nos principes modernes, si, d'un commun accord, les puissances chrétiennes consentaient à mettre leurs sujets résidant en Turquie sur le même pied qu'ils sont dans les autres États de l'Europe. Cette réforme si juste dépend de nous autres chrétiens, qui nous prétendons les seuls peuples civilisés, et c'est peut-être une des plus urgentes à exécuter.

**Le pire effet de ces malheureuses capitulations que tous**

les gens sensés de ce pays s'accordent à maudire, c'est que, à l'abri de ces priviléges, il s'est formé ici une certaine population mixte, ni chien ni loup, qui cumule tous les bénéfices des Européens et des Turcs sans partager aucune de leurs charges, de leur responsabilité, de leurs sympathies nationales. Les Turcs remportent-ils une victoire, ils sont Turcs ; les Français sont-ils puissants, ils sont Français ; Turcs et Français éprouvent-ils un revers, tant pis pour eux ! ils ne les connaissent pas ; ils ne sont ni Turcs, ni Français, ils sont Pérates. Ils ne paient d'impôt à personne, et ils en prélèvent sur tout le commerce de la Turquie avec le reste du monde.

Pour mettre leurs tripotages sous un haut patronage politique qui leur garantisse toute sécurité vis-à-vis des Turcs, ils enlacent les ambassades, et principalement celle de France, dans leurs intérêts, en donnant leurs filles en mariage à de pauvres drogmans étrangers venus ici sans autre fortune que leurs gants jaunes. La faveur de ces alliances est plus que compensée par les bénéfices scandaleux qui en résultent pour les beaux-pères : généralement c'est le commerce français qui paie la dot.

En effet, ces drogmans, ces agents subalternes de notre légation restent longtemps en place, et les ambassadeurs changent souvent ; ceux-ci sont donc nécessairement à la merci de ceux-là, avant de connaître le pays qu'ils n'ont pas seulement le temps d'étudier. Il en résulte que le négociant qui tient dans sa main tel drogman, tel secrétaire, exerce par lui une influence secrète irrésistible sur l'ambassade.

L'amiral Roussin, sous Louis-Philippe, et récemment M. Baraguay-d'Hilliers sont les seuls représentants de la

France qui, de prime abord, se soient mis fort au-dessus de leur entourage pérate. Aussi leur a-t-on joué plus d'un mauvais tour pour les rendre impossibles. Il se dit tout haut maintenant dans Péra que ce dernier ambassadeur ne doit ses brouilleries avec Reschid-Pacha et sir Stratford-Canning qu'aux faux rapports, aux fausses *interprétations* données à ses paroles par certains *interprètes* officiels, que blessait la rudesse du général.

Je crains d'en avoir trop dit sur la politique turque ; je termine par les nouvelles du moment.

Hier au soir, le *Vauban* est arrivé de la Mer-Noire, apportant des nouvelles de Silistrie, qui tient toujours et peut résister encore, suivant toute apparence, jusqu'au 10 ou au 15 juin. Moussa-Pacha, qui commande la place, est, dit-on, un brave et habile officier, et il a sous ses ordres 15 à 18,000 hommes.

Sa position n'en est pas moins très-critique, à ce qu'il paraît, car maintenant il serait complétement investi par plus de 80,000 Russes, et un convoi envoyé pour le ravitailler n'aurait pu forcer les lignes des assiégeants. Toutefois, les Moscovites n'ont pas osé hasarder encore leur artillerie de siége au-delà du Danube. Elle reste sur la rive gauche, d'où elle ne fait pas grand mal à la place. Le maréchal de Saint-Arnaud, lord Raglan et les ministres turcs sont revenus à Constantinople en toute hâte, afin de presser le départ des deux armées alliées pour la Bulgarie. Toutes les dispositions précédemment adoptées sont changées. Sans attendre les chevaux de la cavalerie et ceux de l'artillerie encore en mer, on va transporter deux divisions d'infanterie française et 15,000 Anglais à Varna. La cavalerie et l'artillerie disponibles feront le trajet par terre à travers le Balkan.

Hier au soir quelques vaisseaux anglais sont partis emmenant les premières troupes, après la revue solennelle passée par lord Raglan et S. A. R. le duc de Cambridge en l'honneur de l'anniversaire de la naissance de la reine Victoria.

Cette fête nationale britannique avait attiré sur le champ de manœuvres d'Haïder-Pacha une foule d'Anglais et d'Européens, parmi lesquels on remarquait bon nombre de dames, mais peu de musulmans.

Les régiments massés en colonnes sur la pente du vallon entre les deux camps, sur un développement de près de mille mètres et cinquante ou soixante de profondeur, présentaient réellement un magnifique coup d'œil. Les deux bataillons des grenadiers de la garde surtout sont admirables, pour la beauté des hommes et de la tenue, et la précision mécanique des mouvements. Il s'en faut de beaucoup que le bataillon des highlanders offre un aspect aussi militaire.

Sur tous les drapeaux, portés au front des colonnes en avant des officiers hors ligne, on lisait, il faut bien le dire, les noms de *la Coruna*, de *Salamanca*, de *Waterloo*, etc. Les victoires remportées sur nous sont les seules qui ornent les plis de ces étendards anglais, comme si d'autres triomphes étaient insignifiants auprès de ceux-là. Dans ces batailles on a, du reste, si vaillamment combattu de part et d'autre, que cela n'a rien de précisément humiliant pour nos soldats qui marcheront bientôt contre l'ennemi commun à côté de ces enseignes teintes du sang de leurs pères. La fortune des combats est changeante, et nous avons par devers nous assez de gloire pour en céder un peu à nos voisins.

Je pourrais trouver plus d'un sujet de raillerie dans la gaucherie burlesque de certains officiers anglais, dans la tenue comique des sapeurs britanniques, etc. : je n'en ferai rien. On croirait qu'en dépit de mes raisonnements j'ai les inscriptions des drapeaux de nos alliés sur le cœur.

Je me bornerai à constater que les chasseurs à pied anglais paraissent, sous tous les rapports, bien inférieurs à nos chasseurs de Vincennes. Tout de noir habillés, avec leurs boutons, leurs clairons et les plaques de leurs schakos brunis, ils ont la plus triste mine que l'on puisse imaginer. D'après ce que j'ai entendu dire, leurs carabines ne valent pas les nôtres, et au lieu du sabre elles ne sont armées que d'une simple baïonnette ordinaire.

La tenue de l'artillerie anglaise est assez pauvre, mais elle est d'une excellence positive. Il y avait là douze pièces fort bien attelées et fort bien servies, qui probablement avant peu démontreront cette vérité aux Russes.

S. A. R. le duc de Cambridge est un jeune gentleman un peu corpulent, d'une belle physionomie fortement empreinte du type britannique. Lord Raglan rappelle assez bien le caractère de figure de Wellington auprès duquel il a perdu un bras à Waterloo.

A midi, le général en chef et le prince anglais, annoncés de loin par le bruit du canon, arrivaient devant le front des troupes, suivis d'un nombreux et brillant état-major où je ne remarquai que deux aides-de-camp du maréchal et du prince Napoléon. Il y eut un moment solennel et imposant quand toutes les musiques entonnèrent à la fois le *God save the queen,* pendant que les bataillons présentaient les armes et que les drapeaux étaient inclinés respectueusement jusque par terre. Aussitôt que la dernière note de l'hymne religieux eut expiré, les étendards se relevèrent, et un triple hurra retentit, poussé par ces 20,000 hommes de guerre, qui agitaient en l'air leurs schakos et leurs bonnets à poil, dans un transport d'orgueil national.

Je ne vous donne pas de grands détails sur l'échouement et la prise du steamer anglais le *Tiger*, auprès d'Odessa; vous devez les connaître déjà par le télégraphe électrique. Cette capture a fort irrité les Anglais qui sont ici. Ils doivent pourtant bien s'attendre, comme nous, à quelques incidents malheureux dans la guerre entreprise : la fortune est variable.

Il paraît que le bâtiment était tellement incliné sur un rocher, que l'équipage n'a pas pu d'abord se servir de ses canons pour sa défense, puis quand il a voulu les jeter à la mer afin de soulager le navire et le relever, les canonnières russes l'en ont empêché en faisant un feu très-vif contre les travailleurs.

Malgré un autre vapeur anglais qui n'a pu approcher des naufragés dans la crainte des récifs, les ennemis se sont emparés du *Tiger* après avoir tué ou blessé une partie des matelots et des officiers. Le commandant entre autres a eu une jambe emportée par un boulet, les Russes lui ont généreusement prodigué toute espèce de soins, et l'on pense le sauver. Au surplus, les prisonniers seront fort bien traités, s'il faut en juger par la conduite tenue à l'égard des matelots turcs pris à Sinope et de leur chef, Osman-Pacha, qui ont reçu à Odessa une hospitalité peut-être plus fastueuse que généreuse.

Lundi dernier, il est arrivé à Constantinople une commission d'officiers français de différentes armes, de l'administration et du service de santé, afin d'inspecter la caserne de Daoud-Pacha que le prince Napoléon a obtenue pour sa division, et pour choisir en même temps un hôpital militaire. Ces officiers sont enchantés de ce qu'ils ont vu, et disent bien haut que les établissements similaires en France sont loin de la perfection de ceux des Turcs. La caserne d'infanterie peut contenir aisément, d'après leur estimation, de 5 à 6,000 hommes; une autre à côté, pour la cavalerie, logera 2,000 hommes et 1,500 chevaux. Enfin, le nouveau palais de l'école polytechnique, en arrière de Péra, au-dessus du Bosphore et du palais de Beschik-Tach, sera facilement disposé pour recevoir environ 1,800 lits.

Ces chiffres sembleront prodigieux, impossibles à nos habitudes françaises : ils paraîtront moins extraordinaires quand je dirai que j'ai compté de mes yeux, dans les trois étages de la caserne de Haïder-Pacha occupée par les Anglais, à côté de Scutari, 1,044 croisées, seulement sur les quatre faces extérieures, et non compris un nombre proportionnel d'ouvertures correspondantes sur l'immense cour intérieure. On voit que le sultan est préparé à offrir une digne hospitalité à ses alliés.

# XII<sup>ME</sup> LETTRE.

**Siége de Silistrie. — Départ des armées alliées pour la Bulgarie. — Le ramazan. — Les eaux douces d'Europe. — Le frère du sultan.**

Constantinople, 30 mai 1854.

Pour une ville écrasée par les bombes, dévorée totalement par les flammes, et déjà prise d'assaut cinq ou six fois dans les correspondances, Silistrie se porte encore assez bien. Cette bicoque fait parler d'elle en ce moment plus que jamais ; trop même, car ce que l'on en dit ici, pour et contre, ne contient pas un dixième de vérité.

Vendredi dernier un agent diplomatique, *toujours très-bien informé*, communiquait à une douzaine de personnes ses dépêches qui lui mandaient la nouvelle de la prise de Silistrie et le massacre de tous ses habitants, la déclaration de l'Autriche en faveur de la Russie et l'anéantissement d'une armée turque à Volo par les Hellènes : les Anglais effrayés, désespérant de pouvoir résister à un pareil concours de circonstances malheureuses, renonçaient, disait-il, à envoyer leurs troupes à Varna ; ils venaient même de rappeler une de leurs divisions déjà embarquée, et de la faire débarquer de nouveau à Scutari.

Ce dernier fait était seul véritable, mais le lendemain on sut que ce retard avait été motivé par la seule nécessité indispensable d'envoyer à Varna les vivres avant les hommes, et non les hommes avant les vivres, ainsi qu'on était en train de le faire, dans la précipitation avec laquelle on exécutait les ordres de lord Raglan.

Le surlendemain on apprenait la quasi déclaration de l'Autriche contre la Russie, l'exagération, sinon le mensonge de la victoire des Hellènes à Volo, et la triste mort subite de 10,000 Russes que les Turcs de Silistrie auraient méchamment fait sauter en l'air sur la brèche, au moyen d'une mine, qui me paraît *bien forte*, quoique la plupart des officiers français présents à Constantinople aiment à croire à sa véracité. Après tout, les Turcs et leurs amis ont bien le droit de rendre aux Grecs gasconnade pour gasconnade.

Vous savez mieux que nous ce qui en est des décisions ou des indécisions de l'Autriche ; inutile de vous répéter les on dit de Constantinople. Je ne vous citerai qu'un fait récent qui est très-significatif. Dernièrement, il est arrivé ici deux bateaux à vapeur achetés au Creusot par la Compagnie autrichienne de la navigation du Danube. Les officiers chargés de les remorquer dans le haut du fleuve ont été trouver leur ambassadeur, afin de le consulter sur les chances de saisie qu'ils pourraient courir, au cas où la guerre éclaterait entre leur empereur et celui de Russie pendant qu'ils navigueraient le long de la côte valaque. Le représentant autrichien hésita un peu à répondre, puis dit à ces officiers de ne pas tenter l'aventure, parce que dans l'état actuel des choses les deux empires riverains du Danube pouvaient, d'un moment à l'autre, en venir aux hostilités.

Quant à Silistrie, des correspondances moins dramatiques que celles que je vous ai citées, et qui, pour cela, me semblent sincères, réduisent à peu de chose toute cette fumée de canon. La ville ne serait pas encore complétement investie, et conserverait toujours avec Turtukaï et Routschouk ses communications, coupées seulement avec Choumla et Varna. Il n'y aurait pas eu encore de bombardement sérieux ; mais une tentative d'assaut aurait été faite, et aurait échoué par l'explosion d'une mine allumée par les Russes eux-mêmes, qui ont eu l'adresse de faire sauter leurs propres bataillons à la place de leurs ennemis. Les Russes ont d'abord tenté de jeter un pont sur le Danube auprès de la ville ; ils ont échoué une première fois. A la seconde tentative, ils auraient encore éprouvé un rude échec malgré un renfort de 20,000 hommes arrivés de la Dobroutscha. Enfin, un autre corps de 25 à 30,000 hommes étant encore sorti de la presqu'île, les Turcs auraient dû se renfermer dans la place approvisionnée, dit-on, pour trois mois. Mettons-en un : il y en aura encore assez pour donner aux armées alliées le temps d'entrer en ligne.

Je n'ai pas entendu dire que les Turcs aient beaucoup augmenté les fortifications de Silistrie, et j'entends répéter partout à ceux qui les ont vues que c'est une misérable bicoque entourée de vieux murs de pierre, à peu près comme ceux de Galata. Ils ne sont couverts que par de mauvaises demi-lunes et des glacis imparfaits. Si ces données sont exactes, ainsi que j'ai tout lieu de le croire, il est heureux pour les Turcs que les assiégeants n'aient pas encore osé faire traverser le Danube à leur grosse artillerie. Néanmoins la lenteur des progrès des Russes devant d'aussi faibles obstacles, donne une bien pauvre idée de leur valeur et de leur science militaire.

Cette réflexion est tellement juste que j'ai entendu même des Grecs rayas s'écrier avec un accent de découragement et de mépris pour les vanteries de leurs prétendus libérateurs : Hé ! les chiens fouettés ! s'ils peuvent à peine résister aux Turcs, qu'ils devaient, disaient-ils, *avaler comme une boulette de graisse,* que diable feront-ils donc quand ils auront 40,000 Français et 20,000 Anglais à leurs trousses ?

Je vous ai cité quelques jolis échantillons de mensonges moscovites ; en voici un autre qui donne la mesure du peu de confiance du gouvernement russe dans ses forces, dont mieux que personne il connaît l'exagération, et qui prouve la crainte profonde que lui inspire l'alliance de la France et de l'Angleterre. L'année dernière, au moment de l'entrée des troupes de Gortschakoff en Moldavie, les généraux affirmaient hautement, afin d'encourager leurs soldats, que la France et l'Angleterre *étaient secrètement d'accord avec le czar* pour démembrer la Turquie et chasser les Osmanlis d'Europe. Un négociant français, alors etabli à Fokschani et duquel je tiens ce fait, reçut plusieurs fois la visite d'officiers russes, venant s'informer auprès de lui de la véracité de cette allégation.

Bien entendu que notre compatriote ne manqua jamais de répondre en renard normand qu'il ne connaissait rien à la politique ; car dès les premiers jours de cette lune de miel de la libération moldo-valaque, les pieux libérateurs jetèrent en prison tout individu qui prenait la liberté de dire des choses désagréables pour eux.

Depuis lors, leur tyrannie n'a fait qu'empirer, et maintenant la haine des Valaques contre les Moscovites est arrivée à un tel point d'exaspération, qu'en cas de revers, les Turcs eux-mêmes seront forcés d'empêcher les paysans chrétiens d'écharper leurs coréligionnaires cantonnés dans les villages. Il paraît que les troupes françaises surtout peuvent se flatter qu'elles seront reçues à bras ouverts par les populations roumanes qui, dit-on, auraient avec nos idées et notre caractère de singulières affinités.

C'est le 28 de ce mois que les divisions françaises cantonnées à Gallipoli ont commencé leur mouvement en avant, après avoir été passées en revue par le maréchal, le 26. Il y avait environ 40,000 hommes en ligne à Boulaïr, non compris les détachements laissés à la garde des camps et les 5,000 Anglais restés dans le leur. C'est déjà un beau chiffre. Le moral, la vigueur et la tenue de cette armée d'élite valent encore mieux que son nombre. Sans folle vanité nationale, je crois que le corps d'armée russe qui recevra son premier choc regrettera amèrement d'avoir passé le Pruth.

La division du prince Napoléon, partie de Boulaïr avant hier, arrivera par terre dans six ou sept jours à son nouveau cantonnement de Daoud-Pacha. Les deux premières divisions ont dû s'embarquer en même temps, afin d'être transportées par mer à Varna, aussi promptement que le permettront les vents, la vapeur et le nombre des bâtiments disponibles.

Malheureusement les chevaux manquent encore à notre cavalerie; et Dieu sait si les formalités réglementaires de l'intendance accéléreront sa remonte sur les lieux. Je vous ai mandé le fâcheux résultat de la mission du général d'Allonville à ce sujet; il paraît que les Anglais, plus alertes en affaires, ne trouvant pas de chevaux en Roumélie et surtout à Constantinople, ce à quoi il fallait bien s'attendre, ont envoyé des agents de confiance en Asie, jusqu'à Kutaya et Konieh, pour y acheter trois ou quatre mille chevaux. Il paraît qu'ils ne reviendront pas les mains vides.

Six mille hommes se sont embarqués et sont partis avant hier du camp anglais de Scutari; 6,000 s'embarquent aujourd'hui; 6,000 autres partiront également dans deux ou trois jours, et les 5,000 de Gallipoli ont dû prendre la mer dimanche ou lundi, en tout 23,000 vigoureux soldats qui ne demandent, ainsi que le disait un grenadier de la garde, à figure rose, avec une modestie de jeune fille, qu'à travailler le cuir de Russie; il avait volé ce mot à quelque zouave.

La présence de tant de troupes étrangères à Constantinople et aux environs donnent lieu à deux genres d'opérations commerciales également nuisibles. Par suite des expéditions de numéraire pour la paie des armées ottomanes de la Bulgarie, la menue monnaie est devenue ici excessivement rare; certains banquiers accaparent le peu qu'il en reste, afin de la revendre avec une prime exorbitante de 15 à 20 pour 100. Auparavant le petit commerce de détail était difficile; il est devenu presque impossible. Les cafetiers et pâtissiers seuls s'en tirent en battant monnaie. Faute de piastres, ils rendent à leurs pratiques des petits carrés de carton sur lesquels sont imprimés ces mots : Bon pour une piastre, ou bon pour vingt paras. La nécessité, mère de l'industrie, leur a fait inventer sans s'en douter la banque d'échange.

D'autres industriels, ce sont tous des Grecs, se livrent sans pudeur et quasi ouvertement à une sorte de spéculation bien plus coupable : le *Moniteur* français en a déjà prévenu le commerce français. Ils ramassent autant qu'ils peuvent de monnaie d'or anglaise et française, en ce moment extrêmement abondante à Constantinople, et ils la font passer au bain de Ruolz qui, sans altérer sensiblement sa forme extérieure, enlève une portion considérable de métal. C'est un petit métier très-lucratif, bien moins pénible que le vieux système hébreu de la lime : il est à la portée des dames et des demoiselles qui contribuent ainsi à la prospérité de leur intéressante famille.

L'autre jour, dans une soirée chez un riche raya, un Français complimentait la dame de la maison sur de magnifiques bracelets d'or ciselé qui ornaient des bras dignes de la Vénus de Milo, les plus parfaits du monde parce qu'on ne les voit qu'en imagination. — Oh ! Monsieur, dit le mari, ma femme a eu le mérite de bien les gagner avant d'avoir celui de les bien porter : c'est elle qui *tient l'or du comptoir*. Le Grec se mordit la langue ; mais le jeune homme avait compris cet euphémisme de *tenir* pour *travailler*. Il prit son chapeau et s'en alla, se promettant bien de ne jamais donner son or à tenir à cette beauté trop *grecque*.

Nous sommes ici en plein ramazan depuis samedi dernier, 27 mai, et les musulmans poussent le fanatisme du jeûne jusqu'à supprimer aux ghiaours qui vont aux bains turcs le café et la limonade sacramentels. Je suis sorti deux nuits de suite pour contempler les illuminations féeriques de Stamboul. Il en est de cela, hélas! comme des quatre-vingt-dix-neuf centièmes des splendeurs orientales dont on nous rebat les oreilles depuis notre enfance. Vous pouvez m'en croire : tous les feux, toutes les tiares étincelantes des minarets ne brillent pas le quart autant que la prose et la poésie pyrotéchniques des descriptions que vous en avez pu lire. Constantinople, illuminé tel que je le vois à présent, est tout juste un peu moins éclairé qu'une honnête ville européenne dans les nuits ordinaires. Je ne songe même pas à comparer ce maigre déploiement de lampions à nos deux éblouissantes manifestations de Fourvières, ce serait absurde; allez simplement sur un des ponts du Rhône ou de la Seine par une belle soirée, et vous verrez sans vous déranger une illumination infiniment plus féerique que celles du ramazan. Celle-ci n'est remarquable que par le contraste avec la complète obscurité où cette grande capitale reste plongée la nuit pendant tout le reste de l'année.

Vendredi j'ai été voir la dernière promenade aux eaux douces d'Europe, un des charmes de Constantinople qui tient plus que ne promettent les livres. Après les fêtes du *Courbam-Beïram*, la pâque des mahométans, la foule se porte aux eaux douces d'Asie, et, pendant le carême qui précède, les dames dorment le jour pour tricher leur jeûne, tandis que les caïdgis, le ventre creux, n'ont pas le cœur à la rame; or, sans arrabas de dames turques et sans caïques élégants, cette promenade du dimanche musulman perd la moitié de son attrait.

L'autre jour, au contraire, toute la population fashionable et pittoresque de Stamboul semblait s'être donné rendez-vous sous les gracieux ombrages du Barbyssés, pour leur dire adieu jusqu'à l'année prochaine. La jolie rivière disparaissait sous des milliers de caïques dorés, et les prairies étaient remplies d'équipages asiatiques et de promeneurs aux costumes variés à l'infini.

Je ne résisterai pas au plaisir de vous envoyer quelque jour de curieux détails sur ce Hyde-Park constantinopolitain, où j'ai vu des choses bien autrement extraordinaires que l'anecdote des officiers anglais ; toutes mes idées reçues sur la jalousie turque en sont bouleversées de fond en comble. Aujourd'hui, ces récits jureraient un peu trop à côté de la politique ; je reste dans ma spécialité, en vous parlant d'un seul promeneur, aussi illustre par sa naissance qu'obscur par la retraite où on le maintient soigneusement, c'est le frère du sultan Abdul-Medjid. Il était dans un fort bel équipage parisien, attelé de quatre chevaux. Derrière lui caracolait une nombreuse escorte de lanciers et de saïs, tenant en main son magnifique cheval de selle, harnaché d'or et de pourpre.

Son Altesse Impériale paraît aussi favorisée par la nature que son frère aîné par la fortune. Sa physionomie sévère est remarquablement belle. Sur cette figure basanée, au front large, au nez droit, à la bouche serrée, aux grands yeux noirs et rêveurs d'aigle captif, il règne une expression saisissante d'orgueil blessé et dédaigneux qui brave le sort et rit de ses ennemis. Ce prince, retenu loin des affaires et dans un état d'infériorité jalouse, passe pour le rival de son aîné, de son souverain, pour le chef du vieux parti turc : et là-dessus on jase beaucoup, il se dit des choses terribles.

En tous cas, et quel que soit le vrai ou le faux de ces commérages pérates, il est certain que Son Altesse Impériale aurait bien tort, serait bien ingrate, de désirer le retour de l'ancien régime ottoman ; sans la réforme de Mahmoud et les généreux sentiments d'Abdul-Medjid, il est infiniment probable que je n'aurais pas eu l'honneur de voir ce prince se promener paisiblement sous les platanes des eaux douces : il y a longtemps que le poison ou le lacet de soie aurait coupé court à sa rivalité maladroite.

# XIII<sup>ME</sup> LETTRE.

De la propriété en Turquie. — Vices du Bas-Empire perpétués par les Turcs. — Régime communal. — Bureaucratie ottomane.

Constantinople, 29 mai 1854.

Permettez-moi d'ajouter encore quelques mots aux détails que je vous ai donnés dans une de mes lettres sur la société turque. Comme elle diffère de la nôtre, nous sommes généralement trop portés à la taxer de barbarie, parce que nous jugeons toute perfection d'après celle que nous nous attribuons nous-mêmes, et une fois le gros mot de barbarie lâché, non contents de condamner ce qui est, nous blâmons même ce qui n'existe pas, ce que nous inventons.

Ainsi combien de fois, en France et même ici, où la fausseté de cette allégation est si facile à vérifier, combien de fois n'ai-je pas entendu affirmer qu'en Turquie le droit de propriété n'existait pas pour les chrétiens ; si bien que, n'ayant aucun intérêt à m'assurer du fait, jusqu'au moment où vous m'avez envoyé ici, j'ai cru implicitement, sur la foi d'autrui, que ce droit n'avait été établi à demi que tout récemment, par le dernier traité d'alliance intervenu entre la Sublime-Porte et ses deux alliées, la France et l'Angleterre.

Dieu sait toutes les amères récriminations que cette injuste inégalité civile a attirées et attire encore chaque jour à ces pauvres Turcs qui, pour ne pas avoir respecté *aussi religieusement que nous autres civilisés le principe sacré de la propriété, sont tombés dans la paralysie, l'agonie et la mort, où les a conduits leur barbarie !*

Les purgons politiques qui débitent ces tirades ne font pas attention à une chose, c'est que le principe de la propriété existe pour les chrétiens en Turquie aussi bien qu'en France, et en certains cas fort essentiels beaucoup plus que dans les autres États européens. Bien loin que la France et l'Angleterre aient dû l'imposer au sultan comme une dure condition *sine quâ non* de leur alliance, ce même sultan Abdul-Medjid-Khan avait déjà, quatorze ans auparavant, le 3 novembre 1839, confirmé de son plein gré avec une force nouvelle, par son hatti-shériff de Gulhané, les droits de tous ses sujets à la propriété, *conformément aux glorieux préceptes du Coran et aux antiques lois de l'empire.* Ce sont les propres expressions de Sa Hautesse parlant en face de tous les légistes, des ulémas et des chefs de l'islamisme réunis dans son palais. On peut donc admettre que le padischa ne disait rien qui ne fût parfaitement avéré ; comme aussi quand il attribue, dans le même préambule de cette espèce de charte musulmane, le déclin, l'appauvrissement de l'empire à la cause universelle de toute décadence politique : à l'inobservation des lois, et non à ces mêmes lois qui, jadis, ont fait la prospérité des califes et des Osmanlis, à une époque où les peuples de l'Anatolie se réfugiaient sous leur domination généreuse, pour échapper aux exactions impitoyables et à la tyrannie de la cour byzantine.

Faut-il citer les paragraphes du hatti-shérif qui affirment l'existence des droits des rayas ? Les voici :

« Chacun possédera ses propriétés de toute nature, et
« en disposera avec la plus entière liberté, sans que per-
« sonne puisse y porter obstacle ; ainsi, par exemple, les
« héritiers innocents d'un criminel ne seront pas privés
« de leurs droits légaux, et les biens du criminel ne se-
« ront pas confisqués, » ainsi que cela se pratiquait constamment sous la loi byzantine, dans toutes les monarchies ou républiques chrétiennes jusqu'au XIXe siècle.

« Ces concessions impériales s'étendent à tous nos sujets,
« de quelque *religion*, de quelque *secte* qu'ils puissent être;
« ils en jouiront sans exception. Une sécurité parfaite est
« donc accordée par nous aux habitants de l'empire, dans
« leur vie, dans leur honneur et leur fortune, ainsi que
« l'exige le texte sacré de notre loi. »

Le droit de propriété est donc bien établi et a toujours existé en Turquie; là n'est pas le besoin de réforme, non plus que dans l'énormité des impôts *réguliers* qui ne sont pas le dixième de ceux que paient les paysans en France. La capitation, appelée le haratch, contre laquelle certains écrivains turcophobes se sont si fort récriés, est l'impôt personnel le moins oppressif qu'il y ait chez aucun peuple. Il se réduit à une somme qui varie suivant les provinces, les professions et l'âge des hommes, depuis 2 fr. jusqu'à 10 par tête de mâle au-dessus de sept ans et au-dessous de soixante. Les femmes, les vieillards, les ecclésiastiques, les aveugles, et généralement tous les individus incapables de gagner leur vie, sont exempts de cette capitation, et, en cas de misère absolue, la loi met leur entretien à la charge de leur famille ou des communes.

On a prétendu que cet impôt était un signe de servitude, parce qu'il représentait le rachat de la vie du vaincu, le droit de porter sa tête sur ses épaules; des politiques fantaisistes ont même insinué que le raya qui n'acquittait pas cette dette du sang s'exposait à en perdre le gage. La vérité exacte est que la loi musulmane, en cela du moins infiniment plus humaine que celle de nos États *civilisés*, bien loin de faire trancher la tête du contribuable récalcitrant, n'autorise seulement pas à le mettre en prison, et à faire vendre par *expropriation forcée ses instruments aratoires, ses ruches d'abeilles et ses terres*. Si ce n'est pas là respecter le principe de la propriété, que sera-ce donc ?

La justice musulmane ne reconnaît que deux moyens de forcer la rentrée des impôts dus par les paysans : la vente de leur maison et de leur mobilier, et si cela ne suffit pas, si l'on pense que le contribuable cache son argent, la bastonnade sur le dos ou la plante des pieds.

C'est là sans doute un reste de barbarie, mais autorisé par l'usage traditionnel des populations orientales et même occidentales dans le moyen-âge. Sous ce rapport, d'ailleurs, les Turcs sont bien moins barbares que les Russes, qui prétendent les supplanter de par le droit chimérique d'une supériorité de civilisation fort peu avérée.

Les autres contributions, l'impôt foncier, celui des troupeaux, du mobilier et des cheminées, toutes fort irrégulières et inégalement réparties entre les musulmans et les chrétiens, sont en somme fort insignifiantes, comparées aux nôtres.

Ce dont les contribuables se plaignent avec raison, c'est de l'abus déraisonnable des corvées et des logements de voyageurs, de la vénalité des juges, des rapines des percepteurs juifs, arméniens ou grecs, et surtout de l'injuste répartition des impôts, laissée trop souvent à l'arbitraire des pachas qui, changeant fréquemment de place et loin de tout contrôle efficace, pressurent le peuple pour s'enrichir promptement à ses dépens en lui *faisant suer*, selon leur expression, des impôts ordinaires et extraordinaires dont ils volent les trois quarts.

Ces abus sont évidents ; les Turcs en sont souvent victimes aussi bien que les rayas chrétiens; là est la faiblesse et la ruine de l'empire ottoman. Le sultan et ses ministres éclairés le comprennent parfaitement; plus que personne ils désirent une réforme énergique et radicale sur ce point essentiel; mieux que l'étranger, ils connaissent la nécessité de resserrer les liens de la centralisation administrative complétement relâchés; mais aussi, mieux que leurs ennemis ou que leurs alliés, ils sentent qu'une pareille réforme est plus difficile, plus lente, et demande plus de prudence que celle de l'uniforme et de la discipline des armées. Il ne s'agit pas, en effet, de changer des coutumes et des habitudes extérieures : il est nécessaire de lutter contre des passions intimes, contre des intérêts personnels, contre des mœurs séculaires passées en seconde nature. D'ailleurs, avant d'entreprendre cette régénération, ne faut-il pas former d'abord un assez grand nombre d'hommes nouveaux capables de la seconder ?

Au surplus, quelle que soit la gravité de ces abus subalternes de l'administration musulmane, moins que personne, les gens qui rêvent une restauration byzantine ont le droit de jeter la pierre aux Osmanlis. Car ceux-ci n'ont eu que le tort d'imiter l'esprit de violence, de rapine et de corruption effrénée de ce Bas-Empire, aujourd'hui regretté par les fils de ceux qui l'ont exécré et renversé alors qu'il existait.

Outre le droit monstrueux d'acheter le blé en province à vil prix, les empereurs de Byzance prélevaient encore sur leurs bienheureux sujets l'impôt personnel ou haratch, la contribution sur le bétail et les douzièmes extraordinaires ou centimes additionnels; ils avaient de plus les revenus des douanes, du timbre, des monopoles industriels et des octrois sur les denrées alimentaires; ils possédaient d'immenses domaines impériaux, et d'opulentes listes civiles; ils héritaient, comme chefs féodaux, de la fortune de tout grand vassal qui mourait, à l'exclusion de sa veuve et de ses enfants laissés dans la misère; ils n'agréaient de requête que les mains pleines, altéraient la monnaie, vendaient effrontément les places et la justice, remplissaient leurs palais d'esclaves prisonniers de guerre, et choisissaient la moitié de leurs officiers parmi des eunuques.

Pour compléter ce tableau moral et financier de l'autorité du *Sébastocrator byzantin*, il convient d'ajouter que tous les revenus publics étaient affermés à des collecteurs avides jusqu'à la férocité et qui, pour faire *suer l'impôt*, employaient la bastonnade turque, accompagnée du cachot et de la torture.

Ces vices du Bas-Empire tenaient-ils à la barbarie de ces siècles arriérés, et se seraient-ils corrigés d'eux-mêmes, par le seul progrès du temps? Cela n'est pas probable; car le peuple grec, vaniteux et pourri dans l'âme, était incapable de se relever par sa vertu propre, et encore moins eût-il voulu se résigner à suivre humblement l'exemple et les idées des Latins occidentaux qu'il déteste religieusement comme schismatiques, et qu'il méprise stupidement comme barbares.

La Grèce indépendante prouve ce que peut la masse du peuple grec pour sa régénération, même aidée de force par les Latins; les rapines des évêques orthodoxes à l'égard de leurs ouailles montrent ce qu'on doit attendre de ses classes éclairées. Aujourd'hui, sous la domination turque comme au temps des Phocas et des Cantacuzène, les prélats schismatiques ont conservé le privilége de lever pour leur propre compte certains impôts particuliers, tels, par exemple, que celui des *foyers*. Hé bien! ces braves pasteurs se montrent, après aussi bien qu'avant la conquête, les plus âpres des publicains. Leurs pauvres brebis ne s'échappent tondues de fort près, d'entre les mains infidèles des pachas, que pour être écorchées vives par leurs mains pontificales et orthodoxes.

Les Osmanlis, quoique corrompus par le contact du peuple vaincu, ont du moins le mérite d'avoir apporté à Constantinople une partie de leurs anciennes vertus de barbares, et corrigé en partie ce que les mœurs et l'administration byzantine offraient de plus odieux. Plusieurs sultans, principalement Mahmoud et son fils Abdul-Medjid, ont fait de louables efforts afin de réprimer les exactions désordonnées des pachas, en revenant, autant que cela se pouvait, à l'antique simplicité économique du gouvernement des califes arabes et des premiers sultans ottomans, alors que les taxes étaient toutes gratuitement réparties, recueillies et envoyées au fisc par les municipalités.

Dans ce but, Abdul-Medjid essaya d'instituer en 1840 des espèces de pachas-préfets qui, au lieu d'acheter à forfait, pour une somme fixe d'impôt, leur gouvernement dont ils extorquent le double ou le triple, devaient recevoir une solde fixe, ne plus se mêler de finances ou de justice, et se borner à maintenir le bon ordre et l'obéissance aux lois. Cette mesure excellente devra être mise en pratique tôt ou tard; elle a échoué en grande partie contre la résistance obstinée des passions et des intérêts coalisés du personnel administratif de la Turquie. Les hommes ont fait momentanément défaut à la sagesse du sultan; ce n'est qu'une affaire de patience et de temps, que la présence des armées européennes pourrait bien abréger considérablement.

J'ai parlé des municipalités turques; elles sont une des preuves les plus éclatantes, et pourtant les moins connues, du sincère libéralisme politique des Osmanlis à l'égard de leurs sujets. Chaque hameau, village ou ville, suivant qu'il y a un nombre suffisant d'habitants, reçoit d'autorité, ou bien élit son maire (*soubaschi* ou *protogeros*). Il est musulman, orthodoxe ou catholique, selon la religion de la majorité de la commune. Celle-ci élit ensuite à la pluralité des voix des officiers municipaux pour administrer les intérêts communs, et des prêtres ou des anciens pour juger les différends.

Les électeurs ont la faculté de réélire les magistrats dont les fonctions gratuites sont annuelles ou semestrielles.

Une fois la commune ainsi constituée, elle jouit d'une indépendance à peu près complète dans la gestion de ses affaires propres ; indépendance égale, sinon supérieure, à celle de la commune américaine et bien plus large que celle dont jouissent nos municipalités françaises. Le pacha de la province n'a de rapports officiels qu'avec le maire, lequel, assisté de son conseil, répartit et lève les contributions *ordonnées* par ce représentant de l'autorité centrale, entre les mains duquel il les verse. C'est encore le soubaschi musulman ou le protogeros des Grecs rayas qui distribue les corvées, les logements forcés, passe les contrats, partage au besoin les terres vacantes ou les successions sans héritiers, et veille enfin à l'entretien des pauvres auxquels la loi musulmane accorde le 2 pour 100 de tout revenu.

Combien de peuples très-*civilisés* pourraient se modeler avec avantage sur cette *barbare* organisation municipale, que je ne fais qu'indiquer sommairement. Elle ressemble d'une manière frappante à celle du moyen-âge, sagement conservée et améliorée par les Anglais, les Américains et les Allemands. Sans parler de son libéralisme et de plusieurs autres avantages faciles à comprendre, elle a surtout le mérite de simplifier énormément la machine gouvernementale, en supprimant une foule de rouages inutiles et en concentrant l'action du pouvoir sur des groupes au lieu de l'éparpiller sur des individus.

Malheureusement, dans la commune comme dans toutes les autres parties de l'administration de ce pays, règnent la corruption, les abus et la mauvaise foi : la machine est bonne, les hommes seuls ne valent rien. Les soubaschis et leurs conseils municipaux ne manquent jamais, dans la répartition des impôts, de se décharger, eux et leurs amis, de la plus grande partie du fardeau, qu'ils rejettent sur les épaules des pauvres diables. Bien heureux sont encore ceux-ci, si leurs maires, imitant les pachas, ne triplent pas à leur profit personnel la quote-part du village.

L'organisation des bureaux ottomans est encore plus simple et facile que celle de l'administration ; la plaie des peuples civilisés la paperasserie, y est réduite à sa plus simple expression : il n'y a pas même de pupitre pour écrire. Dans un ministère turc, les commis, les scribes, les bureaucrates et les pachas, sont accroupis sur de larges divans qui garnissent le pourtour des salles. Chacun des agents subalternes a son écritoire et sa plume à la ceinture ; les livres et les papiers sont pêle-mêle sur la natte du plancher. En a-t-on besoin, on se baisse, on les ramasse, on reprend sa place, on fume une pipe, on feuillette, l'on écrit sur son genou ou sur sa main, et le dossier est rejeté par terre. Les caissiers de la Sublime-Porte n'ont en plus qu'un grand coffre où ils puisent l'argent, qu'ils remplacent par de petits morceaux de papier énonçant chaque somme de paiement.

Firmans, bérats, teskérés, toute pièce expédiée est confiée à un agha qui engloutit la chose dans une vaste poche qu'il porte sur son ventre comme le *sporron* des Ecossais. Ce personnage essentiel des konaks turcs se promène constamment dans les vastes corridors tapissés de natte, où les solliciteurs attendent assis par terre, les jambes croisées ; et à mesure qu'il rencontre les parties intéressées, il leur remet leur papier officiel, non sans avoir murmuré à haute et intelligible voix le mot de : *Bakchich!* (cadeaux). A six heures du soir les bureaux se ferment, on entasse les livres au hasard dans de grandes malles, et on les descend dans des caves voûtées à l'abri du feu.

Il y a certainement beaucoup trop de négligence et de désordre dans cette bonhomie de la bureaucratie ottomane qui favorise une foule de grappillages financiers et d'abus administratifs ; mais à tout prendre cela revient encore à meilleur marché que la paperasserie excessive des nations civilisées. De l'aveu de tous ceux qui ont été à même d'en faire l'expérience, rien n'égale la promptitude, la netteté et l'intelligence avec lesquelles un Turc intelligent expédie une affaire sans nul griffonnage. Pour lui, il n'y a pas d'heure de bureau : à tout instant de la journée et partout il est prêt à remplir ses fonctions. Dans son konak ou hors de son konak, à pied ou à cheval, n'importe, il donne toujours audiences et réponses instantanément... pourvu qu'on ait soin de lui graisser la patte.

Autrement, point de bakchich ! point de Turc ! Vous iriez dix fois à son bureau, et à l'heure du bureau, vous n'obtiendriez rien que des *baccaloum!* nous verrons ; *inschallah!* s'il plaît à Dieu ; ou *allah rassolsoun!* que Dieu vous aide. Si cette eau bénite musulmane ne vous suffit pas, on fumera le chibouck à votre nez, et enfin, dernière ressource pour chasser poliment un sollicitenr sans bakchich, le pacha saisi d'un transport de dévotion se prosternera au milieu de l'audience, et commencera ses patenôtres et ses soixante-douze génuflexions.

Je ne répète pas ce que tant d'autres ont déjà dit sur les ganaches, qui ne manquent pas plus dans les bureaux turcs que dans ceux des chrétiens, et je borne là ces observations ; elles dépasseraient les limites d'une honnête correspondance, si je prétendais faire une étude approfondie de la société ottomane et de son administration.

Telle n'est certes pas mon intention, j'ai seulement voulu citer quelques faits essentiels généralement peu connus, pour prouver qu'il y a chez *ces barbares oppresseurs des chrétiens* autant de bien que de mal, autant de liberté que de tyrannie ; et que les défenseurs des Grecs, qui crient à la poutre dans l'œil du Turc, ont au moins une fort grosse paille dans le leur.

J'ai désiré surtout préciser certains points suffisants pour démontrer par où pèche le gouvernement turc, et faire de ces vices la part équitable qui revient en propre aux Osmanlis, et celle qui retombe sur les byzantins.

Ces défauts, d'ailleurs, sont ceux de tous les grands peuples qui ont beaucoup vécu. Nous en avons eu notre bonne part sous l'ancien régime, nous les avons bien en partie extirpés, mais par une révolution sanglante, laquelle a failli emporter le malade avec la maladie ; ce remède héroïque tuerait net la pauvre Turquie, les Turcs n'en veulent pas, et pour cela surtout ils ont raison de dire : *baccaloum !*

Je n'ai pas besoin d'ajouter que, par moi-même, je n'aurais pas pu dans un court séjour recueillir toutes ces notes et leur donner une autorité convenable. J'ai écouté le témoignage de beaucoup de gens instruits, résidant et voyageant depuis longtemps dans le pays, j'y ai ajouté le peu qu'il m'a été donné de voir de mes yeux ; et trouvant tout cela conforme à ce qu'ont écrit sur la Turquie deux hommes qui la connaissaient bien, M. *Urquhart* et M. *Boué*, je crois pouvoir vous le donner comme loyalement vrai.

# XIVᴹᴱ LETTRE.

**Revue des Anglais par le sultan. — Scène de fanatisme. — Siége de Silistrie. — Les Français au Pirée. — Bachi-bozouks à la solde de la France.**

Constantinople, 5 juin 1854.

Nous avons été ici bien enchantés d'apprendre par les journaux qu'à la date du 20 mai 2,000 Français occupaient les thermopyles de Pravadi, en avant de Varna, et que Constantinople jouissait depuis un mois d'une garnison française. Les saillies de nos soldats, les scènes comiques entre eux et les habitants de la grande ville, nous ont d'autant mieux divertis, que ce sont là des primeurs d'esprit gaulois singulièrement prématurées.

Pas un seul de nos grenadiers n'a encore monté la garde aux *thermopyles* de Pravadi, et pas une seule compagnie de nos troupes n'a encore mis le pied dans Stamboul ou aux environs. On n'y a vu jusqu'à présent qu'une ou deux douzaines de soldats-ouvriers et quelques officiers du génie, de l'artillerie, du service médical et de l'administration, venus ici depuis une semaine environ afin de tout préparer pour l'installation de la division du prince Napoléon, qui doit arriver en trois colonnes, le 10, le 12 et le 13 de ce mois.

La lenteur de sa marche est facile à comprendre, et peut donner une idée des difficultés que rencontre une armée européenne dans ce pays. Sous le rapport de la viabilité, il en est exactement au même point que l'Algérie avant notre occupation. Malgré le temps magnifique dont nous jouissons maintenant, et grâce auquel les routes turques sont actuellement dans le meilleur état possible, les troupes de Son Altesse Impériale n'en sont pas moins obligées, en beaucoup d'endroits, de refaire ou d'élargir les chemins pour le passage de l'artillerie et des bagages. Il faut, en outre, ménager d'avance à chaque étape des approvisionnements de bois, de pain et de viande sur pied, afin de ne pas consommer sans nécessité les vivres secs apportés de France et réservés pour les besoins impérieux de la campagne. A leur arrivée à Daoud-Pacha, nos régiments trouveront leur logement tout prêt à les recevoir, soit dans la caserne, soit sous les tentes dressées à côté par les soins et aux frais du gouvernement turc.

La deuxième division, qui est partie le 1er juin de Gallipoli pour aller à Andrinople, rencontrera sans doute les mêmes obstacles à la rapidité de sa marche.

Par mer, les choses vont un peu plus rondement; à l'heure qu'il est, la première division française et au moins douze mille Anglais sont déjà campés à Varna, à vingt heures de marche de l'armée russe. Tout ces jours-ci il a régné un mouvement prodigieux sur le Bosphore : steamers anglais, français et turcs, remorquaient par centaines les bâtiments chargés de troupes et de matériel de guerre. Les frégates à vapeur entraînaient derrière elles, à la remonte, quatre ou cinq navires à la fois.

Avant leur départ, les troupes françaises ont été, comme vous le savez, passées en revue par le maréchal ; le corps expéditionnaire anglais de Scutari a eu l'insigne honneur de défiler mercredi dernier devant S. H. le sublime padischa. Cette faveur inusitée a été payée d'avance par un amer déboire. Le sultan s'est fait attendre pendant trois heures ! Les 10,000 hommes qui étaient massés en colonnes serrées et l'arme au bras, sous les rayons d'un soleil brûlant, trouvaient la sieste impériale un peu longue : la reine Victoria ne s'en permettrait pas une semblable.

Débarqué de son caïque impérial à une heure et demie, au bruit des salves d'artillerie, Abdul-Medjid a été reçu à l'embarcadère de la caserne de Haïder-Pacha par son ministre de la guerre, par l'ambassadeur de Sa Majesté britannique, par lord Raglan, et par S. A. R. le duc de Cambridge. Je vous ai parlé si souvent du sultan et des revues anglaises que je ne veux pas retomber dans d'inutiles répétitions.

Cet appareil de guerre, la vue de ces troupes d'élite, le bruit du canon, les hommages des princes et des grands personnages, rien de tout cela n'a pu dérider la froide et impassible figure du fils de Mahmoud ; rien n'a pu rabaisser jusqu'au sourire de satisfaction ces sourcils dédaigneusement relevés au milieu du front. Au fait, un sultan dans la position d'Abdul-Medjid ne doit guère montrer de contentement. Ses ancêtres Mahomet II et Soliman eussent fait une sombre grimace en se voyant, dans leur capitale, à la merci des soldats chrétiens de l'occident ou des tartares orthodoxes de l'Orient. Je dois dire que, sur ce sujet, bon nombre de Turcs de l'ancien et même du nouveau régime conservent les mêmes sentiments que ces deux glorieux sultans.

Un derviche fanatique s'est chargé d'exprimer cette opinion à Sa Hautesse elle-même, au beau milieu de la revue, et avec une insolence inouïe. Ce vieil hadji enragé, probablement surexcité par le jeûne du ramazan, a saisi la bride du cheval du sultan, et devant tout son cortége, devant les bataillons anglais, lui a reproché de se souiller par son alliance avec les chrétiens. — Fils de ghiaour! lui a-t-il crié, tu as introduit les chiens d'infidèles dans l'empire de l'islam; tu n'es qu'un ghiaour comme ton père. Si tu voulais chasser les Russes, que n'appelais-tu à ton aide les vrais croyants en déployant le drapeau du prophète! nous aurions tous tiré le sabre; les Moscovites eussent disparu de la terre, et tu régnerais à Moscou. Que le prophète te maudisse! que les oiseaux du ciel te salissent la barbe !!!

Les cawas ont écarté doucement et poliment cette ganache furibonde; le sublime padischa n'a pas seulement sourcillé à ses injures. On affecte de considérer ces fanatiques atrabilaires comme des fous, et, en cette qualité, on les respecte pour ne pas être obligé de les empaler.

L'empereur Nicolas a, dit-on, écrit de sa main à Paskiewitsch un ordre formel d'enlever Silistrie avant l'arrivée des *païens occidentaux;* dût-on, ajoute ce Tamerlan-Tartufe, *le prendre avec les dents.* Mais il paraît que c'est moins facile à faire que de chanter des *Te Deum russes*, car derrière de mauvais retranchements les Ottomans se battent comme des démons. Si les Moscovites s'acharnent trop sur cette amorce, j'espère que, les Français et les Anglais aidant, il leur arrivera quelque mésaventure. En attendant cette désirable péripétie finale, Hussein-Pacha, le commandant de la place, vient de leur servir un plat de sa façon ; il est moins hautement épicé que la fameuse mine de 10,000 hommes tués, mais il est plus véridique. Je le tiens d'un colonel-instructeur au service de la Porte.

Les Russes ayant reçu de puissants renforts par le nouveau pont jeté sur le Danube, en aval de Silistrie, avaient complété l'investissement de la ville en envoyant en amont une de leurs divisions. Moussa-Pacha dut alors concentrer dans le corps de la place les postes avancés : trompés par cette démonstration, sans doute, l'ennemi s'imagina que la redoute d'Arab-Tabia avait été évacuée. Dans la nuit du 24 au 25, une de ses colonnes, forte de 3 ou 4,000 hommes, s'avança pour s'en emparer. Aucun canon, aucun soldat ne paraissaient sur les remparts ; les Moscovites s'étaient paisiblement approchés à demi portée de mitraille, quand tout d'un coup deux batteries subitement démasquées vomirent une trombe de fer et de feu, qui décima leurs rangs et jeta parmi eux une telle panique que, se renversant, se culbutant dans leur fuite précipitée, ils se fusillèrent les uns les autres au milieu des ténèbres.

Malgré cet échec, les Russes revinrent encore deux fois à la charge contre ce fort ; à la dernière, les bachi-bozouks albanais les repoussèrent avec une telle furie, qu'abandonnant leurs morts et leurs blessés qui jonchaient les palissades et les fossés, ils se retirèrent précipitamment en désordre ; ce que voyant, la colonne chargée de l'attaque de la redoute d'Yélanli lâcha pied et prit la fuite. Cette double défaite a entraîné immédiatement la retraite de toute la division campée de ce côté de la ville qui se trouve ainsi *partiellement* débloquée, mais non pas *entièrement*, comme on le dit à Constantinople.

On ne sait pas si Paskiewitsch reprendra cet investissement ou s'il se retirera prudemment, ainsi qu'on le craint, devant les renforts français et anglais arrivés récemment à Varna. Ce vieux prince-généralissime sait la guerre, il est sur les lieux, et malgré les psaumes dont son très-pieux empereur émaille ses manifestes-sermons, il a pu se convaincre par ses yeux que le Très-Haut ne combat pas en ce moment pour la sainte Russie. Il se soucie très-peu d'ajouter aux lauriers véritables qui couronnent ses cheveux blancs les lauriers gascons d'Osten-Saken Ier.

Le roi Othon a souscrit l'ultimatum présenté par les trois puissances alliées à la pointe des baïonnettes d'une brigade française récemment débarquée au Pirée. Au lieu de céder généreusement à un sentiment de reconnaissance pour les services que la France a rendus à son misérable royaume, Sa Majesté hellène a préféré l'humiliation d'obéir à la dure nécessité de la force, enfin elle a signé ; signé malgré la reine, qui a, dit-on, employé tous les moyens imaginables diplomatiques et extra-diplomatiques pour maintenir son débile et royal époux sur le chemin du trône de Byzance. Rien n'y a fait ; le roi a solennellement désavoué ses coupe-jarrets palikares, et renoncé à la pourpre des Césars. La reine a versé des larmes bien amères, en voyant ainsi s'en aller à vau-l'eau son cher diadème en expectative des Eudoxies et des Théodoras. Une particularité, s'il faut en croire les mauvaises langues athéniennes, les pires de toutes, ajouterait beaucoup à ce cuisant chagrin : c'est que la couronne impériale était déjà commandée, et que le joaillier n'entend pas être soldé par une note diplomatique.

Cette détermination forcée et tardive est, assurément, une cruelle humiliation pour Sa Majesté hellène ; mais exercera-t-elle une influence pacificatrice immédiate sur les troubles de l'Epire et de la Thessalie ? Il y aurait, ce semble, un peu de naïveté à le croire : ici on n'y compte guère. Bien que le roi Othon ne soit pas sorcier, tant s'en faut, il se trouve en ce moment à peu près dans la même situation embarrassante que ce magicien de la légende, victime des démons qu'il avait eu l'imprudence d'évoquer avant de savoir le secret de leur commander.

Il aurait pu au commencement arrêter les expéditions de ses bandits, si toutefois il ne les a pas lancés lui-même ; à présent, la force des armes seule pourra faire rentrer dans leurs repaires les Kariskaïkis, les Tzavellas, les Karatasos et *tutti quanti :* ces braves palikares se soucient des ordres de leur souverain bavarois comme de ceux de l'empereur de Chine.

A Constantinople tout le monde sait bien à quoi s'en tenir sur le compte de ces illustres guerriers en fustanelle, parmi lesquels je puis vous certifier qu'il y a bon nombre de Polonais, de Hongrois, d'Italiens et d'anciens légionnaires de Garibaldi. J'ai même eu le plaisir, je ne sais si je vous l'ai déjà dit, de faire la traversée avec deux de ces gentilshommes a bord du *Louqsor*. S'étant enivrés à Malte, ils avouèrent hautement leurs projets d'aller guerroyer en Epire. Ils débarquèrent à Syra avec tout leur arsenal de malandrins de mélodrame. Jusques à quand la bonhomie libérale moderne aura-t-elle la simplicité de prendre ces successeurs des routiers et des condottierri du moyen-âge pour des patriotes, parce qu'ils en portent toutes les cocardes?

La lettre de Grivas a paru étonner les anciens philhellènes occidentaux, elle n'a rien appris aux Orientaux : ils savent que les honorables collègues de ce chef pourraient en écrire bien d'autres.

Des palikares je passe aux bachi-bozouks; la transition est insensible. Le général Yussuf, qui doit organiser un corps de cette cavalerie irrégulière à la solde de la France, était ici dernièrement. Il vient de partir pour Choumla, afin de juger à l'œuvre ces têtes-à-l'envers, parmi lesquelles il va recruter ses escadrons.

Cet officier général a certes un mérite spécial incontestable, et militairement il remplira mieux que personne cette mission délicate. Pourtant on se demande si sa qualité de musulman converti au christianisme ne sera pas un obstacle insurmontable à son influence sur ces cavaliers asiatiques, dont le fanatisme est bien plus ardent, plus indomptable que celui des Arabes algériens. Cependant, il ne faut rien moins que toute cette influence du commandement pour imposer à d'aussi rudes natures. Voici un échantillon de la manière de les discipliner.

Un officier français, M. de Saint-A..., qui a fait en religion l'inverse du général Yussuf, commandait, il y a quelques années, un escadron de cavaliers volontaires aux environs de Bagdad, où l'on guerroyait contre des tribus de Turcomans et d'Arabes pillards. Un jour un courrier apporta de fâcheuses nouvelles, et au lieu de les transmettre secrètement au pacha, il les répandit dans le camp. Lorsque M. de Saint-A... revint de chez le pacha et voulut prendre le commandement de sa troupe, celle-ci se mutina contre lui, déclarant formellement qu'elle connaissait le danger et n'irait pas s'y exposer témérairement.

Le commandant ne répondit pas à ces insolences; il remonta à cheval, tira son sabre, et pointant, taillant à tort et à travers dans la foule : Ah ! vous ne marcherez pas ! criait-il ; ah ! vous en savez autant que moi ! ah ! vous ne voulez pas courir à la mort ! Ah çà ! est-ce à vous ou à moi de commander ?... En rang, serrez la colonne, en avant, marche ! Chaque mot étant accompagné d'une estafilade, les bachi-bozouks comprirent ce raisonnement et obéirent, doux comme des agneaux. Un chrétien et surtout un musulman converti ne pourrait pas employer les mêmes arguments; il se ferait écharper. Ce colonel de Saint-A... est maintenant chargé par le séraskier de régulariser un peu la cavalerie trop irrégulière des bachi-bozouks d'Omer-Pacha.

Il paraît convenu que le maréchal de Saint-Arnaud réunira sous son commandement supérieur les troupes turques et françaises. Omer-Pacha ne serait plus en ce cas que son lieutenant-général, dirigeant en sous-ordre les opérations de son corps d'armée ottoman. On assure même que chaque division française comprendra dans son effectif, à titre d'auxiliaires, un ou deux régiments musulmans.

Quant à la subordination ou à la coopération indépendante de l'armée anglaise, on en est encore réduit aux simples conjectures : lord Raglan commandera-t-il à son supérieur en grade, ou se soumettra-t-il aux ordres d'un chef qui n'était que sous-lieutenant lorsqu'il avait déjà, lui, le grade de général? D'un autre côté, s'il dispose souverainement de son corps d'armée, n'est-il pas dangereux de partager le commandement en face d'un ennemi presque égal en force et puissant par l'unité absolue du généralat? Voilà les questions que tout le monde fait ici, et auxquelles personne ne peut ou ne veut répondre sérieusement. Les événements qui marchent rapidement ne tarderont pas à donner cette réponse.

# XV<sup>me</sup> LETTRE.

**Entrée des spahis algériens à Constantinople. — Cantonnement des Français à Daoud-Pacha.**

Constantinople, 10 juin 1854.

Enfin, la première avant-garde de l'armée française est arrivée à Constantinople ! Avant hier jeudi, à sept heures du matin, un escadron de nos spahis algériens a traversé le vieux Stamboul d'un bout à l'autre, a franchi le pont de la Corne-d'Or et, remontant par les sentiers du cimetière de Galata, est venu faire halte un moment sur la promenade du petit champ des morts à Péra.

L'heure matinale à laquelle s'est effectuée cette entrée militaire a beaucoup nui à la sensation qu'elle eût causée autrement. Pendant le ramazan, les veillées se prolongeant quasi jusqu'à l'aube, la population musulmane dort le jour ou du moins ne se lève guère avant la prière de midi. Il en résulte que dans la matinée les rues sont presque désertes ; les magasins, les cafés, les bazars, et même les mosquées, tout est fermé ; on ne voit dehors que des Juifs, des Grecs, des Arméniens et des Francs.

Faute d'aliments inflammables, le feu de l'enthousiasme n'a donc pas pu éclater bien ardent, malgré ce qu'en dira la phraséologie stéréotypée.

Pourtant, aux fanfares des trompettes françaises, résonnant pour la première fois depuis environ six siècles au milieu des rues silencieuses de Byzance, on voyait les portes des maisons s'entr'ouvrir et laisser apparaître des figures étonnées. Juifs, Grecs et Arméniens s'empressaient; les boutiques étaient désertées, et les Osmanlis, réveillés en sursaut, accouraient, portant un de leurs enfants et traînant la babouche, se mêler à la canaille des rayas, afin d'admirer de plus près cette brillante cavalerie africaine que de beaux yeux noirs passaient en revue, à travers les petites lunettes rondes que la curiosité féminine se ménage entre les mailles sérrées des grillages du harem.

Sans sortir de leur flegme habituel, les Turcs prenaient évidemment un grand plaisir à ce spectacle si nouveau pour eux. Les uns prétendaient que ces Arabes faisaient partie du contingent du bey de Tunis; d'autres assuraient que c'étaient des cavaliers du Maroc, envoyés par Muley-Abderrhaman à la guerre sainte. Les plus habiles, en petit nombre, faisaient observer que, les officiers portant tous le costume français, ce devaient être des spahis algériens à la solde de la France. Mais quelle que fût la diversité des opinions sur l'origine de la troupe, toutes s'accordaient à vanter la magnifique tournure militaire des hommes, l'excellence des chevaux et la beauté du costume. De vrai, c'était bien autre chose que les pauvres bachi-bozouks.

Composé d'environ 150 hommes robustes, aguerris et basanés, tous choisis, sauf une douzaine de Français, parmi les meilleurs cavaliers des tribus algériennes, cet escadron est admirablement monté et équipé. Les chevaux barbes portent le harnais arabe, brodé, passementé et historié de glands rouges. Les soldats sont tous uniformément vêtus du grand costume des spahis réguliers : le haïk de mousseline de laine, le turban de cordes de poils de chameau, la veste, la culotte turques, le double burnous blanc et rouge, les bottes de maroquin à broderies et à franges flottantes, et les longs *chabirs* ou éperons en forme de poignards. Les pistolets à la ceinture dans des fontes brodées, le sabre passé sous la selle, et la carabine sur la cuisse complètent leur armement.

Les officiers seuls ont échangé contre le spencer des chasseurs d'Afrique ce magnifique costume oriental, un des plus artistiquement beaux que j'aie vus à Constantinople, avec ceux de deux chefs circassiens, de trois ou quatre Syriens et d'une demi-douzaine d'Albanais.

Après une courte halte, la colonne arrivée directement de Gallipoli par terre, en *treize* jours, s'est remise en marche pour aller camper à Kéni-Kœï sur le Bosphore, un peu au-dessous de Térapia où le maréchal de Saint-Arnaud va établir son quartier général.

Le ramazan se fait peu sentir dans la grande rue européenne de Péra ; aussi le défilé de nos spahis y a-t-il excité beaucoup la curiosité de la foule, et fait subir aux uniformes écarlates des Anglais, qui jusqu'alors avaient accaparé l'attention publique, une dépréciation considérable dans l'estime des dames pérates.

Au moment où l'escadron a passé devant la caserne d'artillerie, les canonniers turcs manœuvraient sur l'esplanade en face. La curiosité a été chez eux plus forte que la discipline; tout le régiment a interrompu les exercices pour regarder les bédouins, et sans s'en douter très-probablement, il a été témoin comme tout Constantinople d'un des plus singuliers, sinon d'un des plus grands événements de l'histoire moderne.

En effet, si par la pensée on s'isole de la multitude des petits incidents successifs qui peu à peu ont familiarisé les esprits avec ce qui se passe actuellement, si l'on se reporte en souvenir seulement à vingt ans en arrière, on reste stupéfait à la vue des pas de géant que la France a dû faire pour recommencer encore une fois la lutte colossale de 1812, pour en arriver à faire battre en son nom, sur les bords de la Mer-Noire, les Arabes du Sahara contre les cosaques du Don et les Baskirs de la Tartarie. Qui sait même si, comme on le dit ici, les cipaïes indiens ne viendront pas bientôt joindre leurs bataillons à ceux de la Turquie, de l'Allemagne, de l'Afrique, de la France et de l'Angleterre! Le vieux monde tout entier serait alors représenté dans cette guerre suprême de la liberté contre la servitude.

Bien loin d'abandonner le siége de Silistrie après les échecs successifs du 25 et du 29 mai, il paraîtrait que Paskiewitsch, fidèle aux ordres de son empereur et au caractère opiniâtre des Moscovites, presse au contraire la place de plus près et multiplie ses attaques. L'officier supérieur dont je vous ai cité l'opinion à ce sujet serait bien surpris si cette ville ne finissait pas par succomber, à moins d'un secours qui devient de plus en plus probable.

Au surplus, on aurait tort d'attacher matériellement une trop grande importance à ce premier avantage de l'armée russe, à supposer qu'elle l'obtienne. La moindre bataille gagnée sera bien autrement décisive que la prise d'une place frontière.

Les généraux routiniers de la première moitié du xviii⁰ siècle passaient toute une campagne autour d'une bicoque ; une armée cherchant à la prendre, et l'autre à empêcher de la prendre. Frédéric et Napoléon ont terriblement changé cette vieille tactique : ils laissaient volontiers emporter une ville afin de remporter, eux, une victoire qui faisait tomber à la fois l'armée ennemie, ses villes et ses provinces entières, d'un seul coup. Jusqu'à présent les généraux russes semblent se modeler bien moins sur ces grands génies que sur feu monsieur le maréchal de Soubise.

Le gouvernement turc vient de donner au commandant Magnan et au capitaine Dupreuil le commandement de deux brigades de bachi-bozouks, sous les ordres du général Yussuf. Ces messieurs espèrent tirer un bon parti de ces fantastiques soldats, en faisant un usage raisonné de la bastonnade, des cadeaux et des coups de pistolet dans la tête. Le meilleur moyen de civiliser ces sauvages serait encore de leur donner une solde régulière, comme la Porte en a l'intention : il ne lui manque plus que l'argent. Il n'est pas étonnant qu'ils aient pillé, et tué pour piller, les pauvres diables ne recevaient pas un *para* du gouvernement. Ils avaient offert, il est vrai, de faire la guerre sainte à leurs frais, mais cela signifiait dans leur pensée : faire la guerre aux dépens du paysan ; faute d'avoir mis les points sur les *i* on ne s'était pas entendu ; les faits ont cruellement éclairci cette équivoque.

Au reste, les *têtes-à-l'envers*, pas plus que les gros turbans entêtés des vieux Turcs, ne pourront se soustraire à l'influence de la force européenne présente à leurs côtés. Le barbare reste barbare dans son isolement, parce qu'il nie la puissance civilisée qu'il ne voit pas loin de lui ; en dépit de ses préjugés, il la reconnaît et lui rend hommage quand il la touche du doigt. On trouve une preuve éclatante de cette vérité à Constantinople, où la présence des troupes anglaises et françaises modifie et corrige tous les jours davantage ce qui reste de fanatisme et de violence individuels dans une partie du peuple ottoman.

Il y a un an à peine, certains Osmanlis atrabilaires se procuraient encore la douce satisfaction de rosser le ghiaour dans les rues écartées ; par humanité pour les chiens, ils eussent volontiers assommé le raya qui se serait permis de battre un de ces hargneux chacals ; le chrétien surpris dans une mosquée par ces fidèles islamites était assailli par une grêle abominable de coups de poings et de coups de babouches ; un regard trop curieux dans un arraba de femmes turques attirait infailliblement sur les reins de l'admirateur du beau sexe musulman les caresses d'un courbach en cuir d'hippopotame ; enfin un chapeau ne pouvait pas paraître dans un incendie sans être aussitôt inondé, écrasé et couvert de boue, etc.

Aujourd'hui l'Européen qui se comporte décemment est partout aussi respecté que les pachas : à peine entend-il de loin en loin, dans les quartiers les plus excentriques de Stamboul, un vieux barbon musulman gronder entre ses dents en passant près de lui les mots *domous ghiaour*, cochon d'infidèle. J'ai pu pénétrer seul, sans aucun déguisement et sans firman, dans les mosquées et même dans Sainte-Sophie, en ayant soin de me déchausser et de ne pas y aller durant la prière. Bien d'autres Français en ont fait autant. On rosse, on tue impunément les chiens, et non seulement on n'est pas battu, mais encore j'ai remarqué en maintes occasions que les plus irritables turbans verts, les plus tyranniques pelisses rouges sont embarrassés et honteux si un Européen les surprend à frapper un pauvre raya indigène.

Une trentaine de zouaves arrivés avant hier se sont promenés dans Stamboul, où ils ont produit un effet extraordinaire avec leurs costumes turcs et leurs allures de janissaires, tempérées par la gaîté française. Hier, les chevaux d'artillerie débarquaient à Thophana, et la foule assemblée sur la place ne pouvait se lasser d'admirer ces grandes et vigoureuses bêtes, qui semblent colossales à côté des petits chevaux du pays.

On parle, pour la semaine prochaine, d'une grande revue de la division du prince Napoléon par le sultan. J'espère que Sa Hautesse ne fera pas subir à nos troupes la petite mortification qu'elle a, sans doute involontairement, infligée aux Anglais, qui n'ont pas encore pu digérer la chose.

Il paraît décidément que la plupart de ces beaux soldats enrôlés de la Grande-Bretagne, quoique bons troupiers à la parade et à la bataille, sont d'ailleurs de tristes sujets. A côté des pauvres capotes grises de leurs compagnons d'armes français, leur caractère moral brille beaucoup moins que leurs habits rouges. Je ne prétends pas exalter la vertu de nos soldats aux dépens de celle de nos alliés; certes! nos zouaves ne sont pas des vierges timides, mais les officiers anglais eux-mêmes reconnaissent hautement cette supériorité morale : il y a chez nos troupiers un profond sentiment d'honneur militaire qui les préserve de certaines vilenies, bien mieux que la crainte des châtiments.

Je me fais encore un plaisir de vous citer un fait très-flatteur pour notre marine. On s'est beaucoup récrié en France contre la fréquence des abordages et des échouements de vaisseaux pendant la commune campagne maritime de ces deux dernières années ; on a même prétendu que la maladresse de nos marins avait prêté à rire à leurs habiles compagnons de croisière, les Anglais dont on vantait l'expérience et la science infaillibles. Hé bien ! c'est le contraire qui est vrai. Les vaisseaux de la flotte de l'amiral Dundas ont commis plus de bévues que ceux de l'amiral Hamelin, si toutefois on peut appeler bévues des cas fortuits presque inévitables. Quoi qu'il en soit de la nature de ces accidents, la proportion en a été beaucoup plus forte du côté des Anglais que du côté des Français ; seulement ceux-ci en ont trop fait de bruit, ceux-là n'en ont pas soufflé mot.

Je ne fais que vous répéter les paroles d'un capitaine de vaisseau anglais, en ajoutant que tous les officiers de la flotte britannique font le plus grand cas des talents et de l'activité juvénile de l'amiral Hamelin. Les quatre-vingts ans un peu affaissés de son collègue anglais font d'autant mieux apprécier cette dernière qualité. Le capitaine dont je vous cite l'opinion terminait en disant que, quant à lui, il s'estimerait très-heureux d'avoir l'honneur de servir sous les ordres d'officiers supérieurs tels que M. Hamelin et M. Bruat.

Les nouvelles de cette demi-décade sont un peu nulles : rien de bien saillant et surtout de bien positif, en Grèce et en Bulgarie. Dans le premier de ces pays, les brigandages hellènes continuent; dans le second, le siége de Silistrie tire en longueur, et l'armée d'Omer-Pacha ne bouge pas. Heureusement que le général Prim, comte de Reuss, complétement rétabli de son indisposition, va partir pour la guerre à la tête de ses douze gendarmes catalans : il se propose, dit-on, d'en former quatre divisions.

Il ne reste plus à Gallipoli que la réserve et les dépôts de notre armée d'Orient; tout le reste est maintenant en route vers les Balkans ou le Danube.

J'espérais pouvoir vous raconter aujourd'hui l'arrivée du prince Napoléon avec sa division dans son cantonnement de Daoub-Pacha. Voulant, autant que cela m'est possible, vous parler d'après ce que je vois de mes yeux, plutôt que d'après le témoignage d'autrui, j'ai été hier me promener de ce côté, et j'ai éprouvé une double déception.

D'abord, malgré ce qui avait été dit quasi officiellement, que la colonne française devait doubler une étape pour arriver le 8 au lieu du 10, il n'était encore venu que 60 hommes envoyés en avant par mer, afin de tout préparer pour la réception des troupes. Deux cents chasseurs de Vincennes, quelques compagnies d'infanterie de marine et des gendarmes sont arrivés dans le courant de la soirée; le gros de la colonne n'est attendu que ce soir et demain dimanche.

Aussi bien qu'un autre, j'aurais pu anticiper légèrement sur les faits, comme les correspondants qui décrivent les feux d'artifice inédits, les revues contremandées, et les lancements de vaisseaux encore sur quille. Il ne m'eût pas été bien malaisé de vous dépeindre sans l'avoir vue la longue et noire colonne serpentant parmi les immenses champs de blés, entre les monticules nus et pierreux, sur la route poudreuse et brûlante qui longe le littoral de la mer de Marmara.

Je suis forcé d'entendre et quelquefois d'accepter tant de contes ou de faux renseignements, qu'en vérité j'aurais mauvaise grâce d'ajouter à ceux que, par mégarde, il peut m'arriver de vous envoyer. Ainsi dernièrement je vous ai vanté la magnificence des casernes impériales de Daoud-Pacha, et les agréments de ce quartier pour nos soldats ; il y a beaucoup à en rabaisser.

Ce cantonnement, où sont relégués nos soldats, est à peu près au milieu du plateau traversé par la triple muraille de Constantin, à environ 4 kilomètres en avant de la porte de *Mewla-Hané*, ou *Yeni-Kapoussi*. Le fantassin qui voudra aller de là dans le quartier franc ou sous les ombrages du sérail, devra faire auparavant une étape de 12 ou 15 kilomètres, en tenant compte des zigs-zags des rues.

Les charmes de la localité ne sont pas de nature à faire oublier le petit désagrément d'être à la porte d'une grande capitale et de pouvoir à peine la visiter. La caserne est un immense bâtiment à un seul étage, de trois cent douze croisées de façade, autant sur le derrière, cent soixante sur les côtés, et un nombre proportionné pour la cour intérieure. Quatre tours se dressent aux angles de l'édifice : les deux de la façade élèvent au-dessus de la toiture générale trois étages en dégradation, ornés chacun d'un large toit saillant et retroussé, dans le genre des tours chinoises. Un portail de marbre, surmonté d'un énorme soleil doré en forme de hérisson, jure un peu par son luxe avec la pauvreté extérieure de cette très-médiocre bâtisse de briques et de moellons, peinte en gris et blanc. L'intérieur vaut encore moins : le bois vermoulu y remplace en beaucoup d'endroits les murs de pierre, et la saleté y règne partout, sauf dans quelques appartements réservés aux pachas et décorés avec luxe.

Devant la façade principale s'ouvre une large esplanade assez bien nivelée, terminée par une petite prairie ombragée de grands arbres sous lesquels sont déjà dressées les tentes des vivandiers et des cawass turcs chargés de la police indigène. De chaque côté de ce bouquet de frênes, de trembles et de platanes, sont divers pavillons séparés, entre autres celui qui est destiné à Son Altesse Impériale. Au-dessous de la prairie, il y a de vastes écuries presque aussi grandes que la caserne.

Tout autour de ce groupe de constructions, le sol pierreux est tourmenté, creusé par des mines ou des carrières abandonnées. Pas un arbre, pas un buisson sur les collines, au fond des vallons : partout, à perte de vue, des champs de blé ou de maïs et des pâturages solitaires. Une grande ferme ou caserne au sommet d'un mamelon, quelques tentes vertes de faneurs dans les prairies, et un petit hameau d'une douzaine de cabanes grisâtres collées au flanc d'un coteau nu, accidentent seuls la monotonie de ce paysage thrace. Il n'est animé que par des bandes de milans qui, planant en cercle dans le ciel bleu, promènent sur la terre les ombres de leurs ailes; par de lointaines caravanes de mules et de chameaux, ou par des troupeaux errants sous la garde de bergers bulgares, qui jouent du flageolet couchés à l'ombre d'une toile de poils de chameau tendue sur quatre bâtons.

Le seul agrément de ce site, c'est une vue splendide sur

la Propontide, les îles, les montagnes de l'Asie, et les vieux remparts de Constantin apparaissant à travers une épaisse futaie de frênes et de cyprès. Un pareil spectacle, fait pour consoler un poète de toutes les misères de la vie, semblera peut-être une satisfaction bien creuse à nos troupiers.

# XVI<sup>ME</sup> LETTRE.

**Marche de la 3<sup>e</sup> division française de Gallipoli à Daoud-Pacha. — La fête du milieu du ramazan au vieux sérail. — Scène de fanatisme. — Violation de domicile français et voies de fait de la part de soldats turcs. — Les parapluies du capitan-pacha.**

Constantinople, 15 juin 1854.

Les 10,000 hommes de la troisième division sont enfin à peu près tous réunis à Daoud-Pacha, sous le commandement du prince Napoléon, logé maintenant dans un des pavillons de la caserne. Les trois colonnes sont arrivées successivement le 10, le 11 et le 12 juin. Une partie de l'infanterie de marine et quelques autres détachements de diverses troupes restent encore et resteront peut-être longtemps à Gallipoli.

Ces douze jours de marche pénible n'ont pas altéré la santé de Son Altesse Impériale qui, par son exemple, ses bonnes paroles et son entrain militaire, n'a cessé d'encourager ses soldats, au milieu de fatigues et d'obstacles beaucoup plus grands qu'on ne l'imaginait.

Les difficultés de ce trajet dans un pays comparativement ouvert et facile donnent une idée de ce que serait une campagne dans les Balkans : elles expliquent de reste les retards de nos soldats, que bon nombre de gens carrément assis dans leur bergère auront sans doute accusés de paresse, en les voyant mettre treize jours pour faire quarante heures de marche.

Les renseignements donnés sur cette route étaient singulièrement flattés. Là où l'on avait annoncé un chemin carrossable, les troupes de l'avant-garde ont dû, sous un soleil brûlant, frayer un passage à l'artillerie à travers les roches, avec le pic, la pince et la pioche. Les trois premiers jours ont été extrêmement pénibles; le quatrième et au commencement du cinquième, il a fallu employer sans relâche cinq corvées successives, de 250 hommes chacune, pour tracer la route au milieu des ravins.

Les ponts de bois que l'on avait représentés comme praticables pour l'infanterie étaient de véritables *passoires*. Les plus hardis fantassins ne pouvaient y marcher qu'en choisissant soigneusement les endroits où ils posaient le pied, tant les planches et les poutres en étaient pourries et percées à jour. A la vue d'un de ces traquenards, un clairon de chasseurs de Vincennes s'écria : « Tout ça de pont turc ? hé bien, merci ! Les gros ventres du bataillon arriveront seuls à l'autre bout : les petits vont passer par les trous comme des grains d'orge à travers un crible. »

Le génie militaire a été forcé de couper toutes ces rivières et ces ravins par des espèces de digues de rochers, entre lesquelles on ménageait un écoulement pour les eaux; au-dessus on établissait la chaussée des voitures. Il ne suffisait pas d'ouvrir ainsi la route par ces travaux improvisés à la hâte, il fallait ensuite la parcourir, et se délasser du travail des mains par celui des pieds.

Un pareil exercice surexcitait furieusement l'appétit de

l'avant-garde. En trois fois vingt-quatre heures les soldats dévorèrent les vivres qu'ils portaient sur le dos pour quatre jours. Ils payèrent cher ce double soulagement anticipé. La dernière journée, la plus rude de toutes, fut dure à passer à jeun en travaillant sans relâche : impossible de rien trouver dans les misérables villages de la route.

La force morale suppléa au défaut de vivres; on s'en tira pour le mieux, chacun jurant que cette leçon lui servirait pour tout le reste de la campagne. Il régnait une telle ardeur, une telle émulation dans les compagnies du génie et des chasseurs, que bientôt toutes les difficultés furent vaincues, et l'on arriva à Rodosto.

Nos troupiers se dédommagèrent amplement dans cette bourgade demi-turque, demi-grecque, de leur ramazan forcé, en fêtant le petit vin blanc clairet du mont Olympe. Malheureusement cette liqueur séduisante paraît avoir causé la mort d'un pauvre spahis assassiné par les Grecs durant son ivresse.

Si ce genre d'étape à la pioche avait duré longtemps, une partie de l'avant-garde du prince serait probablement restée en route; mais en-deçà de Rodosto les chemins étaient praticables et les travaux à y faire insignifiants. Telle quelle, cette première épreuve a démontré dès le commencement de la campagne, d'une manière inattendue et incroyable, la vigueur de tempérament et l'excellent moral de notre infanterie. Après treize jours de fatigues et de marches sous un soleil ardent, toute la compagnie du génie, les zouaves, le bataillon des chasseurs de Vincennes, formant l'avant-garde, sont arrivés à Daoud-Pacha au grand complet, sans avoir laissé en arrière *un seul malade, un seul traînard.*

Cette troupe d'élite était superbe à voir avec ses figures et ses mains noircies, ses grandes barbes, ses vêtements déchirés, souillés de boue et de poussière. Les splendeurs régulières de la parade ne donnent aucune idée de cette magnifique beauté guerrière du soldat en campagne.

Le résultat étonnant de cette marche, qui rappelle la vigueur endurcie des vieilles bandes impériales de Napoléon, est dû évidemment à l'habitude des marches militaires le sac au dos. Le 3e bataillon d'infanterie de marine, qui suivait l'avant-garde, a fait la cruelle expérience du contraire. Plus casanier que les autres corps de troupes, et accoutumé à opérer la plupart de ses changements de garnison sur les bâtiments de l'Etat et non sur ses jambes, il a beaucoup souffert. Bien qu'il n'eût qu'à suivre le chemin tout tracé, sans avoir à mettre la main à la pioche, il a cependant semé la route de ses traînards épuisés de fatigue. Il a laissé, dit-on, cent cinquante éclopés ou malades à Rodosto, d'où on les a renvoyés par mer à l'hôpital de Constantinople, qui n'en a admis que trente : les autres n'avaient que des ampoules ou des cors aux pieds, infirmités inconnues aux zouaves.

Tous les autres bataillons de troupes de ligne sont arrivés comme les chasseurs, à peu près au complet et parfaitement sains. Sur la route leur conduite a été exemplaire de modération et de réserve.

Un fait vous montrera ce que sont nos soldats en Orient. Pendant tout le long séjour du régiment du génie à Gallipoli, il n'y a eu qu'une seule plainte portée contre lui par un vieux Turc. Ce bédouin se présenta un beau soir chez le colonel, pour accuser un sapeur de lui avoir volé son foin. — Tu mens, repartit le colonel, mes hommes sont incapables de voler quoi que ce soit. Vérification faite, il se trouva que ce troupier sybarite avait eu l'indélicatesse de couper dans un pré quatre ou cinq brassées de fourrage vert, afin d'en rembourrer son lit. Beau motif à crier comme un aigle effarouché contre un homme qui peut-être, d'ici à un mois, se fera tuer pour ce Turc imbécile chaudement dorloté dans sa maison !

Malgré sa belle apparence, le quartier de Daoud-Pacha ne vaut guère mieux à l'usage que cette pauvre botte de foin. En apercevant de loin à leur arrivée cette grande caserne qui leur semblait un palais, comparée aux sordides baraques de Gallipoli, les soldats ont cru qu'ils allaient être logés aux Tuileries. Une fois dedans, ils ont trouvé les salles à moitié nettoyées, tellement infestées de petites bêtes, que chacun s'est empressé d'aller coucher dehors à la belle étoile.

Si une de nos divisions est condamnée à passer là ses quartiers d'hiver, ce sera fort triste, mais en ce moment Daoud-Pacha présente l'aspect gai et animé d'une jolie petite ville ; les tentes blanches des deux camps auxiliaires sont dressées sur l'esplanade de la façade, de chaque côté de la caserne. D'autres campements sont établis dans les prairies de la vallée qui descend vers la mer, entre le coteau de Daoud et les remparts de Stamboul.

Sur le revers opposé du vallon, un pacha turc a planté son grand pavillon vert au sommet d'un monticule, et, tout autour du cantonnement, à la distance convenable, sont dispersées les tentes-abris des avants-postes.

Des milliers de soldats de tout uniforme remplissent les chemins, les prairies, les sentiers entre les champs de blés, ou s'occupent à faire leur lessive aux bassins des fontaines turques et au bord du ruisseau de la vallée, tandis que d'autres fréquentent les cantines et les marchés établis par de vieux juifs en guenilles, accroupis sur la pelouse à l'ombre des grands chênes.

Les plus heureux poussent leurs promenades jusqu'à Constantinople, où ils descendent par bandes nombreuses. Hier surtout, certaines rues de Stamboul et de Péra étaient encombrées de zouaves en larges culottes de toile grise, de soldats de marine, d'infanterie légère, du génie, de l'artillerie et des chasseurs; les hôtels européens semblaient pris d'assaut par les officiers. Ce matin même, la musique du 22e léger, arrivé depuis trois jours, marchait en tête de la procession de la Fête-Dieu, dans le claustral de Saint-Benoît à Galata. Quel singulier rapprochement!

Les casques brillants de deux cuirassiers qui ont fait leur apparition dans Constantinople y ont causé une profonde émotion : les Turcs les plus savants se sont donnés au diable pour deviner ce que pouvaient être les *pots de fer à crinières de cheval*.

Les Anglais ont ici le privilége des coiffures excentriques. D'abord tous les officiers en petite tenue portent par-dessus leur casquette militaire une sorte de grand bonnet de toile blanche piquée, avec une double visière de même étoffe qui descend sur les yeux et sur le cou; cela ressemble assez bien aux coiffes de nos vieilles paysannes lyonnaises. En tenue de ville, ils remplacent ce couvre-chef par un chapeau gris à larges bords qui n'est pas moins étonnant. Ils en entourent la calotte d'un épais turban de mousseline blanche, dont quelquefois ils détachent un des bouts pour s'en voiler la figure et préserver la candeur de leur teint de la brûlure du soleil. Toutes ces délicatesses de militaires de salon font rire nos officiers qui ne craignent pas d'affronter avec leurs simples képis le soleil du Sahara, bien autrement cuisant que celui de Constantinople.

Demain vendredi, Abdul-Medjid doit passer une grande revue de la division du prince Napoléon, pourvu, toutefois, que Sa Hautesse n'ait pas été dégoûtée de semblables démonstrations publiques par la scandaleuse scène de fanatisme qui a eu lieu à Scutari, lors de la revue des Anglais.

Il paraît qu'il y a encore, nichés dans les quartiers les plus retirés de Constantinople et de Scutari, bon nombre de ces féroces voltigeurs de Bajazet, qui sortent de temps en temps de leurs cabanes pour venir insulter leur souverain.

Samedi dernier, en revenant de porter une lettre à bord du paquebot des Messageries, j'entrai un moment dans le vieux sérail où je fus témoin d'une scène de même nature. En l'honneur de la fête du milieu du ramazan, la mi-carême des musulmans, Abdul-Medjid était venu tenir une audience solennelle dans cet antique palais ordinairement abandonné. Les vastes cours désertes du *Salut* et de la *Félicité* étaient encombrées d'une foule inaccoutumée de soldats en grande tenue, de pachas, de cavaliers, de saïs, et de brillants équipages remplis de dames des harems. Tout d'un coup, au milieu de l'allégresse générale, je vis sortir par la porte de la *Félicité* un grand vieillard à l'air furibond; emmailloté dans sa longue pelisse rose pâle fourrée de peaux de chats, dans sa robe de calicot à petites fleurs brunes et dans ses babouches jaunes, il criait, gesticulait, tempêtait à faire frémir, en branlant comme un casse-noisette son énorme turban vert et sa barbe blanche. Les soldats de la garde impériale et les pachas le repoussaient bénignement le sourire sur les lèvres ; mais lui, avec des yeux féroces, se retournait à chaque pas, et frappant la terre de sa grande canne, il vomissait des injures abominables contre le sublime padischa. Si ce que m'en a traduit un Pérate qui se trouvait là, ainsi que moi, en curieux, est exact, je ne conseillerais pas à ce vieux bonhomme d'aller chanter pouille sur ce ton au moins vif de nos zouaves. Fou ou non fou, il se ferait certainement casser son bâton sur les reins. Les Turcs sont plus patients.

D'autres fanatiques de la même espèce incorrigible ont commis avant hier, contre une famille française, des actes de violences bien pires que des injures. L'inviolabilité de la race canine en a été cause. Je vous disais, je crois, dans une de mes dernières lettres, qu'un Européen pouvait à présent battre et tuer impunément les chiens de Constantinople : cela dépend des circonstances et des témoins de la scène.

Voici ce qui vient d'arriver. Tout le monde sait que les chiens errants de Constantinople et de ses faubourgs se sont organisés en espèce de tribus, chacune desquelles regarde la rue ou le quartier qu'elle habite comme son domaine privé, et fait respecter son droit de propriété par la coalition de toutes les dents contre les chiens étrangers. M. Dagallier, brasseur de bière à Kourouk-Tchesmè sur le Bosphore, avait depuis peu de temps pour la garde de sa brasserie un énorme molosse dont la vigueur et la haute taille imposaient le respect aux maigres chacals du quartier, qui se contentaient d'aboyer de loin chaque fois qu'ils le voyaient passer dans la rue. Avant hier au soir un des ouvriers conduisit le dogue sur le rivage, afin de le faire baigner. Les chiens enhardis par leur nombre le harcelèrent cette fois plus vivement que de coutume ; il y en avait une armée entière aux trousses de la pauvre bête à demi plongée dans l'eau.

Son conducteur lui vint en aide en jetant des pierres aux plus enragés. Mais en ce moment un *cawass* — soldat de police — intervint et lui défendit de faire cela. Le Français, nouvellement arrivé dans le pays, se moqua de l'absurdité de cet ordre et continua à défendre son chien sur le point d'être dévoré. Le soldat de police voulut alors insister à coups de poing. Ce fut lui qui en reçut ; il se sauva au corps-de-garde pour demander secours. L'ouvrier et le chien rentraient à peine à la brasserie et n'avaient pas encore refermé la porte, quand une troupe de soldats et de misérables en guenilles, armés de pierres et de bâtons, pénètre de force dans le domicile de M. Dagallier absent en ce moment, assomme à demi ses deux contre-maîtres accourus aux cris de leur camarade, et maltraitent horriblement madame Dagallier et sa fille. Un furieux avait saisi cette enfant à la gorge et allait l'étrangler, quand un voisin lui fit lâcher prise. Un autre cherchait à fendre la tête d'un ouvrier tenu renversé par les bandits, en le frappant avec un éclat de marbre tranchant comme une hache.

La légation française est saisie de cette affaire déplorable. Il y a en Turquie un certain nombre de brutes fanatiques qui ont besoin d'être rudement corrigées. Si par hasard M. Dagallier, qui a des armes chez lui, avait été présent, ou si quelques-uns de nos soldats se fussent rencontrés avec cette émeute, on ne sait pas ce qui aurait pu en résulter ; et tout cela pour des chiens galeux !

La division du prince Napoléon ne restera pas longtemps à Constantinople ; on prépare activement son embarquement pour Varna, d'ici au 25 de ce mois. Un officier du génie est chargé de faire construire le plus vite possible des espèces de ponts-levis qui, s'abattant des quais de la Corne-d'Or sur le bord des frégates à vapeur, permettront d'embarquer avec aisance et rapidité les hommes, les chevaux et le matériel de guerre.

Pour hâter ce travail, le ministère de la marine turque a mis ses arsenaux à la disposition de nos officiers. Malheureusement les connaissances pratiques de son personnel n'égalent pas sa bonne volonté. Nouvellement entré en fonctions, le capitan-pacha actuel est tout juste assez bon marin pour distinguer la poupe de la proue d'un vaisseau. Les officiers qui l'entourent et que, suivant l'usage ottoman, il a traînés à sa suite dans ses bureaux, n'en savent guère plus que leur chef. En Turquie on ne choisit pas les hommes pour les places, mais les places pour les hommes. Selon la pure doctrine musulmane ancienne, la main du padischa confère en même temps et les emplois et la capacité pour les remplir : aussi voit-on encore quelquefois les affaires de l'État gérées d'une manière bien hétéroclite.

Le dernier capitan-pacha avait appris la marine en servant en France dans un régiment de dragons. Récemment promu à la dignité de grand vizir, il a cédé sa place à un pacha d'infanterie.

L'autre jour, un officier français fut introduit auprès de cette Excellence, pour certaines informations à prendre sur les bassins de carénage. Le conseil assemblé était composé de marins de la veille, qui n'avaient pas encore eu le temps de pousser leurs études maritimes jusqu'à ce mot de *carénage*. L'amirauté se donna au diable pour en deviner la signification.

Durant la délibération le ciel s'était couvert de nuages; Son Excellence dépêcha un de ses aides-de-camp pour aller sommer un juif d'apporter des parapluies. Le marchand en apporta trois : un bleu, un rouge et un vert-pomme. Celui-ci était de la couleur vénérée du Prophète, celui-là était de la nuance belliqueuse des soldats ottomans, et l'autre flattait singulièrement la vue par son doux azur. Le choix était difficile : le capitan-pacha, avec un sérieux de Chaabaham, consulta l'amirauté sur cette question perplexe. Chacun émit son opinion le plus gravement du monde, entre deux bouffées de chibouk. Le retour du soleil termina la séance par le renvoi du juif. Le choix de ses parapluies fut remis au prochain nuage, et la décision sur le mot carénage, à la prochaine séance.

Je rapporte ce trait de mœurs, parce qu'il peint bien la bonhomie naïve des Osmanlis; mais il ne faut pas oublier que sous cette simplicité un peu enfantine ils cachent souvent une virilité de caractère héroïque dans les circonstances graves, et même parfois de véritables talents. La noble conduite d'Osman-Pacha à Sinope, la vigoureuse défense et la belle mort de Moussa-Pacha, qui vient de se faire tuer sur la brèche à Silistrie, montrent assez ce que valent au fond ces gens-là.

On m'a raconté ces jours-ci un trait d'un officier inférieur de la marine turque, qui prouve également ce dont ils seraient capables avec de l'instruction. Une frégate ottomanc arrivait de la Mer-Noire où un coup de lame lui avait enlevé son gouvernail et une portion de l'étambot. Comme tous les bassins de radoub de l'arsenal de Kassim-Pacha étaient occupés, on se trouvait fort embarrassé pour exécuter cette réparation urgente. Un officier de l'arsenal offrit de s'en charger et répondit du succès.

Il choisit parmi les carcasses amarrées dans le port un bâtiment convenable auquel il fit enlever toute la partie antérieure ; puis, ayant modelé l'ouverture de ce morceau de navire aussi exactement que possible sur le gabarit de la frégate, il le fit plonger au-dessous et l'adapta à l'arrière de celle-ci, de manière à lui former une fausse poupe en prolongement de la véritable. Au moyen de pompes l'intérieur fut vidé, et la pression de l'eau extérieure complétant l'adhésion des parois, les ouvriers purent travailler dans cette espèce d'encaissement avec autant de facilité que sur une cale sèche. Je ne sais si ce moyen très-ingénieux a été employé ailleurs en Europe, mais je dois faire observer que le pauvre officier qui l'a mis en pratique à Constantinople n'est jamais sorti de la Turquie.

Je viens de vous parler de Silistrie. On en raconte de beaux exploits, vrais ou faux il est difficile de s'en assurer ; car la place est étroitement bloquée. Si malheureusement les Russes s'en emparent d'assaut, cette pauvre ville paiera cher sa courageuse résistance et les pertes qu'elle a fait subir à l'ennemi. Le sac d'Ismaïl, à la fin du xviiie siècle, apprend ce que l'on doit attendre de la *civilisation moscovite*.

# XVII$^{\text{ME}}$ LETTRE.

**Revue de la division du prince Napoléon par le sultan. — Embarquement de cette division pour Varna.**

Constantinople, 20 juin 1854.

Le samedi 17 juin de cette année fera époque dans les souvenirs de Constantinople : c'est ce jour-là que le sultan Abdul-Medjid a passé en revue les troupes françaises de la division du prince Napoléon, en face de la brèche de Mahomet II. Quel concours inouï de circonstances il a fallu pour amener ce rapprochement extraordinaire !

Comme toutes les troupes de la garnison turque avaient été convoquées pour la même solennité, la population musulmane était avertie. Dès le matin à six heures jusqu'à deux heures du soir, la foule s'est dirigée du côté des camps français et ottoman, séparés par une distance d'une demi-lieue environ. Piétons, cavaliers, télikas, équipages européens et arrabas à bœufs ou à buffles remplissaient les chemins. Les plus vieux habitants ne se rappellent pas avoir jamais vu un pareil remue-ménage dans Stamboul.

C'était du reste une journée magnifique, chauffée à trente degrés par un soleil digne de l'Orient. A dix heures, toute la division du prince quittait son camp suivie de la foule des curieux, et se mettait en marche afin d'aller rejoindre les troupes ottomanes sur le plateau de leur caserne d'Osman-Pacha, qui domine le vallon d'Eyoub, au fond de la Corne-d'Or. Le terrain coupé, raviné de Daoud eût difficilement offert un endroit convenable pour une grande revue.

A midi, au moment où les troupes achevaient de se ranger en bataille, le sultan arrive, monté sur un admirable cheval noir d'ébène, caparaçonné d'écarlate brodé d'arabesques d'argent; Sa Hautesse était suivie de ses gardes et d'un nombreux cortége de pachas et de ministres, aux décorations scintillantes de diamants, aux chevaux harnachés de pourpre et d'or. Parmi eux on distinguait le séraskier, qui a une superbe tournure d'homme de guerre, et le nouveau jeune capitan-pacha qui paraissait encore irrésolu entre ses trois parapluies.

Tout l'état-major des deux divisions réunies se porte au galop à la rencontre du padischa; la foule se précipite de ce côté, et Abdul-Medjid, précédé de la fantasia de nos spahis algériens, s'avance lentement vers le grand pavillon de toile verte, surmonté du globe impérial, que l'on avait préparé pour le recevoir à environ cinq cents mètres en avant du front de l'armée.

Soit hasard, soit adroite flatterie pour le successeur de Mahomet II, cette tente était dressée justement à la même place où, quatre cents ans auparavant, le *conquérant*, l'un de ses glorieux ancêtres, avait planté la sienne, à quelques pas de la haute butte de terre gazonnée au sommet de laquelle flottait son étendard et d'où il surveillait les progrès du siége.

De ce point, un peu à la droite de la naissance du vallon qui partage Constantinople en deux moitiés, le regard, plongeant à l'intérieur de la ville et sur tous les coteaux de la Corne-d'Or jusqu'à la pointe du sérail, découvre une partie du bassin du port, Galata et Péra, puis s'étend au-delà sur le Bosphore, la mer et ses îles, Scutari et les montagnes de l'Asie. C'est un des plus beaux panoramas de Stamboul, et c'est aussi le meilleur endroit pour l'attaquer, parce que de là, dominant toute la partie de la triple muraille qui suit forcément la dépression du terrain, on peut choisir ses coups.

Quel magnifique théâtre pour une fête militaire! Les deux divisions française et ottomane y étaient rangées sur six lignes de profondeur, étagées les unes derrière les autres sur la pente douce du terrain, en travers du berceau onduleux que forme le plateau avant de se creuser en vallée, en face la brèche du vieux rempart romain. Le régiment de zouaves et l'infanterie de marine étaient à la première ligne; le 20e et le 22e léger à la seconde, et, à la troisième, les spahis, l'artillerie et les bagages. Les trois autres lignes se composaient de troupes turques; à la dernière, au sommet du plateau, devant les tentes du camp ottoman, flottaient les flammes rouges de ses lanciers. Les chasseurs de Vincennes, le génie et la gendarmerie, formaient sur la droite une ligne en équerre allant presque jusqu'au pavillon du sultan.

Tout autour de ces masses régulières, les groupes pittoresques de la population européenne ou musulmane se répandaient en désordre, à travers les champs de blé et les prairies ; les dames pérates dans leurs équipages parisiens ; les femmes musulmanes dans leurs télikas peints, dorés et sculptés comme des voitures de sacre ; les vieux Osmanlis à barbe blanche — scandalisés eux-mêmes de leur curiosité — dans des arrabas asiatiques couverts de toile et traînés par de grands bœufs à franges rouges et colliers de verroterie ; les gentlemen-riders, sur toutes les rosses de louage possibles et impossibles, et le populaire à pied. C'était un pêle-mêle étourdissant de gens et de bêtes, de Turcs, de rayas, d'étrangers de toute race et de toute langue ; ici, des vendeurs d'eau, de sorbets, de gâteaux, et des bachi-bozouks bizarrement accoutrés ; là, des Syriens en chape de soie rayée et coiffés de turbans à longues franges, des Persans à bonnets pointus de fourrure noire, et des Albanais en fustanelle ; ailleurs, des Grecs, des juifs, des Bulgares et même des nègres du Fezzan, en burnous blancs comme la neige, en turbans écarlates, et les oreilles chargées de lourds anneaux d'argent. Enfin, au dernier plan de ce curieux tableau, une caravane de chameaux, sortie de la porte d'Andrinople, passait lentement sur la voie romaine à demi détruite, et l'on voyait les chameliers perchés sur la bosse de leur bizarre monture se retourner pour jouir plus longtemps d'un aussi singulier spectacle.

La vue de nos bataillons paraissait grandement étonner tous ces Orientaux. Quelques-uns s'approchaient même des cuirassiers de l'escorte de Napoléon, pour toucher leurs cuirasses et s'assurer que c'étaient bien des habits de fer solide qu'ils portaient avec tant d'aisance ; et les débonnaires cavaliers se caressant la moustache se laissaient volontiers entourer d'admirateurs. Les cantinières de nos régiments avaient aussi leur bonne part de succès, mais la curiosité se montrait plus discrète à leur égard. De vieux Turcs imbus des préjugés du harem soutenaient même que ce ne pouvaient pas être de vraies femmes qui s'en allaient en guerre.

Le zèle des gendarmes gênait d'ailleurs beaucoup l'enthousiasme indigène ; et ce n'était pas un des détails les moins comiques de cette scène animée, que d'entendre ces braves soldats de l'ordre public haranguer la population turque en français, avec une bonhomie imperturbable. Il est vrai que la pantomime de leurs sabres éclaircissait ce qu'il pouvait y avoir d'obscur dans leurs paroles.

Mais un grand mouvement se fait autour de la tente impériale : des cuirassiers, des aides-de-camp, des spahis, partent au galop pour aller transmettre des ordres. Tous les bataillons se redressent et portent les armes ; le sultan monte à cheval ; il se dirige du côté du champ de bataille, accompagné d'un cortége imposant, digne d'un sublime padischa.

Un sous-officier de spahis porte en tête de la cavalcade le guidon de commandement du prince Napoléon, escorté de deux cuirassiers et d'une escouade de gendarmerie ; viennent ensuite les officiers d'administration et les aides-de-camp de la division. Un peloton de spahis précède immédiatement le Grand-Seigneur qui s'avance ayant à ses côtés le maréchal de Saint-Arnaud et un général anglais : derrière lui caracole une foule brillante de cavaliers, où se confondent tous les uniformes des trois armées : anglaise, turque et française.

Chose inouïe, phénoménale dans ce pays de l'esclavage des femmes ! au milieu des gens de guerre, des dames chevauchaient à la suite de Sa Hautesse, parmi les pachas, les chasseurs d'Afrique et les colonels de la Grande-Bretagne. Leurs légers voiles d'azur voltigeaient autour de leurs frais visages, et se mariaient le plus heureusement du monde avec les noires crinières des casques de cuirassiers.

Il faut tout dire pour être vrai, cette pompeuse et gracieuse escorte se terminait, comme une foule de belles choses ici-bas, par une bien vilaine queue : des *pékins* de toute race, fort mal nippés et juchés sur les plus hideux bidets, sur les chabraques les plus déguenillées de Stamboul.

Le prince Napoléon, remarqué de tout le monde à cause de sa ressemblance avec Bonaparte, attendait à cheval à la tête de son avant-garde, afin d'y recevoir le sultan. Jamais je n'avais encore vu Abdul-Medjid aussi animé, aussi jeune qu'en ce moment. Il se retournait fréquemment pour adresser la parole à Son Altesse Impériale, au maréchal ou à d'autres officiers généraux, et parfois sa figure pâle et sérieuse s'éclairait d'un sourire très-gracieux. Les Turcs, témoins de cette transformation, n'en revenaient pas de surprise.

Après avoir passé en revue toutes les lignes de troupes, Sa Hautesse a été se placer à la droite des divisions qui se sont alors massées en colonne sur le sommet du plateau d'Eyoub, en face du sultan, puis le défilé a commencé ; la contre-pente du terrain lui était très-favorable ; il présentait un magnifique coup d'œil. Les musulmans les plus flegmatiques ne pouvaient s'empêcher d'admirer tout haut cette épaisse moisson de baïonnettes qui étincelait, ondulait au soleil.

Quoique le bataillon de chasseurs de Vincennes lancé au trot ait été fort apprécié, les honneurs de la journée ont été pour les zouaves. De l'aveu de tout le monde, il est impossible de voir un plus beau régiment, pour le costume et la valeur militaire. Chaque homme y a son mérite individuel éprouvé, et l'ensemble est animé d'un orgueil, d'un esprit de corps poussés aux dernières limites.

Pourtant, je dois en convenir, il y a des Osmanlis difficiles à enthousiasmer qui, en regardant ces beaux troupiers, marmotaient dans leur vieille moustache : *Faudra voir ça au feu de la mitraille... Baccaloum! baccaloum!* Et ils avaient le droit de dire cela, car ces gens-là y sont depuis un an, à ce terrible feu, et ne s'y comportent pas mal ; leurs ennemis eux-mêmes en conviennent.

Derrière les deux régiments d'infanterie légère, venait une sorte d'escouade de mulets chargés de bats en forme de double fauteuil et conduits par des espèces de zouaves à veste bleue rayée de brandebourgs rouges. Ce sont les cacolets et les infirmiers chargés de retirer les blessés du champ de bataille. C'est le douloureux revers de la gloire, et malheureusement ce revers sera bientôt une réalité.

Un escadron de spahis, seule cavalerie française présente à Constantinople, et douze pièces d'artillerie fort bien attelées fermaient la colonne du prince Napoléon, après laquelle les troupes turques, infanterie, artillerie et cavalerie, ont défilé en bon ordre. Un bataillon de rédiffs nouvellement formé portait un costume modifié très-heureusement. Il se compose d'une courte jaquette bleue, d'une culotte de toile blanche et de longues *tosloukes* ou guêtres albanaises, en drap gris-clair, liseré de noir sur les coutures. Cela se rapproche déjà beaucoup plus du costume national que le pantalon, et paraît préférable ; mais je crois que la réforme de la réforme ne s'arrêtera pas là. Maintenant que les Turcs ont vu nos zouaves, ils raffolent de leur uniforme et sont tout penauds d'avoir troqué leurs beaux vêtements si militaires contre notre gênant pantalon, tandis que les Français faisaient le contraire.

Dès le lendemain de la revue, la division du prince a commencé à s'embarquer pour Varna. Le 18 au matin les spahis et les zouaves sont partis sur le *Sané*, le *Vauban* et plusieurs autres steamers de moindre dimension que ces deux frégates à vapeur. Pour aller à l'arsenal de Kassim-Pacha sur le port, ces troupes ont traversé dans toute sa longueur l'affreux quartier juif d'*Haas-Kœï*, où elles ont causé une émotion difficile à décrire. Les bandes de chiens-loups errants qui régnaient en maîtres dans ces rues immondes ont passé un mauvais quart d'heure sous les pieds de nos soldats peu respectueux. Le misérable cawass qui a fait assassiner madame Dagallier en l'honneur de ces vilaines bêtes aurait bien dû se trouver là, on l'aurait traité comme ses protégés. Hier et encore ce matin d'autres bâtiments à vapeur ont pareillement remonté la Corne-d'Or afin de prendre les bataillons qui restent au camp.

Il n'y a plus qu'un petit nombre de soldats anglais à Scutari. Presque tous sont à présent campés en avant de Varna ; et nous y avons déjà 5 ou 6,000 hommes. Quand le prince y sera arrivé avec sa division, le maréchal de Saint-Arnaud pourrait bien, avec ces 30,000 hommes d'élite et l'armée d'Omer-Pacha, ouvrir la campagne contre les Russes, et peut-être même les jeter dans le Danube. Ce serait un beau début !

Ainsi que je vous l'ai fait pressentir dans ma dernière lettre, le gouvernement turc vient d'attacher à la division de S. A. I. le prince Napoléon et aussi, dit-on, à celle de S. A. R. le duc de Cambridge, une brigade de troupes ottomanes composée d'un régiment d'infanterie, d'un autre de cavalerie et de vingt pièces de canon. Quatre mille bachi-bozouks à la solde de la France et sous le commandement du général Yussuf formeront le noyau d'une cavalerie irrégulière organisée à la mode des goums algériens.

Je ne vous parle pas des nouvelles du Danube ; vous les saurez assez par d'autres voies plus promptes. Il paraît que les généraux moscovites font tant de maladresses au siége de Silistrie, et les Turcs s'y défendent si héroïquement — le mot n'est pas exagéré — que l'on espère arriver à temps pour dégager cette place.

Ce serait un cruel affront pour Sa Majesté très-pieuse et très-fanfaronne le czar, si ses innombrables et invincibles armées, que depuis tant d'années il fait parader de loin devant l'Europe, étaient ainsi forcées d'avouer leur impuissance, au pied des murs d'une bicoque turque. Malgré ses psaumes latins et grecs, l'autocrate serait confondu *in æternum*.

# XVIII<sup>me</sup> LETTRE.

**Procession de la Fête-Dieu à Péra. — Scène disgracieuse pour un jeune pacha. — Fête de Kadine-Ghedjessi.**

Constantinople, 25 juin.

Cette dernière demi-décade a été bien remplie par les fêtes, les mouvements de troupes et les nouvelles graves répandues dans le public.

Le prince Napoléon s'est embarqué avant hier vendredi, à cinq heures du matin, avec les derniers hommes de sa division. Il ne laisse à Daoud-Pacha que 300 soldats des compagnies hors rang. Au moment de son départ, un officier d'ordonnance envoyé par le maréchal est venu lui annoncer, dit-on, la nouvelle de la prise du fort d'*Arab-Tabia*, un des avant-postes de Silistrie. Aussitôt la renommée a publié partout dans Constantinople que la ville elle-même avait été prise d'assaut, et son armée de 15,000 hommes passée au fil de l'épée.

Vous comprenez l'émoi que l'annonce d'un pareil désastre a dû causer ici ; heureusement ces faux bruits ont été bien vite démentis, avec la dépêche vraie ou supposée qui leur avait servi de prétexte. Ni Silistrie, ni la redoute d'Arab-Tabia n'ont été enlevées d'assaut. Les dernières nouvelles venues du théâtre de la guerre annoncent que les Russes pataugeaient encore dans les marais autour de cette place, sans savoir comment avancer ou reculer.

De son côté, le maréchal parti hier matin de bonne heure pour Varna a aussi reçu, au moment des adieux, une nouvelle assez importante et très-positive. La flotte russe a profité de l'éloignement des flottes alliées pour mettre bravement le nez hors de son trou de Sébastopol. Huit bateaux à vapeur et quatre vaisseaux de ligne sont sortis fièrement afin d'offrir la bataille au *Descartes*, au *Sampson* et au *Terrible*, trois frégates à vapeur, seule force laissée en observation devant ce port.

Quelques coups de canon ont été échangés sans résultat. Devant une telle disproportion de forces les frégates ont dû se retirer, d'autant plus que les vapeurs moscovites ne voulaient pas, et pour cause, s'écarter de leurs protecteurs les vaisseaux de ligne et se battre courtoisement steamers contre steamers. Les Anglo-Français ont été prévenir les flottes alliées à Baltchik; elles accourront sans doute au plus vite, mais l'ennemi aura disparu. Ce sera un chassé-croisé continuel.

On croit que les vapeurs au moins étaient chargés de provisions et de renforts pour l'armée du Danube, qui souffre d'horribles privations par suite de la longueur et de la difficulté des communications par terre.

La présence de nos flottes dans la Mer-Noire n'aurait-elle d'autre effet que celui de priver les Russes de la facilité des transports maritimes, que ce serait déjà un magnifique résultat dans la guerre actuelle, où une multitude de petites causes réunies contribueront vraisemblablement plus au succès définitif que les grands coups. Les batailles en règle paraissent devoir être très-rares, quelque désappointement qu'en puissent éprouver les spectateurs de la lutte qui, le soir après dîner, seraient enchantés de lire au frais le récit de quelque formidable canonnade.

Je vous parlais des privations de l'armée russe : voici un fait qui peut en donner la mesure ; je le tiens d'un négociant autrichien arrivé de Galacz jeudi dernier. Un officier supérieur de l'administration militaire russe ne sachant où donner de la tête et comment se tirer d'embarras, vint le trouver comme un des hommes les plus expérimentés du pays et lui avoua que, « sur quinze mille rations demandées, il pouvait à peine en faire arriver au Danube trois mille. »

La même personne estime qu'environ 180,000 hommes ont passé le Danube, et que 120,000 sont restés sur la rive gauche, répandus dans les principautés. De ces chiffres, que l'on peut regarder à peu près comme certains, il faut seulement défalquer les morts, les blessés et les nombreux malades entrés aux hôpitaux depuis l'époque du passage. On voit que nos soldats auront affaire à forte partie en rase campagne.

Ce n'est que le 27 juin que la division Forey, venant d'Athènes, s'embarquera à Gallipoli pour remonter directement à Varna, où peut-être elle trouvera les armées alliées déjà aux prises avec l'ennemi. Il s'est, dit-on, avancé au-delà de Silistria, du côté de Schoumla. Une forte canonnade, entendue dans cette direction par les avant-postes anglais, indique tout au moins une escarmouche sérieuse entre Omer-Pacha et le corps d'armée de Luders.

A propos de la division Forey, qui en un tour de main a si lestement aplati la couronne de Byzance sur le front du pauvre roi Othon, laissez-moi vous dire en passant que les Athéniens ne sont pas, à beaucoup près, aussi féroces que leur cour a voulu le faire croire.

A peine débarqué au Pirée, un vieux capitaine de grenadiers du 74e a voulu en avoir le cœur net. Il est allé se promener, seul et en uniforme, sans autres armes que son sabre, dans les rues d'Athènes. Il s'attendait naturellement à quelques insultes, car nos soldats, en s'installant impromptu dans le pays, avaient un peu brûlé la politesse, il faut en convenir. Il ne rencontra pas un seul visage précisément hostile. Voyant qu'on ne lui disait rien, il entama alors la conversation avec différentes personnes, et leur demanda si réellement l'arrivée des troupes anglo-françaises était vue de mauvais œil.

La classe aisée, lui répondit-on, est *enchantée* de cette mesure transitoire; elle sait très-bien que vous n'avez nulle envie de conquérir et d'annexer la Grèce à la France. La basse classe ignorante et fanatique est seule grandement vexée de votre présence ici, mais elle s'en consolera bien vite, par la considération des pièces de cent sous que nécessairement vous allez répandre dans le petit commerce de détail.

Ce que m'a dit cet officier ne m'a pas surpris, car déjà auparavant plusieurs personnes revenant d'Athènes m'avaient tenu le même langage, et assuré qu'une bonne moitié au moins du peuple de Minerve avait la sagesse de désirer une occupation qui lui donnât la paix et remplît un peu ses poches, déplorablement vides.

On n'a laissé au Pirée que deux bataillons à peu près;

c'est plus qu'il n'en faut contre des polikares déguisés en soldats bavarois. A Gallipoli, il ne restera, après le départ de la 4ᵉ division, que 2 ou 3,000 Français et un régiment anglais d'environ 1,200 hommes. Scutari gardera un dépôt de 3 ou 4,000 hommes de troupes britanniques, et Daoud-Pacha, le dixième à peine de ce chiffre. Tout le reste des armées alliées se trouvera à Andrinople ou en ligne face à face des Russes, au commencement du mois de juillet, pourvu que les défilés des Balkans ne retardent pas trop la marche de notre cavalerie. Ce sera en tout, sauf erreur ou omission, un chiffre net de 24,000 Anglais et de 36,000 Français, armés, équipés, approvisionnés, transportés en trois mois, et présents sur un champ de bataille, éloigné d'environ mille lieues de l'Angleterre et de six cents de la France.

Il y a des impatients qui trouvent que ce n'est rien ! C'est merveilleux, quand on se rend compte de l'immensité des détails et de la masse des objets à transporter, depuis les tentes, les canons, les vivres et les munitions de guerre, jusqu'aux clous des fers des chevaux et aux remèdes des pharmaciens. L'embarquement de la seule division du prince, pour un trajet de trente-six heures, dans toutes les conditions les plus favorables, a pris huit jours.

Mais c'est assez parler de la guerre : j'ai à vous entretenir des fêtes de la semaine.

Jeudi dernier a eu lieu, dans la cour de l'ambassade française et la grande rue de Péra, la procession générale de la Fête-Dieu : à part un petit incident assez curieux, cette cérémonie s'est passée au milieu de cette population de schismatiques, d'hérétiques et de musulmans, presque aussi décemment que dans une ville de France.

On y remarquait surtout les élèves des excellentes écoles des Frères de la Doctrine chrétienne et des Sœurs de la Charité qui, c'est une justice à leur rendre, travaillent plus efficacement, dans leurs modestes fonctions, à la prépondérance de l'influence française et à la diffusion de notre langue en Orient, que nos plus grands écrivains par leurs livres éloquents. C'est qu'il faut commencer par savoir les lire.

Tout le monde presque sans exception se découvrait respectueusement devant le cortège religieux, précédé de petits enfants en costumes allégoriques ou habillés de riches vêtements orientaux ajustés à leur taille enfantine.

Il y avait là de ravissants petits Albanais en fustanelle blanche, en vestes écarlates et *tosloukes* brodées d'or, dont les jolies figures roses et naïves, encadrées de blonds cheveux bouclés, faisaient sourire de plaisir de vieux Arnautes à mine farouche et basanée comme du cuir de Cordoue.

Dans les rangs du nombreux clergé qui accompagnait le dais, on reconnaissait les prêtres grecs-unis à la forme antique de leurs ornements sacerdotaux, plus amples, moins raides, mieux étoffés que ceux du clergé catholique.

Par une bizarre coïncidence, au moment où la procession passait dans la rue de Péra, survint le fils de Méhémet-Ali-Pacha, l'ancien grand visir, l'ennemi mortel de Reschid-Pacha, le seigneur turc le plus hostile aux ghiaours, le plus entêté des vieux préjugés musulmans. Professant comme son père le plus sot mépris pour les chiens de chrétiens, l'enfant poussa son cheval tout au travers de la foule, et commença à bousculer les petits saint Jean-Baptiste et les petites sainte Marguerite.

Mal lui en prit, à lui et à son cheval. Les ghiaours étaient là en force, le corps-de-garde très-loin, les ambassades très-proches; en dépit de ses saïs et de ses cawass, on fit pleuvoir sur sa jeune excellence et sur sa bête une grêle de bourrades. L'un et l'autre furent forcés de se réfugier tout penauds dans une ruelle de traverse avec leur escorte, en attendant là fin du défilé.

Le jeune janissaire en herbe paraissait outré de colère, et les rayas étaient enchantés d'avoir trouvé l'occasion de rosser un Turc impunément. Les schismatiques eux-mêmes s'étaient joints à leurs frères ennemis dans cette œuvre pie.

Ce n'est là, au surplus, qu'une espiéglerie bien innocente, auprès des abominables violences commises il y a moins de huit jours par des soldats turcs dans le domicile de M. Dagallier, à Kourouk-Tchesmé. Je vous ai raconté cette triste affaire dans ma dernière lettre; bien loin d'avoir rien à en retrancher, je devrais ajouter à mon récit.

Madame Dagallier est dans un état pitoyable : son médecin craint qu'elle ne devienne folle de la terreur que lui a causée cette horrible scène. Son corps est littéralement noir de coups de bâtons, et un de ses bras est gravement blessé d'un éclat de marbre tranchant.

Quant au contre-maître, ancien ouvrier de la brasserie de M. Koch à Lyon, il lui a fallu, dit le médecin, avoir un corps de fer pour résister à l'avalanche de coups qu'il a reçus. Il a, entre autres, à la tête, un trou large comme une pièce de cinq francs; c'est une pierre qui lui a défoncé le crâne. Il renonce pour toujours à brasser de la bière chez les Turcs.

Le colonel des soldats qui ont commis cette odieuse violation de domicile a supplié M. Dagallier d'assoupir cette affaire, lui offrant, comme *dédommagement et satisfaction,* de faire donner sous ses yeux cent coups de bâton à chacun des coupables. On en donnerait mille, que ça ne rendrait pas la santé à sa femme et la prospérité à sa brasserie ruinée par le départ de ses ouvriers.

Il est à regretter qu'en cette triste circonstance, la légation française, liée sans doute par des considérations politiques, n'ait pas montré toute la fermeté, toute l'énergie désirable. Elle aura probablement craint d'aggraver la position déjà si difficile du gouvernement de la Sublime-Porte, vis-à-vis d'une population violente et ombrageuse.

Ce ne serait pas un mal de faire sentir aux imbéciles fanatiques qui murmurent encore dans les bas-fonds de la société musulmane, que les alliés du sultan, qui viennent ici protéger l'empire ottoman, sont assez forts pour protéger aussi leurs propres nationaux contre les insultes de la canaille turque.

Après ce pénible sujet, la mauvaise humeur m'empêchera peut-être de vous raconter avec un enthousiasme convenable les splendeurs orientales de la fête musulmane de *Kadine-Ghedjessi.* L'objet de cette solennité éminemment turque est délicat à exprimer; mais, en fidèle narrateur, je ne dois rien vous cacher. Honni soit qui mal y pense !

Mercredi dernier, vingt-septième jour du ramazan, les illuminations des mosquées étaient plus brillantes que d'ordinaire, et les salves nocturnes d'artillerie annonçaient à la population que la sultane Validé faisait au sultan

Abdul-Medjid le présent d'une jeune vierge choisie entre les plus belles de l'Europe et de l'Asie.

Une foule immense encombrait la place et les abords de la mosquée de Top-Hana, où ce singulier cadeau devait être remis entre les mains du padischa. L'enceinte de l'arsenal resplendissait de girandoles de feu et d'ifs de différentes formes imitant les arbres d'un jardin pyrotechnique.

Les femmes musulmanes accourues de tous côtés en arrabas et en télikas se faisaient remarquer par leur empressement à assister au sacrifice, auquel les cawass préludaient par de larges distributions de coups de poing sur le nez des Turcs et des rayas trop curieux.

Je montai immédiatement en caïque pour assister à l'arrivée de Sa Hautesse, *l'heureux sacrificateur*, et jouir du coup d'œil complet de la fête vue du Bosphore. Des milliers de barques couvraient déjà les eaux noires, rayées de traînées de feu, et dans l'ombre on apercevait sur les flots autant de monde que sur une place publique. Tous les bâtiments de guerre étaient illuminés depuis les batteries basses jusqu'au sommet des mâts, et une longue ligne de barques garnies de lanternes de couleurs indiquait la route que devait suivre le caïque impérial en descendant du palais de Tchéragan, pour venir prendre la vierge et la conduire ensuite dans la chambre nuptiale au vieux sérail de Stamboul.

A neuf heures précises les batteries de Top-Hana tonnant toutes à la fois illuminèrent les ténèbres de leurs rouges éclairs, et les bâtiments de guerre leur répondirent. A la lueur de ce feu roulant, on vit s'avancer avec la rapidité de la foudre le caïque doré du sultan, lancé à toutes rames par seize vigoureux *caïdjis* en blouse de pourpre. Ce fut là le seul instant réellement beau de la cérémonie, du moins pour le public.

Le brillant cortége disparut dans la mosquée de Mahmoud brillamment illuminée. Les prières durèrent deux heures, à la grande impatience du populaire qui, mouillé par le serein du Bosphore, trouvait la fête bien rafraîchissante pour une fête d'amour.

Enfin, à onze heures, l'office religieux étant terminé, le sultan passa dans les salons du pavillon impérial où se trouvaient S. A. I. le prince Napoléon, plusieurs de ses officiers, le corps diplomatique et tous les pachas présents à Constantinople. A onze heures et demie, au bruit des salves d'artillerie, à la lueur des feux de Bengale et des fusées lancées dans les airs, le sacrificateur emmenait la victime.... au fond du vieux sérail, dans la chambre de la vierge.

Je ne me permets pas d'observations chrétiennes sur la morale de cette singulière fête musulmane qui, par je ne sais quel raffinement sultanesque, prescrit pendant cette nuit à tous les sujets du bienheureux padischa une continence absolue ! privilége dont, au reste, Abdul-Medjid se soucie, dit-on, aussi peu que de la vierge. Je me borne à faire remarquer qu'on a singulièrement exagéré la beauté, l'éclat des illuminations et des feux d'artifice de ce fameux Kadine-Ghedjessi. Encore une illusion de moins ! Au bout de trois mois de séjour ici, il en reste peu. Toutes ces banales magnificences des solennités constantinopolitaines émerveilleraient tout au plus les badauds d'une ville française de second ordre. Il est possible que cette année la Sublime-Porte ait cru devoir ménager sa poudre sur le Bosphore, à cause de la grande consommation qui s'en fait sur le Danube ; mais je puis certifier que le feu d'artifice qu'elle vient de tirer en l'honneur de la vierge du ramazan était digne d'un pensionnat de demoiselles.

# XIX$^{\text{ME}}$ LETTRE.

**Levée du siége de Silistrie. — Déroute des Turcs en Asie. — Excuses singulières du général ottoman. — Cérémonies du baïram. — Baisement des pieds du sultan.**

Constantinople, 30 juin 1854.

Dès le lendemain du départ du dernier courrier, un bateau à vapeur a apporté à Constantinople la nouvelle, cette fois bien authentique, de la levée du siége de Silistrie. Comme vous pouvez l'imaginer, un événement si glorieux pour les Ottomans, si humiliant pour leurs ennemis, n'a pas peu ajouté aux joies du Baïram. Les dépêches quasi-officielles qui avaient annoncé ces jours-ci la prise du fort d'Arab-Tabia n'ont fait qu'exalter davantage l'orgueil d'un triomphe si imprévu. Tout le monde ici en a été surpris au dernier point, même les personnes les plus hostiles à la Russie; car, ainsi que je vous l'ai répété, cette ville n'est qu'une place de guerre de quatrième ordre que l'on jugeait perdue sans ressource, en un peu plus ou un peu moins de temps.

Qui pouvait imaginer que les *innombrables*, les *invinci-*

*bles*, les *terribles* armées du czar iraient se casser piteusement le nez contre de mauvaises murailles, défendues par ces mêmes Turcs que l'on accusait d'être énervés pour se donner le droit de les écraser? Comment prévoir que tant de colossales rodomontades et une si insolente agression aboutiraient à une honteuse reculade sans combat, devant ces troupes alliées qu'on affectait à Odessa, à Saint-Pétersbourg et à Bucharest, de tourner en ridicule?

Je vous ai rapporté l'opinion générale des militaires sur la manière dont les opérations du siége de Silistrie ont été conduites par les ingénieurs et les généraux russes : un bon juge en la matière, le colonel D\*\*\*, qui connaît parfaitement la place, écrivait ces jours-ci à un de ses amis à Constantinople : « J'ai beau me creuser la tête afin de « deviner pourquoi diable les Russes ont attaqué la ville « par le fort d'Arab-Tabia, précisément le seul côté à peu « près convenablement fortifié, je n'y vois qu'une expli- « tion : *ce sont des animaux!* »

Le rapport adressé par Méhémet-Pacha, commandant de Silistrie, à Omer-Pacha, et transmis par celui-ci à la Porte, annonce que dans la nuit du 22 au 23 juin les assiégeants, rebutés par leurs attaques inutiles pendant cinquante-cinq jours, ont quitté la partie et se sont retirés de l'autre côté du Danube, protégés dans leur mouvement de retraite par le feu de toute leur artillerie des îles, de la rive gauche du fleuve, et des chaloupes canonnières.

Ce n'est que le matin que les assiégés furent convaincus de leur délivrance inespérée, en voyant les batteries et tous les travaux de l'ennemi abandonnés : la garnison sortit immédiatement pour les détruire.

Voilà le fait positif et certain. Quant aux causes qui ont déterminé cette reculade précipitée, les opinions sont très-partagées. Les Turcs et les masses indigènes s'en attribuent naturellement toute la gloire, et n'y voient que le résultat forcé de la défense héroïque de la garnison musulmane de la ville assiégée. Loin de moi la pensée de vouloir nier cet héroïsme très-réel! mais la vérité oblige de le réduire à ses justes proportions, en constatant que les assiégeants, pour une cause ou pour une autre, n'ont mis en batterie devant les remparts du côté de terre que des pièces de campagne, insuffisantes pour ouvrir une brèche convenable ou pour éteindre les feux de la place.

La plupart des Européens pensent que les Russes se sont retirés devant les troupes alliées qui allaient les jeter dans le Danube. On dit même que les soldats moscovites étaient tellement démoralisés par les privations et la résistance inattendue qu'ils rencontraient partout au lieu des faciles victoires promises, tellement intimidés par la réputation des troupes anglaises et françaises, que leurs officiers craignaient de les voir se débander au premier échec. On ajoute que Paskiewitsch, reconnaissant maintenant le danger de combattre avec le Danube derrière lui, voudrait attirer les armées alliées dans la même position désavantageuse, en les attendant de pied ferme à Bucharest.

Enfin beaucoup de gens expliquent la retraite des Russes par le langage diplomatique et l'attitude militaire de plus en plus menaçante de l'Autriche à l'égard de la Russie. Toutes ces causes diverses ont pu influencer simultanément les décisions des généraux moscovites, surtout au commencement de la saison des maladies qui s'annoncent devoir être terribles cette année sur les bords du Danube. Retirés pendant les chaleurs sur les monts Karpates, dans la haute Valachie, les Russes laisseraient les armées alliées en proie aux fièvres pernicieuses des plaines. Quoi qu'il en puisse être au fond, découragement, peur des fièvres, peur des armées alliées, ou peur des Autrichiens, on est forcé de convenir que cette première campagne de conquérants orgueilleux, d'arbitres, de dominateurs de l'Europe, est bien pitoyable.

Après s'être préparés secrètement un an d'avance, ils envahissent par surprise une province toute ouverte, et ne savent seulement pas empêcher Omer-Pacha de s'établir dans l'importante position de Calafat. Ils l'assiégent, ils échouent; ils courent du côté opposé enfoncer une autre porte ouverte, et s'emparent héroïquement de la Dobroudscha sans défenseurs; puis se heurtent et se brisent encore contre le misérable obstacle de Silistrie. En un mot, partout où les Moscovites, ces bataillons de fer si vantés, rencontrent leurs ennemis face à face, ils reculent. Il est vrai qu'ils se sont dédommagés en triomphant à bon marché des hordes de bachi-bozouks de l'armée d'Asie et d'une escadre écrasée par des forces triples. Cependant ces soldats sont braves : il faut donc que les officiers soient bien mauvais.

Il semble vraiment que cette guerre soit faite exprès pour détruire l'espèce de fascination exercée depuis un siècle par la Russie sur l'Europe entière, et pour faire toucher du doigt sa faiblesse drapée dans des fanfaronnades. Il y a un an cette puissance effrayait tous les peuples; à présent elle a peur de tout le monde. L'on doit s'applaudir sincèrement qu'il se soit trouvé, à la tête de l'empire moscovite, un souverain assez heureusement doué pour annuler tous les avantages recueillis par cent ans de persévérance et d'habileté politique, pour faire mentir toutes les prévisions du testament de son aïeul Pierre-le-Grand.

Il paraît avéré, même en faisant une large part aux exagérations des Ottomans, qui, eux aussi, sont un peu Gascons, que les Russes ont fait des pertes énormes devant Silistrie, dans leur aveuglement à vouloir emporter d'assaut des brèches impraticables. La confiance vaniteuse en leur supériorité sur les Turcs, et l'appréhension de se voir surpris par l'arrivée des Français et des Anglais, avant d'avoir pu se ménager une place de retraite sur la rive droite du Danube, leur faisaient précipiter les attaques contre toutes les règles de l'art. A la fin, dit-on, les soldats moscovites, superstitieux comme des barbares, attribuaient à des maléfices infernaux et cette résistance toujours victorieuse de leurs ennemis, qu'on leur avait représentés comme si faibles, et l'insuccès de presque toutes les mines pratiquées sous les murailles par des sapeurs maladroits.

Afin de relever leur moral et dissiper cette terreur secrète qui paralysait leur courage, les chefs imaginèrent de faire administrer la communion en masse aux colonnes d'attaque, en manière de préservatif contre les sortiléges du diable. Puis les officiers, payant de leur personne, essayèrent d'entraîner leurs soldats par leur exemple. C'est comme cela qu'ont péri une foule de jeunes gens des plus grandes familles de la Russie, parmi lesquels on cite surtout le fils unique du comte Alexis Orloff. Le général Schilder, commandant en chef les troupes du siége, a eu une jambe emportée, et Paskiewitsch lui-même, quoique moins dangereusement blessé, aurait dû se retirer à Odessa.

Il y a mieux : des personnes arrivant du théâtre de la guerre assurent que, la dévotion et l'exemple des officiers ne réussissant pas encore à guérir les soldats de leurs craintes superstitieuses, les généraux moscovites, en dignes élèves de Souwarof, auraient fait suivre à distance les colonnes d'attaque par des régiments de cavalerie chargés de sabrer les fuyards.

Je vous rapporte ce dernier fait parce qu'il est généralement admis ici, et qu'il n'est pas incompatible avec les mœurs moscovites; mais il me paraît ressembler à une réminiscence de l'histoire de Tamerlan. J'espère qu'avant peu je pourrai vous raconter les événements de la campagne un peu plus d'après mes yeux, un peu moins d'après mes oreilles. Les premières lettres que je vous enverrai seront datées d'Andrinople et de Choumla. On me conseille même de pousser mon excursion jusqu'à Bucharest, car on ne doute pas que les Russes ne continuent leur mouvement de retraite et ne repassent le Pruth et une foule d'autres rivières. On se dépêche un peu de vendre la peau de l'ours.

Les bachi-bozouks d'Asie viennent encore de se convaincre que la bête est encore bien vivante, du moins de leur côté. Leur armée vient de recevoir à Tchourouk-Sou, près de Kars, une rude leçon. On ne parle de rien moins que d'une déroute complète et d'une douzaine de mille hommes hors de combat, tués ou blessés.

Le bateau à vapeur qui portait cette fâcheuse nouvelle suivait à un jour de distance celui de Varna qui venait annoncer la délivrance de Silistrie. Les pauvres Turcs étaient encore dans le premier enivrement du triomphe quand ce terrible rabat-joie est venu couper court à leur jubilation. Ce n'est pas un grand mal ; car ces succès des Moscovites en Asie, véritables coups d'épée dans l'eau, ne les mèneront à rien, et ils ont le bon effet de maintenir les Osmanlis dans les bornes du respect vis-à-vis des chrétiens.

Si en ce moment, dans l'état de dépendance amicale où l'alliance anglo-française place la Turquie, de misérables recrues asiatiques se permettent de violer le domicile d'un Français et de rouer de coups sa femme et sa fille, que serait-ce donc en cas de triomphe complet des armes ottomanes seules ? Le moindre *tourlourou* turc foulerait les nations à ses pieds et, comme dit Alphonse Karr, se courberait en marchant pour ne pas décrocher les étoiles avec son nez.

Un officier français qui revient du quartier général de Kars me rapporte une explication bien simple de la déroute des braves Osmanlis. C'est le pacha lui-même de cette armée déconfite qui l'a donnée avec un sérieux d'une naïveté superlative. Le trait est caractéristique.

« Ce n'est pas malin que les Moscoves m'aient battu,
« disait ce digne schahabaam à son état-major, qui reje-
« tait la faute sur Son Excellence, les chiens de ghiaours
« ont eu l'indélicatesse de m'attaquer traîtreusement, et
« lorsque je faisais ma sieste dans mon konak à quatre
« lieues en arrière de mon armée. Quand le bruit de la
« canonnade m'a réveillé, j'ai aussitôt envoyé voir ce qui
« se passait, et j'ai attendu anxieusement la réponse, en
« fumant mon chibouk. Trois heures après, on m'a appris

« que mes soldats lâchaient pied : j'ai réfléchi à ce qu'il
« fallait commander, en fumant un nouveau chibouk, et
« j'aurais certainement ramené la victoire sous nos nobles
« drapeaux si les chiens d'infidèles, que Dieu maudisse!
« n'avaient pas interrompu ma pipe comme mon som-
« meil. Évidemment, puisque les Moscoves arrivaient
« sur mon konak, il ne me restait plus qu'à m'en aller.
« C'est ce que j'ai fait, après avoir ordonné à mes meil-
« leures troupes de protéger ma retraite et celle de mon
« harem. Dieu est grand et Mahomet est son prophète! »

Les pachas de cette trempe ne sont pas rares en Turquie. Un autre, un tout jeune homme qui devait à la protection de son père, ministre influent de la Sublime-Porte, le commandement d'une brigade de l'armée du Danube, alla prudemment prendre un bain dans les étuves de Widdin pendant la bataille de Kalafat. Après le combat, voyant le général en chef distribuer des récompenses aux plus braves, il en réclama sa part. — Quelle distinction aurais-tu pu mériter? objecta en souriant Omer-Pacha; tu te baignais tandis que tes soldats se battaient ! — C'est vrai, Altesse, repartit l'adolescent ; mais si je m'étais battu, j'aurais peut-être fait des merveilles. Le mot est textuel.

Les dernières troupes anglo-françaises sont en ce moment en route pour Varna. Des steamers anglais remorquaient, lundi dernier, sur le Bosphore la grosse cavalerie de l'armée britannique.

Hier matin l'escadre du vice-amiral Bruat, composée du *Montebello*, du *Napoléon* et de quelques autres bâtiments d'un rang inférieur, défilait devant la pointe du sérail emportant à bord presque toute la division du général Forey. En même temps la deuxième division et toute notre cavalerie campées à Andrinople ont dû se mettre en marche pour traverser le Balkan, se dirigeant sur Varna et Bourgas.

L'entrée du 6ᵉ cuirassiers dans Andrinople paraît avoir produit un effet étonnant sur la population de cette vieille capitale des Ottomans.

Maintenant, si vous le permettez, je vous entretiendrai en finissant cette lettre, la dernière que je vous enverrai de Constantinople avant mon départ pour le Balkan, d'un sujet plus gai que la politique et la guerre, de la solennité du baise-pieds de S. H. le Grand-Seigneur, le premier jour du baïram.

Les fêtes multipliées de cette pâque musulmane imposent à S. H. Abdul-Medjid une représentation orientale qui paraît être très-peu de son goût. La curieuse cérémonie du *Kadine-Ghedjessi*, que je vous ai racontée la semaine passée peut sembler à des célibataires français ou turcs un bien doux privilége de la souveraineté, mais s'il faut en croire les échos indiscrets du palais, cette espèce de noce politico-religieuse ornée de lampions, de feux de Bengale et de coups de canon, avec une jeune et belle vierge esclave, n'est pas la moins ennuyeuse de toutes ses corvées officielles pour l'heureux ou malheureux possesseur de cinq cents femmes.

Lundi dernier, le sublime padischa se montrait aussi peu amusé par les hommages de tous les grands de son empire, qui venaient humblement, à la suite du *fou* et du *grand eunuque* du palais, baiser son étole de pontife et son pied impérial.

La cérémonie très-matinale était annoncée dès le point

du jour par l'artillerie de Top-Hana et des vaisseaux, dont les salves répétées faisaient trembler les baraques de bois de la grande ville. A quatre heures du matin, le cortége, composé d'une brillante multitude de ministres, de pachas, d'ulémas, d'officiers, de pages et d'*effendis* de toute sorte, défilait en grande pompe sous la haute voûte de marbre de la porte *auguste* du sérail, pour se rendre à la prière dans la mosquée de Sainte-Sophie.

J'arrivai à six heures, au moment où la cérémonie religieuse s'achevait à l'intérieur du temple. En attendant que la pompeuse procession se remette en marche, j'ai le temps de vous esquisser le théâtre de cette scène orientale.

La vieille basilique de Justinien n'est séparée du sérail que par le rempart de Byzance, lequel isolant la pointe du promontoire, le palais et ses jardins du reste de Stamboul, fait un grand coude en arrière de l'église laissée en dehors. C'est au fond de cet angle rentrant, formé par cette antique muraille brunie par le temps, couronnée de créneaux et flanquée de grosses tours octogones ou carrées, que s'ouvre la porte auguste. Son ogive turque, extrêmement élevée, décorée de splendides inscriptions en lettres d'or et déshonorée par des monceaux d'ordures, est surmontée par une haute construction à mine de prison, à cheval sur le sommet du rempart.

Entre la lourde basilique de Justinien et cette entrée équivoque de palais ou de forteresse, au milieu d'une grande place irrégulière qui occupe la crête du coteau et penche de chaque côté vers la mer et le port, sur un sol pierreux, inégal et peuplé de chiens, la ravissante fontaine d'Achmet III, merveille de fantaisie orientale, élève parmi les hideuses cabanes qui l'entourent ses clochetons à croissant, ses murs, ses tourelles de marbre ciselé, peint, émaillé, doré avec le goût exquis et la richesse de coloris d'un magnifique châle de cachemire.

Pauvre chef-d'œuvre asiatique ! l'européanisme de la réforme l'a tué : on le laisse tomber en ruine, il lui reste à peine assez d'eau pour pleurer goutte à goutte ; son toit dégradé s'écroule d'un côté, et les moineaux nichent dans les grenades entr'ouvertes qui pendent du milieu des arabesques dorées de ses larges auvents.

Ce délicieux édifice devant la porte du sérail donne une idée trop flatteuse de l'intérieur du palais où l'on ne trouve presque rien d'équivalent.

Dès qu'on a franchi le sombre vestibule de la porte Auguste, *Babi-Hummayoum*, on entre dans une vaste cour irrégulière, plantée de quelques grands arbres, parmi lesquels on remarque un énorme platane dont le tronc mesure dix pieds de diamètre. Dans un des angles on voit la vieille église byzantine de Sainte-Irène, transformée en arsenal. On a rassemblé au pied de sa façade insignifiante plusieurs débris antiques et surtout de gigantesques cénotaphes impériaux en porphyre.

Un des grands côtés de cette première cour est fermé par un mauvais mur ; en face sont les baraques de bois peint en gris du ministère des finances : deux paniers percés l'un dans l'autre. Au fond, vis-à-vis de Babi-Hummayoum, est la fameuse porte du *Salut*, où tant de Turcs ont jadis laissé leur tête, celle-ci accrochée aux créneaux, celle-là posée honorablement dans un plat d'argent ou dans une sébille de bois, d'autres enfin jetées dédaigneusement par terre, suivant le rang du disgracié. Deux petites niches pratiquées extérieurement à droite et à gauche, sous la lourde arcade de cette porte de forteresse gothique, étaient autrefois presque constamment ornées de quelque tête de pacha destitué. C'est là aussi que le maître faisait jeter les grands visirs aux janissaires révoltés qui envahissaient en tumulte la *cour Auguste*.

En ce moment elle était remplie d'une foule immense de musulmans et d'étrangers paisiblement confondus ensemble. Il y avait surtout beaucoup d'officiers des armées alliées, une partie du personnel des ambassades, et plusieurs dames parmi lesquelles on distinguait madame la maréchale de Saint-Arnaud. Un bataillon de la garde impériale, en jaquette rouge et pantalon blanc, était rangé en bataille sur le passage du cortége qui sort enfin de la mosquée et revient au palais.

La marche est ouverte par un détachement des gardes à cheval, suivi des icoglans ou pages du sultan, vêtus d'écarlate et coiffés d'un *mortier* de velours ponceau orné d'une aigrette grise.

Les ulémas s'avancent ensuite sur deux longues files, tous montés sur de beaux chevaux, vêtus à la vieille mode turque et coiffés du turban sacerdotal en mousseline blanche, traversé diagonalement sur le front par le galon d'or, insigne de leur dignité. Entre leurs rangs caracole sur son magnifique coursier le scheick-ul-islam, le souverain pontife de l'islamisme, en long cafetan blanc fermé sur la poitrine par six énormes agrafes de passementeries d'or. C'est un grand vieillard à barbe grise, à mine de moine-soldat, pleine de finesse et de fierté.

Cinq cents pachas ou ministres viennent à la suite deux à deux en grand uniforme, le fez à plaque d'or sur le front, le pantalon de cachemire blanc, et la tunique couverte de broderies d'un luxe exagéré. Tous montent de superbes chevaux dont les housses traînantes étincellent d'or et de pierreries, et chacun est accompagné de ses saïs à pied.

Derrière le grand-visir, le capitan-pacha et le séraskier, apparaît un personnage plus grand que ces grands officiers de l'empire; c'est le chef des eunuques, le *Kislar aga*, le plus affreux vieux monstre nègre que puisse rêver l'imagination sous l'influence du cauchemar. Sa poitrine est la plus constellée de décorations, son coursier est le plus richement harnaché. Un nain difforme, le bouffon du palais, affublé par dérision du vieux costume turc et d'un bonnet pointu, suit ce glorieux fonctionnaire impérial et partage ses honneurs. Tous deux sont humblement escortés par les colonels et les officiers de l'armée, marchant à pied sur deux longues files. Étonnez-vous ensuite qu'il y ait à la tête des troupes turques tant d'officiers énervés, imbéciles!

Immédiatement après eux, sont les *icoglans*, les pages du Grand-Seigneur, en polonaises de drap ponceau brodées sur toutes les coutures, et coiffés d'un *mortier* en velours de la même couleur surmonté d'une aigrette grise.

Mais les tambours battent, les trompes turques font entendre leurs sauvages mugissements, les soldats présentent les armes, saluent de la main droite et poussent trois acclamations accompagnées par la musique; le sultan paraît, le front orné de l'aigrette impériale de plumes d'oiseau de paradis, précédé de ses saïs à pied tenant en main les chevaux caparaçonnés de Sa Hautesse, et entouré de ses gardes-du-corps armés de riches hallebardes à lames dorées et découpées à jour.

Ces gardes portent à peu près le même costume que les icoglans, à cette différence près que l'aigrette de ceux-ci est remplacée sur le mortier de ceux-là, tantôt par un long plumet blanc et vert, tantôt par une sorte de panache colossal, seul souvenir du vieil Orient. Ces panaches, qui devaient faire merveille parmi les costumes de l'ancienne cour, paraissent fort dépaysés au milieu des uniformes européens qui composent le cortége actuel. Je ne puis mieux les comparer qu'à des balais de deux pieds d'envergure sur trois de hauteur, et dont le crin serait remplacé par des aigrettes de héron. De petites touffes de plumes roses, vertes et bleues, semées artistement le long de la *brosse* et du manche planté sur le devant de la toque, imitent des bouquets de faveurs roses, et complètent ce plumet affreusement Pompadour.

C'est magnifiquement ridicule, d'autant plus que ces pauvres Turcs ainsi harnachés avec leurs polonaises rouges brodées d'or, leurs mortiers de velours, leurs pantalons blancs mal faits, leurs souliers éculés et leur figures ahuries, ressemblent étonnamment à Levassor choriste.

Au moment où le sultan allait franchir la porte du Salut, six de ces plumets se groupent devant lui, et, furieusement agités par les contorsions habituelles de l'*ut* de poitrine, entonnent d'une voix sur-aiguë je ne sais quelle antienne pour appeler les bénédictions d'Allah sur sa tête.

A peine le dernier hallebardier eut-il dépassé la voûte du portail tapissé de haches d'armes, que la foule se précipita à la suite pour pénétrer dans la cour du *Salut* où devait avoir lieu la cérémonie de l'hommage. Un peu moins vaste que la cour Auguste, elle est entourée de larges galeries à ogives, et toute plantée irrégulièrement de cyprès, de platanes et de tilleuls. Au fond à gauche une grosse tour carrée à toit pyramidal indique l'entrée du harem impérial dont les appartements extérieurs — *le Selamlick* — font saillie dans l'angle du parallélogramme. A côté, au milieu de la façade postérieure de la cour, la porte de *Félicité*, où se place le trône de Sa Hautesse, s'ouvre sous un large portique dont le plafond sculpté et doré se creuse en dôme, chef-d'œuvre de rococo constantinopolitain. Par la baie ogivale de ce portail, la vue plonge dans une autre cour, où l'on entrevoit la sombre salle d'audience du vieux divan.

En attendant le moment de la cérémonie, la foule des curieux et des dames se groupe sous les arbres et choisit les meilleures places pour jouir du coup d'œil, tandis que les ulémas, les pachas, les officiers, fument le chibouck, prennent le café que le sultan leur offre, ou se reposent sur les sophas préparés pour eux sous les galeries somptueuses du *Sélamlick* impérial.

Cependant les noirs du palais étendent un tapis sous la coupole de la porte de Félicité, et y apportent le trône, divan massif de six pieds de longueur, de trois de profondeur et deux de hauteur, garni d'un dossier à pointe découpée en fleurons. Tout cela est recouvert de plaques d'or uni, assez mal assemblées et clouées avec de gros rubis disposés exactement comme les clous d'une porte de prison.

Les deux bras du trône sont recouverts d'une étoffe blanche de brocart dont les bouts pendants, ornés de franges d'or, se replient sur le siége rembouré d'un coussin de velours brodé. C'est le bout de cette espèce d'étole que baisent les fonctionnaires civils et militaires dans la cérémonie qui va commencer.

Déjà les hallebardiers se rangent en éventail de chaque côté du trône et remettent leurs panaches en équilibre ; la garde décrit en avant un grand arc de cercle ; les sept plumets choristes recommencent leur antienne, et Abdul-Medjid, reparaissant sous la porte de Félicité, va s'accroupir sur des coussins *à côté* du trône. Son frère tient à la main le bout de l'étole du sublime divan ; la musique de la garde entonne la marche du couronnement du prophète, et tous les pachas, les uns à la file des autres, s'avancent en décrivant un vaste demi-cercle vers leur souverain. Chacun en approchant s'incline profondément, et porte la frange de l'étole à son front et à sa bouche.

Vint le tour des ulémas conduits par leur *scheik-ul-islam*. Abdul-Medjid s'assit alors sur son trône, et eux, se prosternant à ses pieds chaussés de bottes vernies, baisèrent humblement le pan de son manteau noir.

Le glorieux padischa, perdu dans les hauteurs de son orgueil de sultan, recevait ces marques de respect servile avec une froideur ennuyée. Le dernier prêtre avait fléchi les genoux devant lui ; ne sentant plus son cafetan impérial tiré par ses courtisans, le souverain sembla sortir d'une profonde distraction. Il tourna brusquement la tête, vit que la procession était finie, et aussitôt, se levant de son trône, il s'en alla bien vite.

Sa Hautesse n'avait certainement pas prêté aux hommages de cette cohue dorée plus d'attention que les hirondelles qui, rapides comme de noirs éclairs, passaient et repassaient au-dessus du trône, pour aller porter quelques vermisseaux à leurs petits, nichés sous les lambris dorés de la porte de Félicité.

## XX<sup>ME</sup> LETTRE.

**Description des quartiers de Constantinople. Le quartier des Sept-Tours. — La colonne de Théodose. — Psammathia. — La vallée de Jéni-Bagdjé. — Les Zingari. — Le vlanga Bostandji. — La tour de Bélisaire.**

Constantinople, 1<sup>er</sup> juillet, 1854

Au moment de partir pour la Bulgarie, permettez-moi de faire trêve un moment avec la politique, et de suppléer aux lacunes forcées de ma correspondance pendant mon voyage, en complétant la rapide esquisse que, dans mes premières lettres, je vous ai tracées du vieux Stamboul fort ignoré des touristes, vous pouvez m'en croire. Peut-être serez-vous curieux d'y faire quelques promenades avec moi, afin de connaître la véritable physionomie de ses différents quartiers, et ses monuments les plus oubliés.

Si j'ai tardé à vous entretenir de ce côté pittoresque de la féerique capitale des Osmanlis, c'est qu'avant d'en parler je voulais la voir tout entière, de mes yeux, en détail, et dans tout l'éclat du printemps. L'expression irrévérencieuse de *grand village*, que je me suis permis de lui appliquer, aura pu scandaliser beaucoup de gens encore éblouis par les splendeurs de la poésie orientale et les souvenirs classiques de la fastueuse cité impériale de Constantin. Mais à mesure que l'on me suivra dans les rues campagnardes qui en forment les trois quarts, on comprendra la justesse de cette qualification dont le sens, d'ailleurs, comporte souvent autant de charmes que de désagréments.

Une observation préliminaire explique le caractère original des villes turques. On a dit avec raison : Le style, c'est l'homme. Un peuple se peint encore mieux dans ses œuvres matérielles, et à ce titre Stamboul peut passer pour la plus parfaite image du génie ottoman qui est l'opposé du nôtre. En France, on veut tout réglementer, et ne rien laisser faire; en Turquie, on laisse tout faire, et l'on ne réglemente que le moins possible. Nos villes civilisées sont l'expression de la pensée commune, de la règle banale; les villes turques sont une marqueterie de tous les caprices individuels. La nature et le hasard président seuls à leur plan, et dirigent leur voirie. De là, tous les avantages pittoresques et les inconvénients pratiques de leur excessive irrégularité.

Tout le monde connaît à peu près la forme générale de Constantinople : ce n'est que pour préciser la position des quartiers et des édifices que je me permets de la rappeler en quelques mots.

Environ 1,500 mètres avant de déboucher dans la mer de Marmara, le Bosphore se divise sur la pointe du Sérail en deux courants aussi rapides que le Rhône et d'une grandeur inégale. Le principal, d'une demi-lieue de largeur, descend directement à la mer; l'autre, de moitié moindre, tourne à droite, et amortissant peu à peu sa rapidité, remplit de ses eaux dormantes une vallée large d'un mille environ. De chaque côté, le pied des collines baigne dans ce bassin sinueux dont la longueur s'étend à 7,000 mètres environ jusqu'à l'embouchure-confluent des deux petites rivières du Cydaris et du Barbyssés. C'est là le port de la Corne-d'Or.

A droite, en y entrant du Bosphore, le faubourg de Galata remonte à mi-côte sur les pentes rapides d'une montagne, aussi haute, aussi escarpée que celle de la Croix-Rousse, à Lyon. La partie basse de cette vieille ville demi-turque, demi-génoise, se développe semi-circulairement au bord du rivage sur une longueur d'un kilomètre, tout autour du contrefort saillant qui resserre le goulet du port.

Elle est fermée de tous côtés par une vieille muraille gothique de six pieds d'épaisseur, moisie, ébréchée, jadis couronnée de créneaux, flanquée de tours et percée d'une douzaine de portes pourries. La plus grande partie de cette enceinte est dénaturée, cachée dans des massifs de hideuses échoppes adossées contre les murs intérieurement et extérieurement. Son angle le plus élevé sur le flanc de la montagne était défendu par un énorme donjon, aujourd'hui transformé en tour de vigie. Du pied de cette grosse tour ronde, haute de 100 pieds, descend une muraille intérieure de même nature que les autres. Elle partage le faubourg en deux parties inégales : l'ancien et le nouveau Galata. Celui-là, le plus grand, est en dedans du port; celui-ci, beaucoup moindre, est un peu en dehors. Il n'a été réuni à l'autre, embelli et fortifié par les magistrats génois qu'en 1443, dix ans avant la conquête de Mahomet II. De vaniteuses inscriptions armoriées enchâssées dans la muraille du port attestent encore les droits des administrateurs à la reconnaissance des habitants de cette étable à pourceaux.

Les grands arsenaux de Top-Hana en amont de Galata, et de Kassim-Pacha en aval, Péra au sommet du coteau et les petits bourgs ou hameaux nichés dans les vallons, tout le long du rivage de la Corne-d'Or et du Bosphore, sont absolument sans défense.

Le seul édifice intéressant de Galata est une grande et antique maison byzantine, jadis la demeure de je ne sais quelle sainte grecque. C'est dans la rue *du Marché du jeudi* que l'on voit cette curieuse construction remarquable par ses élégantes fenêtres géminées à double arceau et à légères colonnes, mais déshonorée par les plus affreux badigeons qu'aient pu inventer les boutiquiers qui louent ses trois étages.

Constantinople ou la *ville* proprement dite occupe, au-delà du bassin du port, la pointe d'un promontoire un peu moins abrupte et moins élevé que Péra. Il a la forme assez exacte d'un triangle équilatéral d'environ 6,000 mètres de face.

Les deux côtés que protègent naturellement la Corne-d'Or et la mer de Marmara sont fermés, mais non pas fortifiés sérieusement, par deux murailles aussi misérables que celles de Galata. Le troisième côté faisant front au continent européen était autrefois admirablement défendu par le triple rempart de Constantin qui, traversant d'un rivage à l'autre, plonge une de ses extrémités dans les eaux du port et l'autre dans les flots de la Propontide; il se termine ici à l'angle aigu du château des Sept-Tours, et là au pied du fameux quartier impérial des Blaquernes. Le troisième angle de cette enceinte presque aussi vaste que celle des octrois de Paris, est formé par la pointe même du promontoire ou pointe du Sérail. Elle est séparée du reste de la ville par une ligne de fortifications antiques, les mieux conservées de toutes.

Cette petite enceinte particulière, qui ne forme pas la sixième partie de Stamboul, était anciennement celle de Byzance; elle ne renferme plus que le vieux palais des sultans, ses dépendances et ses vastes jardins.

On dit que Constantinople s'élève sur sept collines, autant que Rome sa rivale; avec un peu de bonne volonté on en trouverait facilement une douzaine en comptant, comme on le fait, les moindres ondulations du sol pour des montagnes. De vrai, il n'y en a que trois : la plus basse et la plus large remonte de la pointe des Sept-Tours jusqu'au centre du triangle où la grande vallée intérieure du Jéni-Baghdjé la sépare de la chaîne de hauteurs qui longe le port. Celle-ci est elle-même coupée au milieu par une dépression de terrain qui la coupe transversalement; c'est sur ce bas-fond que l'aqueduc de Valens passe pour porter ses eaux du plateau de la porte d'Andrinople au plateau du sérail; deux collines principales qui, à proprement parler, ne devraient représenter qu'un seul et même coteau allongé, au sommet aplati, bosselé, aux flancs sillonnés par une foule de petits vallons arrondis dont les eaux descendent d'un côté dans la Corne-d'Or, et de l'autre dans le ruisseau de Jéni-Baghdjé.

Ces trois coteaux de Stamboul divisent naturellement la ville en trois grands quartiers d'un caractère tranché. Je commence leur description par celui qui est le moins connu.

Dans l'angle compris entre la vallée intérieure et le château des Sept-Tours, règne la vie paisible de la campagne suburbaine, et la pauvreté dorée des petites gens qui ont le bonheur de manger leur pain à l'ombre de leur vigne et de leur figuier. Les maisonnettes, petites et délabrées sans être sales, y ont presque toutes de grands jardins pleins de fruits, de fleurs et de verdure. Les rues silencieuses et peu passantes sont propres, parce qu'il y a peu d'habitants et encore moins de chiens. Souvent elles ressemblent à des ruelles de hameau ou à des chemins vicinaux. On y entend de tous côtés le chant du coq, et les poules s'y promènent en famille, tandis que les chèvres et les moutons broutent l'herbe qui pousse entre les pavés luisants de marbre bleu.

En beaucoup d'endroits les platanes, les noyers, les figuiers, les grenadiers et les acacias fleuris étendant leurs branches par-dessus les clôtures de pierres sèches entremêlées de débris de sculptures, couvrent la voie publique d'un délicieux ombrage.

En me promenant au hasard à travers cette partie de la ville que j'affectionnais particulièrement, il y avait des moments où j'aurais pu me croire dans quelque rue écartée de Saint-Irénée ou de Saint-Cyr, si à chaque instant je n'avais été rappelé à Constantinople, tantôt par une brillante échappée de vue sur la Propontide, tantôt par l'aspect d'une fantaisie orientale ou des sombres ruines des remparts, ici par une femme musulmane enveloppée de ses voiles, et là par un paysan thrace conduisant son noir attelage de buffles.

Ce quartier retiré est l'asile d'une foule de pauvres familles de bons vieux patriarches islamites, pleins de douceur et de sérénité, au milieu de leurs nombreuses générations, d'un grand nombre de fanatiques osmanlis, à gros turban vert et petites rentes, qui viennent là vivre en misanthropes, loin des ghiaours qu'ils n'ont plus la liberté de rosser comme au bon temps des janissaires, et de quelques riches négociants qui trouvent ici le calme et un air pur au sortir du tumulte empesté des bazars.

Aucun édifice remarquable ne s'élève au milieu des modestes habitations particulières. Anciennes ou nouvelles, médiocres ou misérables, toutes sont bâties, à peu de chose près, sur le même modèle turc.

Le rez-de-chaussée en torchis ou maçonnerie n'a qu'une seule ouverture, une solide porte à deux battants. L'unique étage au-dessus, invariablement en planches, s'avance en saillie de trois ou quatre pieds, supporté par des consoles de bois, et le *moucharaby* ou balcon-cabinet du milieu de la façade forme une saillie encore plus forte. Les longues et étroites croisées de cet étage sont aussi multipliées que possible, grillées en bas par un léger treillage de baguettes de sapin, et éclairées en haut par une sorte de vitrail que des compartiments de bois découpent en losanges ou ornements de fantaisie.

Sur ce type universel, chaque propriétaire brode suivant sa fortune les détails les plus capricieux, les plus variés et souvent les plus élégants; puis il badigeonne cela une fois pour toutes d'une couche de vert, de bleu, de rouge brique, de gris, de jaune, ou même il se contente de la couleur naturelle du bois; le temps y ajoute promptement ses teintes de vétusté; la nature y sème ses mousses verdâtres, ses plantes parasites, et le soleil rôtissant les planches les fait se boursoufler, se fendre et se tordre comme un cuir.

Il en résulte parfois de ravissants cottages qui semblent imaginés exprès pour être croqués par les artistes et désertés par les locataires; car la plupart sont tellement hors d'aplomb, que l'on comprend à peine comment ils restent debout. Dans les plus détraquées, les plus pauvres de ces cabanes, on ne peut s'empêcher d'admirer maintes preuves du bon goût naturel du Turc pour l'ornementation, et de sa vertueuse horreur de la ligne droite, de l'équerre, du compas, et de toutes les platitudes architecturales des ghiaours européens.

Dans certains carrefours de grandes rues, des boutiques se groupent autour d'une fontaine ou d'un puits ombragé d'arbres : elles sont toujours accompagnées de quelques cafés turcs. Il y en a de délicieux, entourés de nattes, largement aérés et rafraîchis par un imperceptible jet d'eau dans une vasque de marbre blanc au milieu d'un plancher de terre battue. Presque tous ouvrent en arrière sur un petit jardin, dont la verdure transparente au soleil s'harmonise merveilleusement avec les teintes bistres des murailles brunies par la fumée des pipes, et avec les couleurs vives des vêtements des fumeurs nonchalamment accroupis sur les divans.

A presque tous les coins de rue on rencontre d'anciens turbés plantés de cyprès, dont les tombes oubliées disparaissent sous les ronces ; à travers les grilles rouillées ou les brèches de la muraille, on n'aperçoit plus que quelques pierres tumulaires inclinées sous le poids des énormes turbans de marbre qui les surmontent.

Les chapelles et les mosquées sont aussi nombreuses que ces petits cimetières. Plusieurs sont en ruine ; quelques-unes sont en bois, d'autres en maçonnerie ; beaucoup ont un caractère religieux et artistique fort remarquable. Leurs modestes minarets, leurs murs blanchis à la chaux, leurs fontaines qui murmurent à l'ombre des ormes et des mûriers, au milieu d'un petit cloître désert et silencieux où un pauvre homme prie prosterné devant la porte du lieu saint, tout rappelle l'idée de nos humbles églises de village.

Au bord des chemins de ce quartier de Constantinople, si différent de ce que l'on nous raconte ordinairement, on peut s'asseoir bien souvent sur des chapiteaux corinthiens ou byzantins, derniers vestiges de la ville des Constantins et des Paléologues.

Un jour, en allant à la porte de Silivrie, je vis près de l'angle d'une rue transversale qui descendait à la mer, une masse informe de marbre blanc de plus de trente pieds de hauteur, et contre laquelle s'adossaient une cabane de forgeron et un petit café turc. Les quatre surfaces calcinées et crevassées par le feu laissaient pourtant deviner un gigantesque piédestal de colonne, construit en bloc de quatre pieds d'épaisseur, sur six de longueur. Une baie défigurée par les flammes et à demi bouchée avec des pierres indiquait la porte d'entrée.

A force de chercher attentivement à la hauteur de la corniche, je réussis à retrouver assez de vestiges de sculptures pour refaire le dessin de cette ornementation qui devait être très-riche. Le fût entièrement écroulé reposait sur une couronne de lauriers, liée de bandelettes et posée sur un socle carré dont une des faces conserve encore deux gracieuses figures : ce sont deux petits génies enfants qui dansent en soutenant, de distance en distance, une guirlande de fleurs. De la corniche au-dessous on ne distingue plus que confusément quelques acanthes, des oves et des arabesques mutilés.

Tout ruiné qu'il est, ce monument romain domine, écrase de sa masse imposante les chétives constructions voisines, et donne une haute idée de ce que devait être autrefois cette partie de Byzance. Ce sont peut-être là les restes de la colonne d'Arcadius, car ils se trouvent justement, comme devait être celle-ci, en face du mausolée de Marcien que l'on voit encore debout sur le revers opposé de la vallée.

Toute la vie et le mouvement du quartier des Sept-Tours se concentrent aux environs des différentes portes qui y donnent accès du dehors, et surtout auprès de *Psamathia-Kapoussi*, l'avant-dernière porte de la mer, en descendant le Bosphore. La population grecque ou arménienne s'est groupée en cet endroit, à cause du voisinage de l'église de Saint-Nicolas et du pèlerinage de Notre-Dame-des-Poissons qui, chaque année, le vendredi après Pâques, attire un immense concours de pèlerins dont, à vrai dire, la dévotion semble être le moindre souci.

Ce jour-là les rues de Psamathia, les plus propres de Stamboul, sont encombrées par la foule bruyante et joyeuse des rayas en beaux habits de fête. Elle arrive par terre et par mer, à pied et à cheval, en télikas dorés et en caïques sculptés. La chapelle orthodoxe est moins pleine, hélas ! que les pittoresques cafés de la grève, qui s'abritent hors des remparts sous l'ombre des grands platanes et baignent leur pied dans les vagues de la Propontide. Les pèlerins vont pieusement visiter dans leur piscine de *baloukli* les petits poissons du moine Nicolas, miraculeuse friture qui nage toujours depuis quatre cents ans, après avoir été interrompue par la conquête de Constantinople ; mais avec combien plus de plaisir ils vont ensuite manger une friture, non miraculeuse, de sardines, la salade grecque et l'agneau de Pâques, dans ces jolies guinguettes, sur des terrasses qui dominent les remparts, et d'où la vue embrasse le magique panorama de la mer, des côtes de l'Asie et du mont Olympe dont on boit le joli vin blanc !

Partout on chante, on danse, on fait de la musique, en pleine rue ; de tous côtés on entend ronfler la grosse caisse, crier le mirliton et gémir la cornemuse arménienne. Au son de cette harmonie hellène, des groupes de jeunes gens exécutent, sous les croisées de leurs belles, le ballets nationaux du *khoros* et de la *romaïka*.

Toutes les fenêtres des maisons se garnissent d'un double rang de femmes et d'enfants, qui permettent d'apprécier la beauté si vantée de la race grecque. Sa plus belle moitié a bien raison de ne pas se cacher derrière des voiles et des grilles ; il serait difficile de voir ailleurs une pareille réunion de figures très-réellement jolies. Le caractère le plus remarquable de ce genre de beauté, c'est le calme et la régularité de la nature physique librement développée, par opposition au genre de beauté chiffonnée, tourmentée, de nos grandes villes européennes, où il est rare de trouver un visage qui n'ait quelque trait exagéré, amoindri ou déformé par la surexcitation perpétuelle des passions bonnes ou mauvaises.

Mais, au lieu de continuer à peindre la physionomie du vieux Stamboul, je m'arrête à contempler celle de ses jeunes habitantes ; je reviens à mes moellons, c'est une question moins brûlante. Laissant derrière moi cette folle gaîté d'esclaves opprimés sans le savoir, j'entrai un moment dans l'église d'*Ayos-Nikolaos*, une des plus curieuses basiliques de Constantinople. Comme toutes les autres, elle est de fort pauvre apparence au dehors. Un portail masqué intérieurement par une sorte de paravent en planches donne accès dans une enceinte de murs, au milieu de laquelle s'élève la chapelle. Une sorte de piscine est adossée à ses murs grossiers peints en gris foncé. L'aigle de Russie à deux têtes, que les prêtres grecs appellent leur *Saint-Esprit*, est sculpté en deux endroits de la façade. Suivant une mode orthodoxe assez générale, on descend plusieurs marches pour entrer, par le large vestibule des Cathécumènes, dans le temple en forme de croix grecque avec un petit dôme au centre.

Ce qui différencie le plus ces églises d'avec les nôtres, c'est le jubé en bois tout couvert d'ornements sculptés et d'images de saints. Derrière cette clôture percée de trois portes, se cache l'autel relégué au fond du sanctuaire très-pauvre et très-nu, comparé au reste du temple qui, pour la profusion et l'état criard des peintures et des dorures, peut le disputer aux plus barbares villages de la Provence.

Une épaisse et odorante litière de rameaux de lauriers jonchait le pavé de marbre des trois nefs, voûtées en bois vernis. Des centaines de cierges ajoutaient leur lueur ardente au jour indécis qui tombait des étroites croisées.

Un prêtre barbu, à longs cheveux gris, revêtu de la chape antique, et couronné d'une sorte de tiare impériale, se tenait debout à la porte du sanctuaire. Il récitait l'office du soir, auquel répondait un autre prêtre placé dans la nef, en face d'un magnifique trône à baldaquin supporté par d'élégantes petites colonnes torses, sculptées et dorées.

Le service divin fut lestement expédié avec la volubilité de gens qui se débarrassent d'une corvée, et aussitôt les deux officiants rentrèrent dans le sanctuaire en abaissant derrière eux une porte à coulisse.

Il n'y avait là, d'ailleurs, qu'une douzaine de fidèles ; quatre d'entre eux faisaient le tour de l'église en baisant les images saintes entourées de cierges, et accompagnaient cet acte de dévotion d'une étonnante multiplicité de signes de croix ; le reste de l'assistance, composée surtout de femmes et d'enfants, jouait, causait et riait tout haut dans une nef latérale, avec un laisser-aller très-familier. Cela ne paraissait nullement scandaliser les *papas* qui les regardaient faire d'un air benin, tout en psalmodiant leurs *Kyrie eleison*.

Les moines peintres des Grecs d'aujourd'hui conservent encore si scrupuleusement dans leurs œuvres le style byzantin, qu'au premier aspect on prendrait tous les tableaux de leurs églises pour de précieuses peintures du Bas-Empire. Elles sont toutes sur bois, à fond doré, uni ou niellé. Souvent les seules parties peintes sont la figure, les mains et les pieds des personnages ; les vêtements, les coiffures, les ornements quelconques sont tous en plaques d'or ou d'argent, repoussées, ciselées et même enrichies de pierreries.

Le plus curieux spécimen de cette peinture-orfèvrerie

que j'aie vue dans Ayos-Nikolaos, c'est un tableau à double panneau de quatre pieds de hauteur, adossé à la clôture du sanctuaire, et représentant les portraits traditionnels du grand Constantin et de sa femme l'impératrice Hélène.

La figure de l'empereur assez bien traitée est très-basanée, à barbe noire et à type aquilin. Son costume impérial, d'une extrême richesse, ressemble beaucoup à celui des évêques orthodoxes. La plaque de métal sur laquelle il est modelé reproduit les moindres détails de broderies ou d'ornements, et entoure en outre la tête et la couronne de rayons de gloire.

Au sortir de cette curieuse église, je m'enfonçai dans les tristes rues désertes qui avoisinent le château des Sept-Tours. La vie semble expirer à cette extrémité de la ville, où une partie des maisons abandonnées tombe en ruine. Elles sont remplacées par de grands espaces vides ou par des jardins potagers hérissés de débris antiques.

Le château de l'*Heptapurgon* ne baigne pas, comme on l'a dit, le pied de ses tours dans les flots de la Propontide, et n'occupe pas la pointe de Byzance de ce côté. Adossé intérieurement à la grande muraille de Constantin, à 200 mètres en arrière du rivage, il est à plus de 400 mètres de la pointe dite des Sept-Tours, formée par la rencontre des deux remparts de la terre et de la mer.

Le terrain compris dans cet angle aigu allongé est rempli de jardins et de vergers, au milieu desquels se cachent quelques pauvres chaumières, dans le site le plus romantique que l'on puisse imaginer. De tous côtés se dressent au-dessus des touffes de verdure les sombres donjons de la prison d'État, les cavernes béantes des tours éventrées, et les créneaux brisés couronnés de lierre ou d'arbustes. A travers les brèches on entrevoit au loin les délicieux horizons de la côte asiatique, et la mer calme, azurée, qui se brise doucement au pied des ruines.

En rôdant de côté et d'autre, j'aperçus une échelle posée contre le mur de Constantin, un peu au-dessous du fort, dans un endroit où les écroulements rendent son ascension praticable. Comment ne pas profiter d'une pareille occasion, même au risque de se faire couper la retraite? Arrivé au sommet, un tout autre sujet d'alarme faillit me faire redescendre : je trouvai là-haut une nombreuse famille turque qui, assise sur le gazon moelleux des parapets, à l'ombre des créneaux, faisait son *koeff* (1).

Le mari était un officier de la forteresse : ses trois femmes s'étaient dévoilées se croyant à l'abri de tout regard indiscret. Se voyant ainsi surpris, il aurait bien pu éprouver la fantaisie de me jeter en bas du rempart; un vieux turban vert n'y aurait pas manqué; heureusement, celui-ci portait l'uniforme du Nizam. Afin de prouver mes intentions inoffensives, je me tins à respectueuse distance, et tirant mon carnet de ma poche, je fis semblant d'écrire mes notes de la soirée. Mais ma volonté était impuissante à fixer mes yeux sur le papier. Je ne pouvais me lasser de contempler le merveilleux spectacle étalé devant moi; sous mes pieds le triple rempart de Constantin montant de la mer et alignant, à perte de vue, sur la pente insensible des collines, en face d'une forêt de cyprès, ses murs

---

(1) Mot turc intraduisible qui signifie tout à la fois les charmes du *far niente* et les somnolentes béatitudes d'une heureuse digestion embellie par le moka, le latakié et la contemplation des splendeurs de la nature.

et ses tours innombrables dorés par les rayons du soleil à son déclin. Pour oser gribouiller ses petites pensées au crayon, dans le premier instant d'éblouissement que cause ce tableau grandiose, il faudrait une dose peu commune de sottise ou d'amour-propre. On ne peut d'abord qu'admirer de tous ses yeux et de toute son âme cette ruine immense pleine de sang et de souvenirs.

Les femmes du Turc eussent été trois reines de Saba que je n'aurais pas perdu une seconde à les regarder. Ce n'est qu'au moment où elles se levèrent pour s'en aller que je les vis : elles étaient de celles que le yachmak favorise. Ma conduite réservée avait inspiré tant de confiance qu'elles n'avaient seulement pas repris leurs voiles pour passer devant moi. Une vénérable matrone qui veillait sur deux petites filles charmantes, me fit signe de descendre l'échelle le premier. Par un mouvement irréfléchi tout naturel, une fois sur les échelons, j'offris la main à l'une des dames pour l'aider à franchir un bloc de maçonnerie glissant et dangereux. Elle se retira vivement en souriant; le mari fronça le sourcil. Je compris que ce qui est politesse en France peut être incivilité en Turquie, et qu'un musulman même civilisé par la réforme, plutôt que de permettre à sa femme le moindre contact avec un ghiaour, aime bien mieux la voir s'exposer à faire une chute dangereuse.

La vallée intérieure de Stamboul présente, principalement à ses deux extrémités, un aspect encore plus agreste et campagnard que le quartier des Sept-Tours. Le ruisseau du Jéni-Baghdjé entre dans la ville par une arche souterraine percée sous l'une des tours du rempart. Il traverse une route poudreuse qui longe intérieurement le pied des murailles, et arrose au-delà une délicieuse prairie de 20 à 30 hectares, où paissent des troupeaux de bœufs et de chevaux gardés par des bergers campés sous des tentes vertes. De chaque côté, sur la pente douce des coteaux, les brunes maisonnettes, les palais de bois et les blancs minarets des chapelles disparaissent à demi parmi les touffes de verdure des vergers entourés de petits murs de pierre.

Prairie et jardins s'étendent presque jusqu'au cœur de la ville, où le ruisseau se perd sous les maisons qui descendent là jusqu'au fond de la vallée; elles sont si basses que par dessus leurs toits de tuiles rouges on aperçoit, entre les cyprès et les platanes, les plaines d'azur de la Propontide. A cause de cette belle vue, de sa fraîcheur et de sa luxuriante végétation, ce vallon supérieur du Jéni-Baghdjé est un des endroits les plus ravissants de Constantinople; on ne se douterait pas qu'on est au centre d'une immense capitale : tout y respire la quiétude de la vie pastorale. C'est par là que les féroces janissaires de Mahomet se ruèrent dans la ville prise d'assaut. La plus grande partie de cette terre, baignée de sang, leur fut donnée en patrimoine par le *conquérant*, et porte encore leur nom.

C'est aujourd'hui le repaire des Zingari qui nichent dans les voûtes des tours et sous les arcades des portes impériales, ou adossent leurs misérables baraques de bois contre les vieux remparts byzantins, au-dessous de la brèche refermée des Ottomans. Deux ou trois de ces cabanes peintes en rouge et en bleu font paraître dix fois plus hideux les autres bouges qui les entourent; informes repaires sans vitres, sans portes et sans meubles. Le cynisme de la saleté y est porté à ses extrêmes limites. Dans la plupart on voit établie sur le sol d'argile battue une petite forge portative, et presque toujours une femme en agite le soufflet. D'autres petites usines semblables sont installées sous des espèces de tentes, sur le revers opposé du chemin.

Mâles et femelles, enfants et adultes, presque toute cette population nomade couche dans la poussière de la route, pêle-mêle avec les chiens, les poules, les ânes pelés et les mules écloppées de la tribu. Souvent j'ai vu des femmes ainsi vautrées par terre, en plein jour et en pleine rue, dormant ou se rendant mutuellement le service de se débarrasser d'insectes incommodes.

Les enfants sont généralement nus jusqu'à huit ou dix ans ou vêtus d'un morceau de veste. Les hommes portent le costume turc déguenillé, avec des bijoux en or faux et des turbans étranges qui leur donnent de singulières tournures. Il y a là des vieillards à barbe blanche, à corps desséché, à peau cuivrée, à grands yeux noirs ardents, qui ressemblent étonnamment à des fakirs hindous, à de vieux étrangleurs *taughs* retirés des affaires.

Les femmes, encore plus malpropres, s'il est possible, que les hommes, s'habillent d'un large pantalon d'indienne, d'une courte camisole de la même étoffe et d'une longue redingote ou pelisse de toile bleu-clair. Elles se coiffent avec un voile blanc qui laisse la figure à découvert, et rentre par derrière, sous le collet de la pelisse.

On est tout surpris de trouver au milieu de cette saleté et sous ce hideux costume des créatures d'une beauté souvent extraordinaire, d'une grâce féline, d'un langage harmonieux et caressant : c'est la variété de la femme qui se rapproche le plus de la chatte.

A l'autre bout de la vallée, le ruisseau de Jeni-Baghdjé va se jeter dans la mer de Marmara, en traversant à son embouchure un quartier encore plus curieux que celui des Zingari : c'est le *Vlanga-Bostandji*, ancien port des galères de Théodose, aujourd'hui comblé et transformé en jardin. Jamais un drogman pérate n'aura l'idée d'y mener un étranger. La première fois que je l'ai vu, j'allais à la fête de Psammathia ; en arrivant à un endroit de la rue où un mur à hauteur d'appui permet d'embrasser l'ensemble de ce bas-fond, je fus vivement frappé par la beauté de ce site original et pittoresque.

Qu'on se figure un bassin de 12 ou 15 hectares formant un carré très-irrégulier, tout jonché de fleurs et de verdure du milieu desquelles émerge une haute muraille romaine, tantôt droite ou angulaire, tantôt semi-circulaire, et dont les massifs minés, percés d'arcades superposées, simulent les voûtes d'un amphithéâtre écroulé. Cette ancienne enceinte du port se termine au bord de la mer par deux grosses tours carrées, aux assises alternées de briques et de pierres.

L'intervalle de l'une à l'autre tour était fermé jadis par un long quai au travers duquel on aperçoit encore l'entrée du bassin. Il n'en reste plus qu'une masse informe de béton, haute de huit à dix pieds, large de vingt, et au-dessus de laquelle les empereurs français d'Orient ont élevé une muraille crénelée pour compléter la ligne générale des remparts de la mer. Cette construction, comparativement moderne, se reconnaît à première vue à la forme ogivale des arceaux de soutènement des courtines, et surtout à ses deux grandes tours à machicoulis, les seules qu'il y ait dans tout Constantinople.

Cette ruine gothique, derrière laquelle on voit passer les hautes voiles des vaisseaux qui longent le rivage, dessine à ravir la dure silhouette de ses brèches et de ses noirs créneaux rongés par le vent, sur le brillant azur de la Propontide et des montagnes de l'Anatolie.

Difficilement on exprimerait tout ce qu'il y a de charme et de puissants souvenirs dans ce singulier port des galères de César, où maintenant des puits à roues arrosent des légumes, des pépinières et des bosquets de rosiers, entre les remparts de Théodose et ceux de Baudouin qui, après cinq cents ans d'absence, revoient encore défiler à leur pied des bataillons français emportés par la vapeur.

Vlanga-Bostandji est surtout cultivé et habité par des jardiniers rayas dont les cabanes sont adossées aux murailles ou perchées sur les tours. Immédiatement en amont, l'enceinte de la ville fait un grand coude qui laisse en dehors, sur le rivage de la mer, le riche quartier arménien. Ses maisons de bois d'une extrême propreté sont presque toutes bâties sur des caves voûtées qu'éclairent des soupiraux grillés, placés en avant des portes au niveau du pavé. Cette mode, inusitée dans les autres quartiers de Constantinople, donne à ces rues un faux air de Londres ou de New-York. Peut-être est-ce une mode flamande importée par les croisés du XIIIe siècle.

Il y a encore au fond de ce quartier quelques pauvres fabriques de soierie. Dans une de mes courses j'y ai rencontré deux vieux canuts constantinopolitains en guenilles, qui allaient je ne sais où *rendre leur pièce* pliée autour du rouleau. Je saluai respectueusement ces aînés de la fabrique lyonnaise.

Au-dessus du quartier arménien, à côté de la porte

*Yéni-Capou*, on m'a montré la tour dite de Bélisaire. Suivant la version byzantine plus vraisemblable que celles de nos colléges, le vieux général romain réduit à la misère par la confiscation de ses biens, venait tous les jours s'asseoir sur le banc de pierre de cette porte, pour tendre son casque aux patriciens qui allaient respirer la fraîcheur sur les quais de la mer. C'était sa seule vengeance contre les injustices de la fortune et de ses concitoyens.

## XXI<sup>ME</sup> LETTRE.

**Le quartier de la porte d'Andrinople. — La colonne-mausolée de Marcien. — Les palais des Blaquernes. — Les juiveries. — Le phanar. — L'aqueduc de Valens. — Les palais de Constantinople. — L'Atmeïdan. — Les ruines de l'hippodrome. — Un monument des Comnènes. — Le Bezestan et le bazar des esclaves.**

Constantinople, le 3 juillet 1854.

Maintenant que vous connaissez la plus grande partie de Constantinople, remontons, si vous le voulez bien, dans sa portion la plus importante, quoique la moins étendue. Comme c'est à peu près la seule que les Européens visitent, on en a fait des descriptions si exactes que je serai bref pour ne pas répéter ce que tout le monde sait déjà.

Les grands bazars et le mouvement commercial, les konaks des pachas, les palais et les mosquées impériales, enfin tout le luxe monumental du Stamboul turc est concentré sur ces deux collines qui sont resserrées entre le Jéni-Baghdjé et la Corne-d'Or, et principalement sur celle de la pointe du sérail. L'autre, au-dessus de l'aqueduc de Valens, est assez mal partagée et ressemble beaucoup aux quartiers campagnards dont je viens de faire la description.

Les deux mosquées principales, celles de *Sélimié* et de *Mohamedidjé*, sont médiocres comme les habitations qui les entourent parmi les ruines d'incendie, les jardins négligés et les antiques bazars moussus et délabrés. Il y a çà et là quelques beaux ombrages et de jolies fontaines, mais partout le pavé en désordre est couvert d'ordures, de paille, de haillons, de gravats et même de charognes empestées. Un chat ou un chien vient-il à crever, les voisins se repoussent les uns vers les autres son corps pourri que personne ne songe à enlever.

J'ai vu pendant un mois le cadavre d'un cheval étendu en pleine rue à côté de la mosquée *Mohamedidjé*, à deux pas du pittoresque bazar des *Selliers*. Les chiens seuls s'occupaient à faire disparaître cette *public nuisance*, comme disent les Anglais. Un de ces voyers quadrupèdes, afin de mieux remplir ses fonctions, s'était logé dans le ventre de la bête, et par une fenêtre pratiquée entre les côtes, il montrait les dents à tout rival qui approchait de cet appartement nourrissant.

Au sommet du plateau, dans la grande rue qui aboutit à la porte d'Andrinople, le mouvement de circulation est très-animé. C'est après le port la principale voie de communication de la ville avec le dehors ; c'est plus spécialement le point d'arrivée des caravanes de chameaux qui, conduits par un âne et attachés les uns derrière les autres, passent en balançant leur grosse sonnette et les franges rouges de leur harnais, puis disparaissent dans les ténébreuses écuries de leur immense caravansérail.

Près de ces écuries, dont l'extérieur ressemble à une

forteresse, se trouve un des monuments les plus intéressants et les mieux conservés de Constantinople. Le hasard seul me l'a fait découvrir; plus tard j'en ai su le nom, mais ce n'est certes pas un drogman qui me l'a appris; ces gens-là ne sauraient seulement pas y conduire.

Le troisième jour après mon arrivée, étant allé visiter l'aqueduc de Valens que je n'avais fait qu'entrevoir à ma première course, je fus agréablement surpris d'apercevoir à peu de distance de son extrémité, au-dessous de la mosquée de Mohamed et sur le versant de la vallée du Jéni-Bagdjé, une grande colonne corinthienne qui élançait orgueilleusement son fût de marbre blanc au-dessus des sordides baraques entassées autour de son piédestal.

Du haut du monticule de fumier qui me servait de belvédère, je la voyais se dessiner avec une suprême élégance sur le plus merveilleux fond de tableau que l'on puisse imaginer : le coteau verdoyant de Psammathia, la mer, les îles et les montagnes de l'Asie.

Son chapiteau mutilé supportait à quarante pieds dans les airs un sarcophage brisé dont les quatre angles étaient ornés d'aigles romaines les ailes déployées. C'est la colonne-mausolée de l'empereur Marcien. En face au revers de la vallée, s'élevait la colonne triomphale, beaucoup plus grande, d'Arcadius, aujourd'hui tombée. Peut-être les Turcs victorieux ont-ils respecté celle-là parce qu'elle a été une des petites causes indirectes qui leur ont facilité la prise de Constantinople.

Les Grecs ont toujours eu un grand faible pour les prédictions de leurs prophètes hellènes : elles ne se vérifient jamais ; n'importe ! ils ne cessent pas d'y croire. Pendant quatre cents ans ils ont été persuadés que les successeurs de Constantin devaient remonter, dans Byzance, sur leur trône restauré, le 29 mai 1854! Ils y croiront encore en l'an 2,000.

En 1453, une prophétie byzantine annonçait que les Turcs pénétreraient dans Constantinople jusqu'à la colonne de Marcien, et que là, un ange exterminateur fondrait sur eux du haut du ciel avec une épée flamboyante pour les massacrer tous jusqu'au dernier.

Parbleu! se dirent les Grecs qui avaient beaucoup d'esprit et peu de courage, nous serions bien sots d'aller sur les remparts nous exposer à être occis par le fer de ces mécréants enragés, quand nous pouvons si commodément en être débarrassés en nous croisant les bras et en regardant travailler l'ange du Seigneur!

Si absurde que paraisse cette bêtise grecque, elle est historique. Tandis que Constantin Dracosès, secondé par sa garde, par les soldats étrangers et par les Génois de Justiniani, combattait sur les créneaux et y recevait le coup mortel, une foule immense de Byzantins se rassemblait autour de la colonne de Marcien, et maudissant l'incrédulité de son empereur dont la bravoure retardait l'heure du spectacle, elle attendait l'arrivée des Turcs, afin de jouir du curieux coup d'œil de leur extermination par le glaive flamboyant. Les Janissaires et les Timariotes affamés de carnage arrivèrent bien; mais l'ange ne parut pas. Toute cette cohue de lâches imbéciles fut passée au fil de l'épée.

Je viens de parler de Constantin Dracosès; on montre encore les ruines assez bien conservées de son palais, un peu au-dessous de la porte d'Andrinople, adossées intérieurement à l'angle ouvert formé par la rencontre de la triple muraille de Constantin avec le rempart byzantin ajouté après coup pour réunir à la ville le quartier extérieur des Blaquernes. La partie qui reste de ce palais impérial, vrai ou supposé, question que je ne cherche pas à trancher, est un vaste bâtiment à deux étages de style et de maçonnerie purement byzantins, du X$^e$ ou du XI$^e$ siècle. Le rez-de-chaussée n'a qu'une façade ouverte sur une espèce de cour irrégulière. Les grande arcades à plein cintre et double rang de briques sont supportées par de grosses colonnes à chapiteaux bizarres, et chaque intrados est orné d'une sorte de mosaïque en compartiments de petites pierres taillées, variées d'un arceau à l'autre. Les gros de mur sont en assises alternatives de pierres et de briques. L'étage supérieur, décoré et bâti de la même manière, mais sans colonnes, forme un carré long dont les murs des petits côtés sont couronnés encore par les pignons en escalier de la toiture. Deux de ses faces sont construites au sommet du vieux et du nouveau rempart, à leur entre-croisement. Du haut de cette position élevée, cet édifice domine la campagne hors des murs, le quartier des Blaquernes, une grande partie de la ville, de la Corne-d'Or, de Péra et de Galata.

Ce palais de Constantin est maintenant habité, ainsi qu'une grande partie du quartier impérial des Blaquernes, par des juifs qui, vautrés dans la plus hideuse saleté, pendent leurs haillons aux croisées sculptées, et transforment la cour intérieure en un cloaque d'ordures où l'on jette tous les débris, toutes les balayures. Vingt familles pâles, maigres, déguenillées, grouillent dans les appartements de César divisés en cellules par des cloisons de planches pourries. Qui sait! un archéologue intrépide qui oserait affronter toute cette pullulante vermine trouverait peut-être une nichée de petits Israélites dans la chambre de porphyre où venaient au monde les fils d'impératrice, *les Porphyrogénètes !*

C'est pourtant l'aristocratie de la synagogue qui loge dans ces ruines. Au-dessous à mi-côté, et surtout en se rapprochant du port, on trouve des juiveries cent fois pires encore. Elles défient toute description, parce que la langue manque de mots pour peindre des mœurs et des misères si en dehors de nos habitudes. Comment faire comprendre à qui ne l'a pas vue la laideur de ces affreuses rangées de noires maisons pourries, presque toutes penchées les unes sur les autres, ainsi que des capucins de cartes à demi renversés ; leurs murailles de planches nues s'écaillent en milliers de languettes qui se tordent à l'ardeur du soleil comme de vieilles semelles de bottes, et les toits effondrés laissent filtrer le jour et la pluie à travers leurs tuiles cassées.

Cependant, quelque penchées, quelque moisies, quelque ruinées que soient ces cabanes, elles ne laissent pas d'être peuplées. En passant à cheval on aperçoit du haut de la selle, dans ces appartements sans vitres, sans portes et sans meubles, des fantômes de femmes cadavéreuses, vêtues de blancs suaires, lavant et rangeant des linges en charpie, allaitant des enfants malingres, ou préparant je ne sais quels horribles ragoûts à un foyer fumeux. Aux rez-de-chaussées, au fond de bouges ténébreux et puants, des vieillards chassieux à barbe sordide, accroupis dans la poussière qu'ils salissent de leurs vêtements, redressent des clous rouillés, trient des chiffons et collectionnent des savates, des tessons de verres cassés, des os rongés, et mille choses sans formes et sans noms.

Cet immonde ramassis de bouges empestés, c'est le quartier des *palais byzantins;* et par une amère ironie du sort, son nom de *Balata* rappelle encore par son étymologie cette antique splendeur évanouie.

Au milieu de cette misère, de cette cynique et abominable saleté des juiveries de Stamboul, on est stupéfait de découvrir encore de temps en temps des types de beauté remarquable, brillantes fleurs poussées sur une couche de fumier.

Dans la classe aisée des Israélites on voit souvent des types de beauté accomplie. En me promenant un soir hors des remparts de Constantin, j'ai rencontré, auprès d'une fontaine ombragée, une jeune fille qui certes aurait pu servir de modèle à un peintre pour une Rachel ou une Rebecca. Son costume peut donner une idée de celui des autres femmes de sa race en Turquie. Elle était coiffée d'un turban de cachemire rayé qui, au lieu d'être roulé horizontalement autour du front, formait un gros bourrelet posé sur le sommet de la tête et noué sous le menton. Une robe de soie noire unie serrait sa taille en dessinant le sein, et descendait, un peu étroite à la mode impériale de 1810, jusque sur ses babouches de maroquin rouge foncé; par dessus ce vêtement, elle portait une sorte de dalmatique en épais satin vert-olive dont les larges pans, coupés carrément, retombaient par devant et par derrière jusqu'aux genoux, en étalant une riche bordure d'élégantes arabesques de soie noire. Une longue pièce de mousseline blanche voilait le turban, se nouait négligemment sous la gorge et de là retombant aux genoux, complétait ce costume très-pittoresque, d'un caractère éminemment oriental.

Au-dessous des Blaquernes et en aval de Balata commence le *Phanar*, quartier des riches familles grecques. Elles y habitent la plupart dans des baraques de bois à la turque, et un bien petit nombre dans quelques maisons en pierre qui, avec leur premier étage en saillie, soutenu par de lourds machicoulis, affectent des airs de forteresse, à la manière de certains palais florentins.

Une pareille prétention, si elle était réelle, serait fort ridicule, car rien n'est moins guerrier que cette aristocratie de rayas intrigants, traîtres et usuriers, qui conserve précieusement l'héritage de tous les vices de la vieille cour byzantine. Que l'on demande à la Servie, à la Moldavie, à la Valachie, ce qu'elles pensent de ces princes phanariotes qui pendant si longtemps ont acheté aux Turcs le droit de piller effrontément ces belles provinces, et se sont servi des armes des musulmans pour opprimer leurs chers confrères en orthodoxie, les Slaves.

Cette colline septentrionale de Constantinople n'a que deux mosquées impériales, les plus anciennes et les plus glorieuses, mais les moins remarquables sous le rapport de la grandeur et de la beauté architecturale, ce sont celles de Sélim Ier et de Mahomet II, *le conquérant,* qui, couché dans son tombeau, sur le plus haut sommet de Stamboul, semble encore après sa mort dominer sa conquête et peser sur les vaincus.

On trouve fréquemment dans les rues de ce quartier des débris d'antiquités : frises, colonnes ou chapiteaux employés en guise de chasse-roue ; ces restes épars ne valent pas la peine d'en parler, non plus que les vastes citernes écroulées de la porte d'Andrinople et de la Sélimié. La vase séculaire amassée au fond de ces immenses bassins est maintenant transformée en fertiles jardins, et les cabanes des *bostandjis*, ou jardiniers, sont adossées intérieurement au revêtement romain en pierres cubiques.

L'aqueduc de Valens, qui porte l'eau de l'un à l'autre des deux coteaux de la Corne-d'Or, n'est plus guère qu'une ruine, dont la position élevée au centre de la ville produit de loin un fort bel effet; mais artistiquement, il est bien moins remarquable, sous tous les rapports, que le pont du Gard, et même que l'aqueduc de Bonand, près de Lyon. Au lieu des voûtes hardies et de l'élégante maçonnerie réticulaire de celui-ci, il n'offre à la vue que de lourds arceaux inégalement espacés, irréguliers en largeur, comme en maçonnerie, et soutenus par de massifs piliers. Briques, moellons et pierres de taille y sont employés simultanément ou séparément, avec très-peu d'art; une seule partie toute en pierres de taille, au milieu de la vallée, dans l'endroit le plus élevé, est très-bien conservée et dans de belles proportions qui font disparate avec le reste de l'édifice. Peut-être est-ce la seule partie réellement bâtie par Valens; le reste ne serait qu'une maladroite restauration postérieure.

Un tremblement de terre renversa jadis la moitié du second rang d'arcades; les Grecs dégénérés du Bas-Empire ne surent pas le relever; un syphon suppléa et supplée encore tant bien que mal à cette rupture de niveau.

Le monument a une longueur totale de près de 400 mètres, sur une hauteur de 30, environ, dans la partie demeurée entière des deux étages d'arcades. Ce n'est que dans les rues transversales qui passent dessous que l'on peut le voir de près; presque partout ailleurs il est masqué par des jardins ou de frêles maisons de bois au-dessus desquelles il élève son canal aérien tout chargé d'une épaisse et luxuriante végétation. On se promène sur le dos de cet aqueduc, entre deux grandes haies de figuiers, de frênes et de pruniers sauvages, entremêlés de mille plantes pariétaires : les ronces, les lianes et les vignes folles flottent au-dessous et voilent à demi les arceaux de l'étage supérieur. Les eaux perdues en route entretiennent la fraîcheur de cette verte parure, qui absorbe au moins la moitié du précieux liquide vendu pendant l'été au prix du vin en France.

Les tuyaux en terre ne sont pas posés dans la rigole, comme on pourrait le croire, mais au sommet d'un des murs latéraux, d'où ils alimentent directement les fontaines du voisinage, par mille petits conduits groupés en faisceaux et accrochés au parement extérieur des piliers. Le canal, encombré d'herbes, de pierres et d'arbustes, reçoit l'eau qui s'échappe, et retombe de tous côtés en légères cascades.

Les braves ingénieurs osmanlis ne songent pas le moins du monde à boucher ces fuites ; ils se contentent de consolider l'antique ruine en lui arrachant sa couronne de feuillage, et en la peignant d'une couche de lait de chaux qui lui donne la figure d'un horrible vieillard nègre enfariné. J'ai vu commencer et continuer cette œuvre abominable ; elle m'a ulcéré le cœur, et je me suis demandé en la voyant si, à tout prendre, le vandalisme des Turcs ne valait pas encore mieux que leurs réparations monumentales.

La troisième grande colline de Constantinople, la principale, porte sur son large plateau une noble couronne de mosquées impériales, la *Soleymanie*, la *Bayézid*, l'*Osma-*

*nié*, l'*Acmet-Djami* et *Sainte-Sophie*. Sur ses flancs inclinés vers la Corne-d'Or sont réunis tous les grands bazars, et l'antique hippodrome traverse encore sa crête élargie par des arceaux d'amphithéâtre. Enfin, sa pointe se termine à l'orient par le poétique palais du vieux sérail et ses ombrages solitaires.

Ici la population est serrée, le mouvement très-animé, le commerce actif, la richesse plus grande, plus générale qu'ailleurs; les fontaines très-nombreuses y sont souvent de délicieuses créations; mais il y a bien moins de verdure, de beaux arbres, de fleurs et de salubrité que dans les pauvres quartiers des Sept-Tours.

Cette partie de Constantinople, la seule qui ait à peu près une tournure de grande ville, est celle que tous les voyageurs voient, que tout le monde vante, et d'après laquelle on juge l'ensemble. Une seule observation fera tomber bien des illusions sur le luxe oriental de ce quartier privilégié de la capitale des sultans. Je ne veux rien dire de sa voirie aussi détestable qu'ailleurs, de ses maisons particulières un peu plus grandes, un peu plus d'aplomb et un peu mieux entretenues qu'aux environs de la porte d'Andrinople et des Sept-Tours, mais tout aussi mal bâties en bois; je laisse de côté la cohue en guenilles et la hideuse saleté des rues basses du port, ainsi que les hordes de chiens qui y dorment vautrés dans la boue du ruisseau, ou suivent à la piste les *hammals* qui portent des outres énormes de peau de bœuf remplies de graisse, sur lesquelles ils se précipitent par centaines afin de lécher le cuir et même le trouer à coups de dents : pour ne pas répéter ce que j'ai dit ailleurs, je passe tout cela sous silence et ne veux parler que des palais et des konaks des pachas. Tous, sans exception, sont construits en planches ou en torchis extrêmement léger. Le rez-de-chaussée seul, où sont relégués les écuries et les communs, est en maçonnerie très-médiocre. Le tout est peint extérieurement en rouge brun, en vert foncé ou en gris de fer, avec des bordures blanches autour des croisées et des portes. Du reste, le style est le même que celui des pauvres maisons que j'ai décrites ailleurs : étages saillants et *moucharabys* ou balcons fermés supportés par des consoles de bois, grillages et vitraux des fenêtres, larges toits et ornementation, tout se ressemble du petit au grand.

L'intérieur de quelques palais est commodément meublé, somptueusement tapissé de nattes fines ou de tapis de Perse et décoré avec un grand luxe. Mais, hélas ! ce luxe, même chez le sultan, n'a rien d'asiatique et d'original ; ce n'est plus qu'une plate et vulgaire amplification des magnificences de la rue Saint-Denis et des boulevarts : les grands cafés de Paris et de Marseille éclipsent complétement la pompe orientale, tristement européanisée, du sublime padischa. Pour retrouver au milieu de ce gâchis de mauvais plagiat parisien un peu de bon vieil Orient dans sa grâce native, il faut pénétrer dans quelques kiosques anciens et abandonnés du vieux sérail.

Bref, j'ai eu beau chercher, je n'ai pas aperçu dans tout Constantinople un seul palais de grand seigneur osmanli qui approche même de loin de la beauté originale, du luxe sincère et solide, de la science architecturale que l'on admire à Alger et ses environs dans une foule de simples maisons de pirates barbaresques. Point de cours entourées de légères galeries de marbre, aux murs revêtus de faïences azurées ; point d'escaliers et de vestibules de marbre ; pas une seule de ces chambres mauresques aux dômes sculptés, aux murs fouillés, découpés en dentelle capricieuse. Allez visiter un palais turc : vous entrerez d'abord dans une vaste et sombre remise remplie de voitures et de chevaux ; vous monterez ensuite par un méchant escalier de bois au premier étage, dans le *sélamlick* ou appartement de réception, et là, vous ne trouverez rien que du bois, du plâtre, du papier peint à 5 fr. le rouleau, des dorures rococo, des soieries de Lyon, des sophas du faubourg Saint-Antoine et des pendules à colonnes.

Sauf le vieux sérail et le nouveau palais du Bosphore, je donnerais toutes les innombrables résidences du sultan et de sa famille pour le seul palais de Mustapha supérieur à Alger.

Le séraskiérat ou ministère de la guerre est une immense baraque de bois qui tient du couvent et de la caserne ; il n'a de beau que sa tour monumentale qui, du moins, a un cachet bien caractérisé sans la moindre souillure de corinthien de maçon.

La Sublime-Porte ressemble exactement à un vieux ministère français : sa longue façade, quoique bien commune, produit cependant un effet merveilleux au milieu des baraques dont elle est entourée.

Devant son vieux sérail et derrière Sainte-Sophie, Abdul-Medjid a fait élever un vaste édifice encore inachevé : c'est une école des arts et sciences qui sera calquée, hommes, choses et murailles, sur toutes les trivialités que l'on voit en ce genre à Paris et ailleurs en Europe.

Je vous ai déjà parlé de la belle colonne brûlée qui est derrière l'Osmanié ; faute de renseignements suffisants, je ne veux rien ajouter à ce que je vous en ai dit.

La citerne des *Mille Colonnes* est tellement connue qu'il est inutile de revenir sur ce chapitre; de vous peindre ses vastes souterrains humides et ténébreux, où le jour filtre par les soupiraux en longs rayons lumineux presque palpables, tant l'air y est épais et chargé de vapeurs; de vous dire l'étrange harmonie que produisent les chants des fileurs de soie sous ses voûtes peuplées d'échos sonores.

C'est une curiosité à voir une fois et qui n'a pas grand mérite artistique. Ceux qui ont vanté ses colonnes corinthiennes *de la décadence* ont fait beaucoup trop d'honneur à ce réservoir byzantin où, avec la meilleure volonté du monde, je n'ai pu voir que des piliers ronds sans aucune proportion, garnis au milieu d'un bourrelet pour indiquer le niveau de l'eau, et au sommet, d'un gros bloc de pierre brute pour supporter les retombées des voûtes.

Aujourd'hui cette citerne tarie se remplit peu à peu de monceaux d'ordures, que les habitants du voisinage trouvent commode d'y jeter par les *regards*. Ces larges trous béants à la surface du sol ne sont défendus par aucune barrière, de sorte que les passants, surtout la nuit, peuvent très-bien s'engloutir dans l'abîme et aller y casser quelques fils de soie des dévidoirs. Je ne cite que ce genre de fracture en pareil cas, parce que c'est le seul auquel les ouvriers soient réellement sensibles, quand ce n'est pas eux qui tombent.

La longue place pierreuse, inégale et irrégulière de l'*Atméïdan* doit tout l'intérêt qu'elle inspire bien plus à ses souvenirs historiques et à la façade imposante de la mosquée d'Achmet qui en occupe tout un côté, qu'à sa beauté propre, et à ses très-médiocres monuments antiques.

La pyramide de *Constantin Porphyrogénète*, dépouillée de son revêtement de bronze, n'est plus qu'un informe pilier de pierres de taille amoncelées en équilibre.

La fameuse *colonne de Delphes* ressemble à un tronçon de câble monstrueux, avec ses trois serpents de bronze tordus ensemble, décapités et éventrés. Les gamins grecs, sans respect pour ces animaux que leurs pères ont adorés, leur remplissent le ventre de cailloux. Depuis quatre cents ans les Turcs laissent subsister ce trophée du peuple vaincu, et les nations chrétiennes, qui depuis trois cents ans en auraient fondu des gros sous, accusent les Osmanlis d'intolérance et de vandalisme !

L'*obélisque de Théodose* se dresse encore au milieu de la place sur ses quatre petits dés de bronze qui, pendant quatorze siècles, ont supporté en l'air cette masse énorme à six pouces au-dessus de son piédestal de marbre. Malgré ce singulier tour de force, ce monument est disgracieux, et ne vaut pas à beaucoup près celui de la place de la Concorde à Paris.

Au premier aspect on est frappé du défaut de proportion de cette aiguille de granit rouge, couverte, d'ailleurs, d'hiéroglyphes parfaitement conservés. En y regardant plus attentivement, on finit par soupçonner que ce n'est là qu'un morceau d'obélisque dont la base, un bon tiers au moins, a été brisée. Une tête d'Isis coupée en deux par la retaille sur une des faces autorise du reste cette supposition archéologique.

Les mauvais bas-reliefs du piédestal représentent des courses d'hippodrome, une sorte de triomphe et l'érection de l'obélisque. J'ai retrouvé avec surprise parmi les figures à demi effacées qui s'agenouillent devant Théodose, des barbares vêtus et coiffés de peaux de bêtes, exactement comme certains paysans bulgares que l'on rencontre tous les jours dans les rues de Constantinople.

Les ruines de la caserne où les janissaires ont été exterminés se voient encore au fond de l'Atméïdan, derrière le pilier de Constantin, telles que les a laissées la vengeance de Mahmoud. Elles ont un air de forteresse et de boucherie tout à la fois. Sa façade seulement a été incendiée et renversée par les boulets; en arrière, le reste de l'édifice est demeuré intact : il se compose de petites chambres carrées — *odas* — à un seul rez-de-chaussée, voûtées en dôme, solidement bâties en grosses pierres de taille, séparées les unes des autres par des allées assez larges, et n'ayant d'autre ouverture que la porte basse d'entrée, les soupiraux des voûtes et des meurtières percées de façon à défendre le passage des couloirs de séparation. Dans une pareille forteresse, on ne comprend pas comment les janissaires n'ont pas résisté victorieusement à leurs bourreaux; on ne pouvait les attaquer qu'en face du côté de la place, car en arrière leur *orta* était inabordable, perché comme il l'est au sommet de la plate-forme de l'extrémité méridionale de l'antique hippodrome, laquelle est encore aujourd'hui supportée en terrasse, à la hauteur du plateau de la colline, par un vaste demi-cercle d'arceaux à double étage.

Cette vieille ruine byzantine, toute rongée par le temps et les incendies, a un aspect sinistre vue d'en bas des remparts de Gondoskalé. Après avoir été si souvent inondée du sang des factions vertes et bleues, elle a dû boire avidement cette dernière libation du sang des conquérants.

A peu de distance au-dessous de cet antique édifice, un

des plus intéressants souvenirs de la ville de Constantin, j'ai déniché par pur hasard le plus curieux monument de l'époque des Comnènes, monument parfaitement ignoré des drogmans, des touristes et des artistes. Il s'élève au sommet du rempart de la Propontide un peu à gauche de *Tschatladi-Kapou*, la seconde porte en aval de l'enceinte du sérail. Pour voir cette rareté, il faut longer en caïque le pied des fortifications, ou monter sur la terrasse délabrée d'un vieux café turc qui s'avance dans la mer.

On aperçoit alors entre deux massifs bastions une sorte de courtine rongée, décrépite, percée par les soupiraux des casemates qui sont creusées sous le pied de la colline de l'hippodrome, laquelle s'abaisse en cet endroit juste au niveau des créneaux, à quatre-vingts pieds au-dessus de la mer. Une partie de cette sombre muraille, la base surtout, est construite de débris d'antiquités, entablements, frises sculptées, inscriptions et colonnes de marbre ou de granit, entassés comme des futailles dans un cellier. Au milieu de ce musée lapidaire, s'arrondit gracieusement le cintre de marbre blanc orné de moulures d'une grande et belle porte byzantine du meilleur style.

Un large empâtement de béton, ancien embarcadère démoli par les vagues, fait saillie au-devant de cette entrée monumentale, qui, murée depuis des siècles avec des tronçons de colonnes, devait sans doute donner accès autrefois dans quelque palais bâti au-dessus des casemates, sur les hautes terrasses où l'on ne voit plus aujourd'hui que des maisons de bois.

De ce palais disparu, il ne reste qu'un charmant petit édifice qui se dresse encore à peu près intact au faîte de l'antique rempart, où il produit un effet merveilleux.

C'est une façade en belles pierres de taille de couleur dorée, d'environ 25 pieds de largeur sur 30 de hauteur. Elle est divisée en trois panneaux ou arcades, par quatre lourds pilastres, dont les chapiteaux écrasés et bizarrement sculptés supportent un fronton triangulaire au-dessus du panneau central, le plus large des trois, et des pleins cintres un peu surbaissés au-dessus des deux panneaux latéraux.

Arceaux et frontons sont brodés d'arabesques, d'oves et d'acanthes, avec toute la richesse du style roman le plus fleuri. Les fonds plats des niches sont eux-mêmes ciselés en compartiments et ornés de frises grecques entrelacées d'un travail assez délicat. L'ensemble est couronné par une frise également sculptée, et d'une belle corniche très-saillante.

Enfin de chaque côté deux lions, de grandeur naturelle, sculptés en ronde-bosse à peu près dans le même style que ceux de l'Alhambra, sont encore debout sur leurs pattes, la gueule ouverte, et semblent garder ce monument énigmatique, trône impérial, balcon, autel ou fontaine. Des consoles de pierre, qui font saillie au-dessous des bases des pilastres et des lions, pouvaient aussi bien supporter au-dessus de la mer un bassin qu'un plancher de marbre, et justifient également toutes ces suppositions.

Le seul moyen d'éclaircir le doute serait d'approcher du monument, d'en déchiffrer les inscriptions; je l'ai tenté. Revenu avec un interprète, j'ai frappé à la porte du propriétaire de cette ruine; un grand vieillard à barbe grise, à nez de perroquet, flanqué de deux yeux d'épervier et à mollets desséchés, en forme de baguettes de tambour, est venu m'ouvrir d'un air méfiant, et, après avoir

— 316 —

écouté ma requête, il m'a jeté un regard courroucé, et, sans mot dire, m'a fermé la porte au nez en branlant son gros turban rouge. Ce vieux Turc, aussi sauvage et aussi jaloux qu'un tigre, niche là au milieu de son harem d'odalisques. L'amour de l'antiquité ne lui fera jamais admettre un chien de ghiaour, ni même un fidèle complet sur sa petite terrasse, en arrière des grossiers créneaux qui ont été bâtis après coup au-dessus de l'attique du gracieux monument. Les dames de son harem l'ont transformée en jardin, et sur l'un des angles, au sommet d'un pilastre, elles ont planté un amandier qui a l'aspect d'un plumet.

Le seul nom du grand *Bezestan* de Constantinople fait scintiller aux yeux de l'imagination toutes les paillettes du luxe oriental, de même que celui du marché des esclaves éveille toutes les concupiscences. Mais, quelque riches, quelque séduisants que puissent être ces bazars de l'Orient, ils n'approchent pas de la splendeur, de l'opulence et de la poétique féerie de ceux que l'on trouve dans les livres de l'Occident. Que de fois je me suis pris à rire de bon cœur en comparant la triviale mesquinerie de ces milliers de mauvaises boutiques aux magnificences de la prose de certaines descriptions, éblouissantes de ciselures, de dorures et de pierreries, comme la caverne d'Ali-Baba ou le trésor du grand Mogol! Quelques mots de vérité simple feront comprendre bien vite ce qui en est réellement.

Le grand Bezestan de Stamboul, le plus beau de tous et le mieux connu des étrangers, est, pris dans son ensemble avec ses annexes, un vaste quartier d'environ six cents mètres de largeur et de longueur, situé à mi-côte de la dernière colline du promontoire, sur le versant assez rapide qui descend vers la Corne-d'Or, entre la Bayézid, le séraskiérat, l'Osmanié et la Jéni-Djami. Il est coupé en tout sens par un dédale de rues et de ruelles aussi irrégulières, aussi étroites, aussi mal pavées et peut-être encore plus sales que celles du reste de la ville.

Ce qui les distingue, ce qui constitue le bazar, c'est qu'elles sont bâties en maçonnerie, fermées la nuit par des portes comme une ville distincte ou plutôt comme les docks de Londres, et partout couvertes, soit avec des toitures sordides en vieilles planches noires percées de jours ronds, de distance en distance, soit plus généralement avec des voûtes de briques. Celles-ci sont droites, tortues et en zig-zag, hautes ou basses, larges ou étroites, à plein cintre ou en ogive, et ajustées au hasard les unes au bout des autres en suivant toujours la pente et les irrégularités du sol. Les lucarnes qui laissent pénétrer à l'intérieur l'air et le jour ajoutent leurs contrastes heurtés d'ombres et de lumière à ces entrelacements confus, à ces brisements multipliés de lignes et de perspectives. Il en résulte les effets les plus bizarres, les plus imprévus, une sorte de kaléidoscope architectural, qui est certainement le plus grand attrait pittoresque des bazars.

Les principales rues sont couvertes de voûtes d'une seule portée de trente à quarante pieds d'ouverture; le ruisseau est au milieu; de chaque côté, de grossières charpentes de bois brut hautes d'un demi-mètre, larges de deux, reçoivent les grands volets des armoires-boutiques, qui s'abattant à plat forment une estrade sur laquelle le marchand s'accroupit et étale ses marchandises.

D'autres rues transversales ou diagonales sont divisées

en trois nefs : celle du milieu, très-haute et large à peine d'un mètre, sert au passage des ânes, des chevaux et du ruisseau ; de petites lucarnes éclairent les deux nefs latérales beaucoup plus larges, et sous lesquelles sont installées les estrades des boutiquiers qui laissent seulement un espace de deux ou trois pieds pour la circulation des piétons. Les voûtes des grandes rues sont ornées de fresques banales, simulant des marbres, des ornements, des paysages grotesques ou des trophées d'armes ; la plupart sont simplement crépies à la chaux, fort sales et remplies de toiles d'araignées.

Chaque rue a sa spécialité mercantile : dans celle-ci, à trois nefs et une des plus malpropres, les bijoutiers vendent et travaillent tout à la fois sur de petits établis portatifs, posés au bord de leur estrade pourrie ; les richesses étalées devant eux dans de petites sébiles de bois ou accrochées à des brochettes de fil de fer, font rire quand on les compare à ce que l'on voit dans les grandes villes civilisées : dans celle-là on ne trouve que des souliers ou des pantoufles de femmes, et dans cette autre que des cuillères de bois, d'ivoire ou d'écaille. Il y en a qui sont uniquement consacrées aux vulgaires indiennes, aux passementeries étincelantes, aux vieux habits graisseux, aux mousselines d'azur étoilées de paillettes d'or, aux clous, aux tapis, aux porcelaines, etc. Enfin, dans quelques carrefours, de pauvres femmes turques vendent des chachias d'enfants et de petits ouvrages de couture, seul commerce public qui leur soit permis.

Les marchandises sont toutes en petite quantité, parce que les magasins véritables sont dans des khans séparés; de basse qualité, pour être à la portée de la pauvreté générale; et en grande partie étrangères à la Turquie, parce que ce pays manque essentiellement d'industrie. Bon nombre de colifichets orientaux que les ghiaours achètent fort cher, comme souvenirs de la patrie des odasliques, arrivent en droite ligne de leurs banales manufactures de l'Occident où ils pourraient se les procurer à cent pour cent meilleur marché. J'ai éprouvé en ce genre d'amères déceptions. Que de fois mon compagnon, expert négociant de Galata, me voyant admirer une rareté turque, persane ou circassienne, ne m'a-t-il pas dit aussitôt : Cela vient de Birmingham, ceci de Manchester, de Berlin, de la rue Popincourt, du faubourg Poissonnière, de Nuremberg, de Lyon ou de Vienne !

Le bazar des armes, au centre du Bezestan, est une vaste halle carrée qui a l'air d'un cellier. Sa haute voûte poudreuse et peuplée d'araignées est soutenue par quatre énormes piliers qui relient deux rues croisées aboutissant à quatre grands portails bardés de fer. Si vous descendez les quelques marches qui conduisent dans cet antre du farouche islamisme, si vous faites le tour de ses allées de terre battue, inégale et boueuse, vous verrez accrochés aux murs décrépis ou renfermés dans de hautes armoires de chêne noir, des harnais brodés, des ustensiles étranges, des meubles antiques, quelques vieilles armes de prix, beaucoup de contrefaçons de lames de damas, imitées par les armuriers juifs avec du mauvais fer mêlé d'acide sulfurique, et une infinité de ces mauvaises rouillades de pistolets turcs, à crosse ciselée d'argent, qui ratent infailliblement neuf fois sur dix.

Toute la splendeur passée de ce bazar jadis si riche, si curieux, est éclipsée, disparue ; les Anglais ont acheté depuis longtemps tout ce qu'il contenait de plus précieux, de plus original, pour s'en faire des panoplies dans leurs châteaux. Ils ont laissé à la place leurs sabres et leurs fusils de pacotille, qui humilient par leur simplicité les trophées qui les avoisinent, les élégantes haches d'armes persanes à manche de fer, à lame recourbée en croissant aigu ; les larges poignards circassiens à gaîne d'or ciselé ; les légères javelines à houppes de plumes noires ; les vieilles arquebuses incrustées de nacre, d'écaille et d'argent, et les véritables damas dont le marchand, vieux Turc à bec d'aigle et à moustache blanche, prouve l'excellence en tranchant d'un seul coup un cornet de papier posé sur son estrade. En somme, il y a là de quoi armer une horde de bachi-bozouks, et pas un bon soldat.

Depuis le moment de son ouverture jusqu'à sa fermeture, du lever au coucher du soleil, le Bezestan est constamment encombré par une foule compacte que bousculent les cavaliers, les voitures, les portefaix et les baudets chargés. La plupart des passants ne font que se promener ou examiner les étalages. Des juifs crient des encans, mais sans violons comme à Péra. Des marchands, couchés sur leur estrade, attendent la pratique en fumant le narguilhé. De dévots musulmans se débarrassent des curieux inutiles en faisant leurs prières et le front prosterné sur leur tapis montrent au public le pôle opposé de leur individu. D'autres ferment leur boutique en tendant en travers une ficelle et, sous la sauvegarde de ce signe respecté, ils vont s'accroupir contre une des fontaines du Bezestan pour y accomplir discrètement leurs ablutions religieuses. Des groupes serrés entourent les cafés et les restaurants turcs ; une querelle survient faute de monnaie, vite la police accourt, et à coups de poing fait rouler le délinquant dans son corps-de-garde du grand carrefour.

Souvent un cavalier s'arrête avec sa suite devant un magasin pour marchander sans mettre pied à terre — ce qui est de suprême bon ton — ou bien c'est un harem tout entier qui, monté en dix voitures et suivi de six eunuques à cheval, vient flâner aux bazars et se fait apporter étoffes et bijoux dans ses télikas dorés. Alors la circulation est interrompue, la foule s'entasse sous l'étroite nef, les bêtes ruent, les gens poussent et jurent, c'est un bruit et un tumulte étourdissants.

Le spectacle de cette animation extrême dans ce demi-jour de caveau produit un effet fantastique très-curieux. Mais quand le soir, à l'heure de la prière, la population s'écoule lentement et que se relèvent les estrades poudreuses qui ferment les magasins, quand le silence et les ténèbres envahissent l'immense labyrinthe désert, je ne sais quelle horreur sinistre se répand sous ses sombres voûtes où, dans une atmosphère corrompue, couve la peste.

J'avais traversé trois fois, sans m'en douter, le fameux marché des esclaves qui a inspiré tant d'éloquentes tirades philosophiques : j'y retournai afin d'examiner la chose de plus près.

Sur le côté méridional de l'enceinte extérieure de la Soleymanié, on voit une large rue bordée, d'un côté par une longue rangée de cafés turcs, et de l'autre par des espèces de petites boutiques de champ de foire construites à deux pieds au-dessus du sol, contre le mur de la mosquée, avec des planches brutes de sapin. Ces cabanes, qui ne reçoivent de jour que par la porte toute grande ouverte, sont les cachots des esclaves. Avancez un peu la tête en-dedans, vous y verrez quelques négresses jeunes ou vieilles, accroupies par terre, assez bien vêtues et fort gaies, causant entre elles ou mangeant des friandises.

Une seule fois j'y ai trouvé une jeune femme blanche, de vingt à vingt-cinq ans, encore belle et mise avec un certain luxe. Emu de pitié, je la considérai un instant en silence, et, ne pouvant lui exprimer en turc les pensées philanthropiques que sa triste position m'inspirait, je lui témoignai ma sympathique commisération en lui offrant un cornet de sucreries que je venais d'acheter pour régaler les enfants que je rencontrerais en chemin. Rien ne peut rendre l'éclair de fierté de son regard et le geste dédaigneux avec lequel elle commanda au chien de ghiaour de s'écarter. Evidemment l'esclave en vente était intimement convaincue de son immense supériorité sociale sur toute la libre chrétienté.

Les négresses de la chambrée, moins orgueilleuses que leur aristocratique compagne de servitude, acceptèrent mes bonbons turcs avec une vive satisfaction et croquèrent ces pâtes musquées aussi avidement qu'eussent pu le faire des singes.

Le marchand de chair humaine vivante était dans la case à côté, couché sur un tapis. A sa figure imberbe, jaune, ridée et livide, on reconnaissait aisément un eunuque. A son front fuyant, à ses yeux enfoncés et faux comme ceux du vautour, à sa bouche serrée et plissée, on devinait un coquin de la pire espèce.

Un Lyonnais constantinopolitain qui m'accompagnait, voulant satisfaire ma curiosité, lui demanda combien valait *sa blanche*. Le monstre souleva à peine sa paupière, gonflée de venin, et, reconnaissant des ghiaours, continua de fumer d'un air de mépris. — Vieux *kerata !* lui dit mon ami, je ne veux pas acheter moi-même cette femme, mais je connais un bey qui cherche une esclave ; il demeure à Brousse ; si le prix est convenable, je lui écrirai. Combien ? — Six mille piastres. — Douze cents francs une Circassienne ! le prix d'un cheval ! ! !

Ce jeune homme me racontait que, trois mois auparavant, un bey, moins fictif que celui de Brousse, et avec lequel il était lié d'amitié, mit en vente une de ses odalisques. M. G... ne pouvait croire à une pareille vilenie de la part d'un homme riche. Il alla au bazar, vit en effet la pauvre femme, et courut chez son maître, son amant, pour lui conseiller de la reprendre ; car chez les Turcs vendre sa concubine est une infamie extrêmement rare. — Ah bah ! mon cher, répondit le bey, cette commère-là est devenue insupportable ; elle bat tout le monde à la maison, mes domestiques, ma femme et moi-même : elle est méchante comme un tigre enragé. Essayez-la ; vous verrez ! Ce tigre fut vendu 800 fr. Il avait, outre son mauvais caractère, le défaut d'avoir trente-six ans.

Revenant un jour d'Andrinople, M. G... rencontra sur la route une bande d'esclaves qui faisait halte auprès d'une fontaine. Une des négresses ayant commis quelque faute, le négrier, dans un mouvement de colère, lui tira un coup de fusil chargé à plomb en pleine poitrine.

Je n'ai pas besoin de dire que ces actes de barbarie sont uniquement le fait des marchands d'esclaves, aussi profondément méprisés et détestés par les Turcs que par nous ; seulement ils ont le tort de s'en servir tout en les méprisant.

Au reste, il n'y a pas de peuple chez lequel la servitude soit aussi douce, aussi humaine que chez les Osmanlis. S'il fallait même en croire les *on dit*, dans les ménages musulmans, les esclaves, même les noires, même celles qui ne sont que de simples servantes, exerceraient un despotisme souvent intolérable sur leurs maîtres trop débonnaires.

# XXII<sup>ME</sup> LETTRE.

**Les mosquées de Constantinople.— La Soleymanié.— La Bayézide.— Sainte-Sophie.— La main sanglante du conquérant.**

Constantinople, 4 juillet 1854.

Le mot de mosquée évoque toujours l'idée de dômes, de minarets élancés, de parois de marbre et de gracieuse architecture arabe. Les trois quarts des mosquées, même dans Constantinople, ne répondent guère à cet idéal ; beaucoup sont en bois, la plupart sont d'une excessive simplicité, quelques-unes seulement ont de la grandeur et de la majesté ; trois ou quatre au plus réalisent complétement, au dehors, la pensée qu'on s'en forme, et pas une seule ne tient, à l'intérieur, les promesses de magnificences de son extérieur. Je n'en excepte que l'*église* de Sainte-Sophie, laquelle, fort laide extérieurement, deploie intérieurement un luxe de décoration qui dépasse tout ce que l'imagination avait pu rêver.

Une des plus pittoresques, et aussi des plus misérables mosquées de Constantinople, s'élève derrière l'arsenal de Kassim-Pacha, au fond d'un vallon tout planté de beaux arbres et de cyprès. Elle occupe le premier étage d'une baraque de bois toute détraquée, dont le rez-de-chaussée sert d'écurie. Son minaret de planches vermoulues, avec son toit pointu et sa lucarne ronde, par laquelle le muezzim passe la tête pour annoncer la prière, ressemble exactement à une grosse lanterne accrochée à la muraille. S'il vente fort, ce n'est qu'en tremblant que le pauvre diable grimpe à son échelle de meunier ; et si la tempête effeuillant les bardeaux pourris fait une brèche aux murs du sanctuaire, l'Iman bouche le trou avec une botte de foin empruntée aux vaches dont le gîte est au-dessous. A l'intérieur, on ne voit que quelques petites lampes de verre suspendues par des fils de fer devant la niche de bois du *mirah*, des sentences du Coran tracées sur des feuilles de parchemin collées aux murs, et des nattes usées sur le plancher vermoulu.

D'autres *Djamissi* d'un rang plus élevé sont en bois verni très-proprement et forment de vastes salles bien aérées, délicieuses de fraîcheur, mais fort peu monumentales.

Parmi les mosquées en maçonnerie, il y en a qui sont précédées d'un petit cloître rustique, entouré d'arcades blanchies à la chaux, avec une fontaine ombragée de beaux arbres et d'arbustes. Plusieurs n'ont au-devant de la façade qu'une double ou triple galerie en plein air, couverte par une immense toiture qui déborde les piliers d'une huitaine de pieds.

Souvent dans ces modestes édifices on trouve de ravissants caprices d'architecture orientale ; ce sont les moins entachés de vulgarités greco-romaines ou Pompadours. La *Bouyouk-Djami*, auprès du port de Scutari, est en grand un curieux modèle du genre.

La mosquée d'*Achmet* est, dit-on, la plus grande et la plus riche de tout Stamboul; mais la grandeur et la richesse ne font pas la beauté artistique. Cet immense édifice est déparé par tant de fautes de goût et de si grossières incorrections, que, malgré ses six glorieux minarets, malgré son dôme imposant porté sur quatre tours de marbre canelé, malgré quelques heureux détails dans les ornements de ses portes de bronze ciselé et doré, il occupe dans l'estime des connaisseurs une place bien au-dessous de la *Soleymanié*.

Celle-ci est le type parfait de la grande mosquée impériale. Son plan, à peu près semblable à celui d'Achmet-Djami, s'en distingue seulement par plus de goût et d'élégance. La *Soleymanié* occupe, au sommet d'une berge escarpée qui descend vers le milieu de la Corne-d'Or, l'emplacement d'une des plus anciennes églises de Byzance, celle de Saint-Jean; aussi les Turcs l'appellent-ils indifféremment mosquée de Soliman ou de Saint-Jean, car ils regardent le précurseur de Jésus-Christ comme un des grands prophètes de Dieu, et ils célèbrent sa fête en même temps que les Grecs.

Le temple est au milieu d'une double enceinte formée, extérieurement, par une rangée de petites chambres en pierres de taille, couvertes de dômes, et intérieurement, à quarante pieds de distance de ces boutiques, par une muraille percée de fenêtres carrées et grillées en fer, contre laquelle s'adossent les cabanes du marché des esclaves.

C'est au centre de l'esplanade ainsi fermée et plantée irrégulièrement de cyprès, de tilleuls et de platanes monstrueux, que la mosquée élève au ciel, entre les massifs de verdure, ses quatre hardis minarets à triples balcons arabes, et sa haute pyramide de demi-dômes arc-boutés les uns au-dessus des autres, autour de la grande coupole centrale.

Elle se divise en deux parties bien distinctes : le parvis et le sanctuaire. Trois hautes portes de marbre du plus pur style oriental, à voûte taillée en ruche d'abeille et à ventaux de bronze ciselé, donnent accès dans le parvis, vaste cour pavée en marbre blanc et entourée d'une somptueuse galerie dont le sol est exhaussé de deux pieds au-dessus de la cour. Ses colonnes de marbre vert, de granit et de porphyre, à base de bronze sculpté, à chapiteaux fouillés en stalactites, supportent des arcades ogivales dont les claveaux sont alternativement de marbre rouge et de marbre blanc. Chaque entre-colonnement est voûté en dôme, et un élégant kiosque, entouré de treillis d'arabesques de cuivre, abrite au centre du cloître la fontaine des ablutions.

Au milieu de la face orientale de ce somptueux parvis, auquel nous n'avons rien à comparer en France, s'ouvre l'entrée du sanctuaire, admirable porte arabe, à baie pyramidale, ciselée et fouillée en stalactites prismatiques, comme un bijou d'ivoire. Malheureusement, ce chef-d'œuvre est déshonoré par une ignoble portière de vieux tapis renforcés de cuir, sous laquelle sont cachées de délicates incrustations sur des panneaux de nacre et d'écaille. A peine a-t-on franchi le seuil que l'on éprouve une grande déception : l'œil, encore ébloui par les splendeurs du parvis, est étonné de la simplicité excessive de l'intérieur du temple.

Il n'a de remarquable que la beauté de ses proportions et sa grandeur imposante : sa vaste coupole, arrondie en demi-sphère parfaite, est surtout d'une indicible majesté. Elle repose directement sur quatre immenses arceaux à plein cintre, dont les profondeurs sont occupées, du côté de la Mecque, par une abside où est pratiquée la niche sacrée du *mirah*, en style arabe ; en face, par des tribunes, et à droite et à gauche, par des espèces de nefs latérales. La nudité de tout cet intérieur blanchi à la chaux n'est décoré que par de gigantesques inscriptions peintes en noir sur les voûtes, par une chaire de marbre sculptée en guipure d'arabesques, par de rares placages de faïence azurée, par les vitraux de l'abside, dont la fine mosaïque de lapis, d'émeraudes et de rubis, semble imiter les dessins des tapis de Perse qui couvrent le pavé, et enfin par quelques colonnes antiques couronnées de chapiteaux à stalactites. On en remarque principalement quatre grandes en superbe granit rouge, qui supportaient autrefois la coupole de l'antique église de Saint-Jean, après avoir orné précédemment je ne sais plus quel temple païen.

De larges cerceaux de fer suspendus aux voûtes, et chargés d'une multitude de mauvaises petites lampes de verre, forment, à une hauteur uniforme de sept pieds au-dessus du sol, une sorte de plafond de feu d'un effet singulier. Immédiatement avant le *mirah*, dont le vide représente l'invisibilité de Dieu, pendait une grande lampe qui, au lieu d'être en verre de forme commune, était un vase élégant de faïence orientale, couvert de dessins azurés que Bernard de Palissy n'eût pas désavoués. De chaque côté pendaient de grosses franges d'épis barbus tressés ensemble par leurs tiges. A droite et à gauche du *mirah* se dressaient, sur de petits chandeliers, deux cierges de pure cire blanche, comme jamais cathédrale catholique n'en a vu : ils mesuraient chacun près de *cinquante centimètres de diamètre.*

Le caractère religieux des mosquées, même celui de la Soleymanié, n'atteint jamais à la sublimité de certaines cathédrales gothiques; il est toujours incomplet, ainsi que leur perfection architecturale, où l'on trouve toujours quelques choquantes disparates.

Le tombeau de *Soliman* et de sa famille est derrière sa mosquée, dans une élégante chapelle ou *turbé*, qui n'a rien de la mine lugubre de nos cryptes funéraires. C'est un groupe de petits édifices, dont le principal a la forme d'une rotonde octogone, en marbre blanc ciselé de gracieuses arabesques, couverte par une coupole, éclairée par des vitraux de couleur, et fermée par des portes de précieuse marqueterie

A l'intérieur, les murs sont revêtus de faïence à fond lapis-lazuli, sur lequel se détachent en émail blanc des vers du Coran en grandes lettres-ornements. Une lampe ornée d'œufs d'autruche tombe du milieu de la voûte, dont les huit pendentifs, peints à la fresque par un vitrier turc, reposent sur une corniche en stalactites de marbre.

Une somptueuse balustrade incrustée de nacre entoure le cercueil impérial posé sur de riches tapis de Perse, voilé de somptueux cachemires et couronné d'un monumental turban de padischa : c'est un amas de mousseline blanche de deux pieds de hauteur, de forme ovoïde, divisé en tranches de melon par quatre petits bourrelets perpendiculaires de même étoffe, et surmonté de deux petites aigrettes de plumes blanches d'autruche, qui, entremêlées de filets noirs de héron, ressemblent à deux cornes émoussées. Une pareille coiffure cucurbitacée suffirait quasi à expliquer une partie des chagrins domestiques de l'amoureux padischa. Passionné jusqu'à la mort pour sa belle Roxelane, il a voulu que cette Frédégonde turque reposât à ses côtés, dans un magnifique cercueil drapé de cachemires d'une finesse fabuleuse, et d'étoffes antiques lamées d'or à délicates inscriptions arabes. Quatre autres cercueils, à turban ou sans turban, contiennent les fils et les filles du grand Salomon des Turcs.

Des froides sépultures royales de Saint-Denis et de Westminster à ce délicieux tombeau de sultan, il y a la différence du sépulcre au boudoir.

Un des usages les plus singuliers des mosquées, c'est d'en faire un entrepôt de marchandises, de meubles, de richesses de toute espèce, et un asile ouvert à tous les vagabonds. Dans presque toutes, on voit les tribunes et les nefs latérales encombrées de bahuts, de ballots d'indienne, de rouleaux de tapis et même de vieux habits, confiés à la garde de Dieu. C'est le seul moyen de soustraire ces richesses aux voleurs et surtout aux incendies, les mosquées étant les seuls édifices construits de manière à pouvoir offrir quelque résistance au feu.

Quant aux vagabonds, c'est surtout dans la cour de la *Jéni-Djami* et de la *Bayézid* qu'on les voit camper sous les galeries, y allumer leur feu et accrocher les cordes de leurs tentes en haillons aux colonnes de marbre ou de granit. Bohèmes, Nègres, Circassiens, Tartares et Syriens trouvent là, sous la protection d'Allah, un asile gratuit, somptueux comme les plus beaux palais de souverains. Cette hospitalité de Dieu dégrade considérablement les mosquées et offusque la vue, mais on ne peut nier qu'elle n'ait un caractère profondément humain et religieux.

Pour le compléter, la coutume musulmane autorise les pauvres locataires de ces parvis à prélever sur toute charge de provisions traversant la cour ce qui est nécessaire à leur subsistance du jour. Souvent des hammals (portefaix) charitables y passent sans nécessité avec un fardeau de fruits, de légumes ou de menu bois, et chaque mendiant vient picorer sur son dos. Lui ne s'arrête ni ne se retourne pour regarder ce qu'on prend : d'abord ce serait un impie, puis la marchandise ne lui appartient pas.

Puisque je vous cite la *Bayézid*, et que je n'aurai pas occasion de vous en reparler, je ne puis m'empêcher de placer ici un mot sur son admirable beauté. Quoique ce soit une des plus petites mosquées impériales, c'est sans contredit, sous le triple rapport du goût, de l'exécution matérielle et de l'excellence des matériaux, le chef-d'œuvre de l'architecture orientale à Stamboul. C'est de tous les monuments turcs celui où l'on trouve le moins de négligentes disparates, le plus de charmants détails, l'ensemble le plus harmonieux, en un mot, cette grâce indéfinissable qui constitue la beauté de l'art.

Son parvis est quelque chose de ravissant, avec ses dalles de marbre de toutes couleurs, sa fontaine treillissée d'arabesques de bronze, et ses colonnades de granit, de marbre vert antique et de porphyre, auxquelles les tilleuls et les cyprès qui ombragent cette cour luxueuse marient on ne peut plus heureusement leurs massifs de verdure.

Il y a là surtout quatre grands portails du plus pur style arabe antique, devant lesquels on reste ébahi d'admiration. Nos pleins cintres, nos ogives, nos portes grecques, romaines ou françaises, ne sont que vulgarités maladroites ou mesquines auprès de ces embrasures en escalier, sculptées, fouillées dans le marbre blanc par la main d'une fée amoureuse de son œuvre, et où le soleil se joue en mille ravissants caprices d'ombre et de lumière à travers les ruches évidées, les prismes, les verrues hémisphériques découpées à jour comme des boules d'ivoire, et les délicats pendentifs épanouis en stalactites de fleurs.

Si une seule de ces quatre portes de palais enchanté, était transportée sur le boulevart de la Madeleine, elle donnerait le plus agréable et le plus formel démenti à ceux qui ont écrit que les Turcs sont des barbares, n'ayant jamais rien su faire que ravager leur conquête. Que l'on installe à côté de cette merveille architecturale le plus beau monument laissé par les Byzantins dégénérés du $X^e$ au $XV^e$ siècle, et tout le monde rira des savants qui ont pu affirmer que les Ottomans doivent au génie des Grecs asservis tous les édifices de Constantinople.

C'est tout bonnement le contraire qui est la vérité : ce sont les artistes asiatiques, et les richesses, la munificence des princes musulmans, qui ont régénéré matériellement aussi bien que moralement le goût et la science de l'architecture dans la Byzance décrépite, et où, au moment de la conquête, il n'y avait plus que de misérables maçons retombés dans la barbarie. La simple comparaison entre les édifices souvent juxtaposés, d'avant et d'après la conquête, établit ce fait avec la dernière évidence.

Malheureusement les Osmanlis n'ont pas su conserver le caractère original de leur architecture asiatique, enseignée par les Arabes en même temps que par le Coran. Au $XVIII^e$ siècle, le style Pompadour le plus mauvais s'est répandu à Constantinople comme une peste. On y voit peut-être plus de rocailles qu'à Versailles et à Trianon. Le style empire, le style préfecture et théâtre de département lui ont succédé ; on en est maintenant à la renaissance François Ier, à la mort complète du style oriental.

Le pis est qu'on laisse se dégrader, sans nul souci, les plus beaux édifices anciens. L'herbe croît sur les murailles fleuronnées ; les murs se lézardent ; j'ai vu de jeunes figuiers pousser gaiement entre les dalles disjointes des galeries de granit de l'*Osmanié*, un des plus curieux monuments de la transition du genre arabe au Pompadour. Les enceintes des mosquées tombent en ruine, et les Imans se contentent de faire blanchir à la chaux, de temps en temps, les murs du sanctuaire : au lieu d'entretenir leur temple avec leurs immenses richesses, ils entretiennent leur ventre.

Une seule ancienne mosquée, la plus importante de toutes pour l'orgueil ottoman, a été sauvée de cet oubli général. C'est celle de *Sainte-Sophie*, gage et preuve monumentale de la conquête. Son dôme colossal fendu dans tout son diamètre, allait s'écrouler sur la tête des vainqueurs, ce qui aurait fort réjoui les vaincus. Les Turcs l'ont fait réparer complétement pour la seconde fois, moins peut-être par amour des beaux-arts ou même par esprit religieux, qu'afin de perpétuer le signe matériel de leur triomphe.

Cette dernière restauration, accomplie avec infiniment de goût et de talent par un architecte italien, a rendu au temple de la *Sainte Sagesse divine* presque toute sa magnificence intérieure ; mais, au dehors, il a été impossible d'en faire un édifice présentable. Cela n'est et n'a jamais été, selon toute vraisemblance, qu'une lourde et informe bâtisse en assises alternées de pierres et de briques, que le crépissage moderne a cherché à imiter.

Les massifs contreforts d'Amurath III, les vulgaires constructions, les cours et les riches turbés qui masquent sa base, laissent cependant juger parfaitement du plan général, par la partie supérieure dégagée de tout entourage. C'est de l'Atmeïdan et de la première cour du sérail qu'on peut le mieux saisir cet ensemble très-simple, et entièrement différent de l'aspect des autres églises.

Le large dôme, écrasé et entouré à la base d'un rang serré de vilaines petites lucarnes cintrées, semble reposer, par l'extrême bord de sa circonférence, sur deux énormes murs massifs et parallèles, hauts de plus de cent pieds, espacés d'autant, et beaucoup plus longs que le diamètre de la coupole. Entre ces deux murs, au nord et au midi, s'arrondissent sous le dôme deux immenses arceaux d'une seule portée, encadrant un vitrail de même dimension, au-dessous duquel les nefs latérales du temple remplissent l'intervalle d'une muraille à l'autre. A l'est et à l'ouest, deux absides informes, une pour le chœur, l'autre au-dessus du vestibule des Catéchumènes, font une forte saillie au-delà de l'alignement des deux murs, dont les quatre extrémités, creusées comme des tours, contiennent, non des escaliers, mais des rampes pavées en pente douce, au moyen desquelles on pourrait monter à cheval dans les tribunes.

C'est par une de ces montées que je pénétrai, la première fois, dans *Agia-Sophia*. La laideur de l'extérieur de l'édifice m'avait inspiré une triste opinion de l'intérieur; après tant de déceptions orientales, je m'attendais à en subir une nouvelle; mais quand la sale porte de bois brut s'ouvrit, quand, ayant fait vingt pas dans ces larges tribunes de marbre, j'arrivai auprès de la balustrade et qu'alors je plongeai la vue dans cette splendide basilique, j'éprouvai comme un éblouissement d'admiration absolue, enthousiaste.

C'était le moment de la prière, et c'est pour cela qu'on nous avait conduits aux galeries supérieures abandonnées des musulmans. Au milieu de l'immense nef entourée de somptueuses colonnades, sous un vaste ciel d'or émaillé de noir et d'azur, dans un demi-jour suave et paisible, on voyait à une grande profondeur des groupes de très-petits hommes s'agenouiller, se prosterner sur les tapis de pourpre, et on entendait résonner, comme un vague écho, dans toutes les hautes galeries, les chants montant du fond du sanctuaire. Cela semblait une musique et un temple d'un autre monde.

Dans ce premier moment de surprise, je n'avais de facultés que pour voir et admirer. C'est l'édifice le plus complétement beau qu'il m'ait été donné de contempler; rien en France, ni en Angleterre, ne peut donner une idée de la noble magnificence de la décoration, de la grandeur des proportions, et surtout de l'incroyable harmonie des lignes courbes, de la lumière adoucie et des couleurs assombries de ce chef-d'œuvre byzantin. Il y a là une prodigieuse science de l'art qui ne paraît pas, mais qui séduit l'âme par les yeux.

Ce n'est pas, comme je le craignais d'après les banales descriptions, une plate imitation du style romain en *corinthien barbare*, c'est une œuvre entièrement originale et d'un seul jet, depuis l'ensemble jusqu'aux détails; et, à mon extrême contentement, je n'y ai pas découvert le moindre chapiteau corinthien ou ionien pour me gâter mon bonheur.

Le plan intérieur de Sainte-Sophie est d'une belle simplicité. La coupole, au lieu de se creuser en forme de puits comme les nôtres, ce qui brise les lignes, s'arrondit en vaste hémisphère reposant directement sur quatre arceaux gigantesques. Celui du chœur et celui de la façade se creusent en cul-de-four, jusqu'à la hauteur de la corniche générale, où s'arrêtent les pendentifs; tandis que les grands cintres latéraux sont fermés perpendiculairement par les immenses vitrages dont j'ai parlé.

Au-dessous de cette corniche générale, le fond du chœur se subdivise en trois absides ornées de vitraux de couleur. De chacun des trois autres côtés, le vaste quadrilatère couvert par la coupole est entouré d'une triple nef à deux étages, soutenus par des petites arcades à plein cintre, dont les colonnes, très-rapprochées les unes des autres, sont en marbre vert antique ou en porphyre; leurs chapiteaux de marbre blanc, sculptés en guipure, représentent des entrelacements d'arabesques, ou de gerbes de palmes croisées autour d'un globe ciselé, saillant au milieu des quatre faces; plusieurs portent encore entre leurs feuillages dentelés la croix et l'Esprit-Saint sur l'Evangile. Des guipures en marbre blanc du même style ornent également les corniches et les intrados des arcades, et toutes les voûtes du dôme, des tribunes, des absides, et même les cintres des arceaux, sont revêtus de mosaïques en petits cubes de cristal colorié, ou doré au moyen d'une feuille d'or, recouverte d'une pellicule de verre qui lui conserve son éclat. On remarque surtout quatre gigantesques séraphins qui, voilés de leurs ailes irisées, décorent les quatre pendentifs de la coupole; les Turcs n'en ont caché que les figures, seule partie apparente de leurs corps, sous un soleil d'or.

Il est difficile d'imaginer, sans l'avoir vu, le merveilleux effet de ces mosaïques dont les millions d'étincelles dorées scintillent doucement dans la pénombre des voûtes. Le milieu de la basilique n'étant éclairé que par les croisées éloignées des tribunes, le haut vitrail des deux grands arceaux latéraux, et les petites ouvertures obliques du dôme, qui semblent soutenir cet empyrée d'or sur une frange de dentelles, il y règne constamment un jour calme et religieux, dont la suave lueur atténue les tons criards et met en harmonie à ravir toutes les nuances des ornements.

L'intérieur restauré de la Sainte-Chapelle de Paris peut, seul en France, et sur une très-petite échelle, faire comprendre cette savante harmonie de coloris architectural.

Pour donner un aperçu des proportions colossales de Sainte-Sophie, dont on ne se douterait pas à ne voir que l'extérieur de l'édifice, je me bornerai à dire que ses tribunes, toutes pavées et revêtues de marbre blanc à veines d'agate, paraissent à elles seules plus vastes que beaucoup d'églises. Elles sont, comme je l'ai dit, divisées en trois nefs : les deux latérales — celle contre les murailles et celle auprès des balustrades — sont excessivement étroites : elles ont à peine six pieds de largeur, mais la grande nef entre deux est large d'environ trente pieds sur quarante de hauteur. Ces merveilleuses tribunes, sans égales au monde, s'étendent sur toute la longueur des trois faces de la basilique.

Le culte musulman a du moins le mérite de n'avoir

presque pas dénaturé le caractère chrétien d'*Aya-Sophia;* il suffirait d'une demi-journée pour en faire disparaître toute trace d'islamisme. Cela se borne à peu de chose : une douzaine d'énormes disques de planches peintes en vert épinard, sur lesquels sont écrites, en grandes lettres dorées, des sentences du Coran, et qui, appendus aux colonnes et aux piliers du dôme, coupent toutes les lignes, jurent avec toutes les couleurs de l'édifice ; une chaire de marbre, ou *nimbar* très-vulgaire ; et un *mirah* ou niche sacrée, dont la triviale décoration semble une insulte barbare à l'élégance suprême du temple de Justinien. C'est une mauvaise petite niche sans style, encadrée entre deux espèces de pilastres de bois verni, décorés d'enroulements d'acanthes de maçon, dignes d'orner la boutique d'un perruquier de faubourg. Je restai stupéfait devant cette horreur. Et peut-être un naïf sultan a-t-il généreusement payé le coquin coupable de ce méfait, au lieu de lui faire donner cent coups de bâton !

La tribune impériale, grande cage en bois doré, assez élégante et surmontée d'un soleil hérisson, est à droite de l'abside, sous une des deux hautes arcades, supportées, de chaque côté du chœur, par deux magnifiques colonnes de porphyre empruntées aux ruines du temple de Baalbec.

Je ne parle pas des milliers de lampes, des gros cierges monstres, ni des tapis de Sainte-Sophie. Ceux-ci sont d'une grande richesse, mais je leur préfère le splendide pavé qu'ils cachent. Comme celui des tribunes, il est en marbre blanc à larges veines d'agate ajustées de manière à représenter les quatre fleuves de l'Eden.

De chaque côté de la porte d'entrée principale, on voit deux énormes vases d'albâtre, de forme ovoïde tout unie, posés debout sur des bases de bronze, de manière à représenter assez exactement des œufs gigantesques dans un petit coquetier. Ce sont deux urnes antiques empruntées, dit-on, aux ruines des temples de Pergame. Bénitiers païens de Justinien, ces urnes ont été transformées en fontaines pour les ablutions, par les musulmans qui les ont *mises en perce*.

A gauche de l'entrée, on remarque une grande colonne de porphyre qui est l'objet d'une singulière superstition. Par je ne sais quelle cause naturelle facile à expliquer, le fût de cette colonne contient une veine qui a la propriété particulière d'être constamment humide, au point de suer parfois de grosses gouttes d'eau. Les femmes turques, convaincues que ces larmes de la colonne miraculeuse ont la vertu de guérir les maux d'yeux, très-communs en Turquie, viennent essuyer cette humidité avec leur index et s'en frottent les paupières.

Telle est l'affluence des dévotes et la ferveur de leur dévotion, qu'elles ont fini par *trouer le porphyre avec le bout de leur index*. Les Imans de la mosquée ont voulu arrêter le mal en recouvrant toute la partie inférieure de cette colonne d'une plaque épaisse de bronze, mais la foi a percé le bronze comme elle avait percé le porphyre.

C'est surtout dans le grand vestibule des Catéchumènes, en travers de la façade de la basilique, que l'on remarque le plus de traces de christianisme. Les ornements magnifiques des portes de bronze extérieures ont conservé tous leurs emblèmes chrétiens, car il était impossible de les effacer sans détruire les portes elles-mêmes ; ils sont seulement cachés sous d'épaisses et sales portières garnies de tapis et bordées de cuir. Sur les panneaux de cuivre des portes intérieures, on s'est contenté d'arracher les deux bras des *croix latines* qui les décoraient ; on en a laissé le montant mutilé. Enfin, au-dessus de ces mêmes portes et en dedans du vestibule, on distingue parfaitement, dans les médaillons en mosaïques qui ornent la frise de la muraille, sous une légère dorure moderne déjà écaillée, les figures de plusieurs apôtres.

J'oubliais, en sortant de Sainte-Sophie, de rappeler un vestige historique qui ne laisse pas d'avoir son intérêt : c'est *la main sanglante de Mahomet*. Je l'ai *vue*, cette terrible signature du *conquérant* à l'heure du massacre. Elle est imprimée très-clairement sur la bordure de marbre blanc qui encadre le placage de porphyre du pilier du dôme le plus rapproché de l'abside, à droite en regardant le sanctuaire, en dedans de la voussure qui fait face à la colonne de Baalbek, et à environ quinze pieds de hauteur.

Les traditions grecques et turques rapportent que Mahomet II, une fois sa conquête assurée et ses ennemis complétement écrasés, entra à cheval dans Sainte-Sophie, où ses soldats avaient fait une épouvantable boucherie de toutes les femmes, des vieillards et des enfants réfugiés par milliers autour de l'autel. Ivre encore de carnage et d'orgueil, le farouche sultan monta sur un monceau de morts et de mourants, et, du haut de cette horrible chaire, proclamant la profession de foi musulmane : *la Allah il Allah, ou Mohamed raçoul Allah*, il confirma cette prise de possession en appliquant sa main droite ensanglantée sur ce pilier du dôme.

Probablement son cheval glissa sur les cadavres, car la main a bougé et les doigts sont presque doublés. Malgré cette irrégularité, qu'une contrefaçon apocryphe n'eût pas manqué d'éviter, il est impossible de méconnaître dans cette empreinte celle d'une main humaine, humide d'une liqueur rouge. La silhouette blanche, maculée de taches, est bordée d'une auréole brune : c'est exactement l'effet qu'a dû produire la main de Mahomet violemment plaquée contre le marbre et entourée de réjaillissements de sang.

Cette tradition que l'on a voulu mettre en doute est d'autant plus vraisemblable, qu'elle s'accorde parfaitement avec l'usage historique bien connu des conquérants tartares et des premiers sultans turcs, qui signaient leurs firmans souverains en imprimant sur le parchemin, en guise de sceau, leur main ouverte trempée dans le sang d'un bélier ou même d'un homme. Encore aujourd'hui, le premier jour de baïram, un agneau est sacrifié par un prêtre, aux pieds du Commandeur des croyants, qui trempe sa main dans son sang et touche aussitôt le drapeau national.

De cette vieille coutume tartare, vient l'usage oriental de sculpter et de peindre en rouge, sur tous les édifices impériaux, une main ouverte, non pas comme symbole de libéralité, ainsi qu'on l'a ridiculement expliqué, mais comme emblème de la propriété souveraine.

Au surplus, et quoi qu'il en puisse être de l'authenticité du glorieux stygmate de Mahomet II, les prêtres de Sainte-Sophie le conservent précieusement. Ils devraient bien plutôt se hâter de le faire disparaître avec une foule d'autres abus de la force ; car, si, pour eux, c'est un signe de triomphe, pour le plus grand nombre des sujets de l'empire, c'est un éternel appel à la haine, à la vengeance,

# TABLE.

|   | Pages. |
|---|---|

**Iʳᵉ LETTRE.** — De Marseille à Malte, Syra, Smyrne, Gallipoli et Constantinople. . . . . . . . . . . . . . . . . 1

**IIᵉ LETTRE.** — Constantinople. — Soldats égyptiens. — Nouvelles. — Opéra. . . . . . . . . . . . . . . . . 56

**IIIᵉ LETTRE.** — Camp de Gallipoli. — Expulsion des Hellènes. — Bachi-Bozouks. — Soldats turcs. — Portrait du Sultan. 71

**IVᵉ LETTRE.** — Invasion de la Dobrutscha par les Russes. — Description de ce pays. . . . . . . . . . . . . . 89

**Vᵉ LETTRE.** — Illusions des Hellènes, leurs divisions, leurs vices. — Cause de la ruine de l'empire byzantin. — Revue des Anglais à Scutari. — Arrivée de bachi bozouks. . . . . . 97

**VIᵉ LETTRE.** — Bombardement d'Odessa. — Esprit public en Russie. . . . . . . . . . . . . . . . . . . 106

**VIIᵉ LETTRE.** — Différend entre l'ambassadeur de France et l'ambassadeur d'Angleterre au sujet des Hellènes catholiques. — Arrivée du prince Napoléon. — Incendie à Constantinople. . . 112

**VIIIᵉ LETTRE.** — Les *Te Deum* russes. — Une boutade de Mentschikoff. — Pillages dans l'administration moscovite. — Causes de la faiblesse des armées ottomanes. — Arrivée du maréchal de Saint-Arnaud. . . . . . . . . . . . . . 123

**IXᵉ LETTRE.** — Visite aux camps de Gallipoli. — Scènes militaires. — Change de monnaie. — Coups de sabre. — Vol au four. — Une difficulté entre les derviches et le général L... — Galanteries publiques des dames turques aux eaux douces d'Europe. . . . . . . . . . . . . . . . . . . . 134

**Xᵉ LETTRE.** — Conseil de guerre de Varna — Projets de campagne. — Les drogmans d'ambassade. — Revue des troupes turques par S. H. le sultan. — Lancement d'une frégate turque dans la Corne-d'Or. . . . . . . . . . . . . . . . . 149

**XIᵉ LETTRE.** — Guerre en Epire. — Excès et dissensions des bandes hellènes. — De quelques préjugés contre les Turcs. — Les bons côtés de la civilisation musulmane. — Défauts des Francs-orientaux et des capitulations. . . . . . . . . . . 164

**XIIᵉ LETTRE.** — Siége de Silistrie. — Départ des armées alliées pour la Bulgarie. — Le ramazan. — Les eaux douces d'Europe. — Le frère du sultan. . . . . . . . . . . . . . . 185

**XIIIᵉ LETTRE.** — De la propriété en Turquie. — Vices du Bas-Empire perpétués par les Turcs. — Régime communal. — Bureaucratie ottomane. . . . . . . . . . . . . . . . . 195

**XIVᵉ LETTRE.** — Revue des Anglais par le sultan. — Scène de fanatisme. — Siége de Silistrie. — Les Français au Pirée. — Bachi-bozouks à la solde de la France. . . . . . . . . 207

**XVᵉ LETTRE.** — Entrée des spahis algériens à Constantinople. — Cantonnement des Français à Daoud-Pacha. . . . . . 217

**XVIᵉ LETTRE.** — Marche de la 3ᵉ division française de Gallipoli à Daoud-Pacha. — La fête du milieu du ramazan au vieux sérail. — Scène de fanatisme. — Violation de domicile français et voies de fait de la part de soldats turcs. — Les parapluies du capitan-pacha. . . . . . . . . . . . . . . . . . 229

**XVIIᵉ LETTRE.** — Revue de la division du prince Napoléon par le sultan. — Embarquement de cette division pour Varna. 241

**XVIIIᵉ LETTRE.** — Procession de la Fête-Dieu à Péra. — Scène disgracieuse pour un jeune pacha. — Fête de Kadine-Ghedjessi. . . . . . . . . . . . . . . . . . . . . . 250

**XIXᵉ LETTRE.** — Levée du siége de Silistrie. — Déroute des Turcs en Asie. — Excuses singulières du général ottoman. — Cérémonies du baïram — Baisement des pieds du sultan. . . 261

**XXᵉ LETTRE.** — Description des quartiers de Constantinople. — Le quartier des Sept-Tours. — La colonne de Théodose. — Psammathia. — La vallée de Jéni-Bagdjé. — Les Zingari. — Le vlanga Bostandji. — La tour de Bélisaire. . . . . . . . 277

**XXIᵉ LETTRE.** — Le quartier de la porte d'Andrinople. — La colonne-mausolée de Marcien. — Les palais des Blaquernes. — Les juiveries. — Le phanar. — L'aqueduc de Valens. — Les palais de Constantinople. — L'Atmeïdan. — Les ruines de l'hippodrome. — Un monument des Comnènes. — Le Bezestan et le bazar des esclaves. . . . . . . . . . . . . . . . . 298

**XXIIᵉ LETTRE.** — Les mosquées de Constantinople. — La Soleymanié, la Bayézid, Sainte-Sophie. — La main sanglante du conquérant. . . . . . . . . . . . . . . . . . . . 343

Paris. — Imp. de Pommeret et Moreau, 17, quai des Augustins.

LIBRAIRIE D'ALPHONSE DELHOMME,
3, RUE DU PONT-DE-LODI.

# GUERRE D'ORIENT.

# VOYAGE

A LA SUITE

# DES ARMÉES ALLIÉES

## EN TURQUIE,

## EN VALACHIE ET EN CRIMÉE.

RELATION ÉCRITE SUR LES LIEUX MÊMES,

PAR M. EUGÈNE JOUVE,

Rédacteur du *Courrier de Lyon*.

## PRÉFACE.

Envoyé en Orient avec la mission expresse de voir de près les hommes, les choses, les événements, et d'en dire la franche vérité, sans parti pris d'avance, je me suis efforcé d'accomplir loyalement cette tâche honorable pendant un séjour de huit mois à Gallipoli, à Constantinople, à Andrinople, à Routschouck, Bucharest et Sébastopol. Afin de donner à ma correspondance avec *le Courrier de Lyon* plus de certitude et de précision, je ne m'en rapportais pas à des souvenirs toujours plus ou moins effacés ; jour par jour et à tout instant de la journée, j'écrivais ce que je voyais de mes yeux, ce que me racontaient des témoins oculaires dignes de confiance, ce que je recueillais de la bouche des Turcs, des rayas et des Francs établis dans le pays, sur les mœurs et les idées de la Turquie.

Mes lettres ne sont que le résumé de ces notes diverses, groupées par ordre et confrontées ensemble pour en faire jaillir la vérité.

En les réunissant aujourd'hui en volumes, j'ai rectifié, autant qu'il m'a été possible de les reconnaître, toutes les inexactitudes de détail qui ont pu m'échapper au milieu des nouvelles contradictoires et des embarras d'un pareil voyage. J'ai eu aussi à compléter beaucoup de passages, supprimés en partie parce que leur franchise prématurée aurait heurté trop rudement certains engouements, certaines illusions du moment.

Maintenant que les faits eux-mêmes se sont chargés d'éclairer le public sur les réalités de la question d'Orient, on me pardonnera sans doute de dire en toute liberté le bien et le mal que j'ai dû observer ; car à présent chacun comprend que nous faisons la guerre à propos des Turcs et avec les Turcs, mais non pas précisément pour les Turcs. C'est pour un but plus grand et plus noble que les deux plus puissantes nations de la chrétienté prodiguent leur or et leur sang, dans une lutte gigantesque : il ne s'agit de rien moins au fond que du triomphe de la liberté européenne, menacée par l'autocratie moscovite.

Tel a été le point de vue constant de ma correspondance.

Eugène JOUVE.

## TABLE DE LA PREMIÈRE PARTIE.

**Ire LETTRE.** — De Marseille à Malte, Syra, Smyrne, Gallipoli et Constantinople.

**IIe LETTRE.** — Constantinople. — Soldats égyptiens. — Nouvelles. — Opéra.

**IIIe LETTRE.** — Camp de Gallipoli. — Expulsion des Hellènes. — Bachi-Bozouks. — Soldats turcs. — Portrait du Sultan.

**IVe LETTRE.** — Invasion de la Dobrutscha par les Russes. — Description de ce pays.

**Ve LETTRE.** — Illusions des Hellènes, leurs divisions, leurs vices. — Cause de la ruine de l'empire byzantin. — Revue des Anglais à Scutari. — Arrivée de bachi-bozouks.

**VIe LETTRE.** — Bombardement d'Odessa. — Esprit public en Russie.

**VIIe LETTRE.** — Différend entre l'ambassadeur de France et l'ambassadeur d'Angleterre au sujet des Hellènes catholiques. — Arrivée du prince Napoléon. — Incendie à Constantinople.

**VIIIe LETTRE.** — Les *Te Deum* russes. — Une boutade de Mentschikoff. — Pillages dans l'administration moscovite. — Causes de la faiblesse des armées ottomanes. — Arrivée du maréchal de Saint-Arnaud.

**IXe LETTRE.** — Visite aux camps de Gallipoli. — Scènes militaires. — Change de monnaie. — Coups de sabre. — Vol au four. — Une difficulté entre les derviches et le général L... — Galanteries publiques des dames turques aux eaux douces d'Europe.

**Xe LETTRE.** — Conseil de guerre de Varna. — Projets de campagne. — Les drogmans d'ambassade. — Revue des troupes turques par S. H. le sultan. — Lancement d'une frégate turque dans la Corne-d'Or.

**XIe LETTRE.** — Guerre en Epire. — Excès et dissensions des bandes hellènes. — De quelques préjugés contre les Turcs. — Les bons côtés de la civilisation musulmane. — Défauts des Francs-orientaux et des capitulations.

**XIIe LETTRE.** — Siége de Silistrie. — Départ des armées alliées pour la Bulgarie. — Le ramazan. — Les eaux douces d'Europe. — Le frère du sultan.

**XIIIe LETTRE.** — De la propriété en Turquie. — Vices du Bas-Empire perpétués par les Turcs. — Régime communal. — Bureaucratie ottomane.

**XIVe LETTRE.** — Revue des Anglais par le sultan. — Scène de fanatisme. — Siége de Silistrie. — Les Français au Pirée. — Bachi-bozouks à la solde de la France.

**XVe LETTRE.** — Entrée des spahis algériens à Constantinople. — Cantonnement des Français à Daoud-Pacha.

**XVIe LETTRE.** — Marche de la 3e division française de Gallipoli à Daoud-Pacha. — La fête du milieu du ramazan au vieux sérail. — Scène de fanatisme. — Violation de domicile français et voies de fait de la part de soldats turcs. — Les parapluies du capitan-pacha.

**XVIIe LETTRE.** — Revue de la division du prince Napoléon par le sultan. — Embarquement de cette division pour Varna.

**XVIIIe LETTRE.** — Procession de la Fête-Dieu à Péra. — Scène disgracieuse pour un jeune pacha. — Fête de Kadine-Ghedjessi.

**XIXe LETTRE.** — Levée du siége de Silistrie. — Déroute des Turcs en Asie. — Excuses singulières du général ottoman. — Cérémonies du baïram. — Baisement des pieds du sultan.

**XXe LETTRE.** — Description des quartiers de Constantinople. — Le quartier des Sept-Tours. — La colonne de Théodose. — Psammathia. — La vallée de Jéni-Bagdjé. — Les Zingari. — Le vlanga Bostandji. — La tour de Bélisaire.

**XXIe LETTRE.** — Le quartier de la porte d'Andrinople. — La colonne-mausolée de Marcien. — Les palais des Blaquernes. — Les juiveries. — Le phanar. — L'aqueduc de Valens. — Les palais de Constantinople. — L'Atmeïdan. — Les ruines de l'hippodrome. — Un monument des Comnènes. — Le Bezestan et le bazar des esclaves.

**XXIIe LETTRE.** — Les mosquées de Constantinople. — La Soleymanié, la Bayézid, Sainte-Sophie. — La main sanglante du conquérant.

## TABLE DE LA SECONDE PARTIE.

**XXIIIᵉ LETTRE**. — Andrinople, 9 juillet. — Voyage dans la Thrace. — Abus administratifs. — Monuments. — Silivri.

**XXIVᵉ LETTRE**. — Andrinople, 12 juillet. — Marche des troupes françaises à travers la Roumélie. — Opinions des Turcs et des rayas. — Andrinople. — Traits de mœurs.

**XXVᵉ LETTRE**. — Andrinople, 13 juillet. — Arrivée d'un régiment d'artillerie française. — Réformes introduites dans la ville. — Des nationalités de l'empire ottoman.

**XXVIᵉ LETTRE**. — Tschipka-Balkan, 19 juillet. — Vallée de la Maritza. — Rencontres en route. — Eski-Zagra. — La première chaîne du Balkan. — Derbind-Kœi. — Ferme bulgare. — Vallée de la Toundja-Kzanlik. — Village de Tschipka.

**XXVIIᵉ LETTRE**. — Ternova, 23 juillet. — Traversée du Balkan. — Fortification du col de Tschipka. — Gabrova et son pacha. — Quarante voyageurs arrêtés par trois brigands.

**XXVIIIᵉ LETTRE**. — Ternova, 24 juillet. — Ville de Ternova. — Réception chez le pacha. — Scènes de bachi-bozouks. — Visite chez le métropolitain bulgare.

**XXIXᵉ LETTRE**. — Routschouk, 23 juillet. — Plaines du Danube. — Caravanes macédoniennes. — Routschouk. — Une auberge cosmopolite. — Le pont sur le Danube. — Combat de Ramadan. — Retraite des Russes.

**XXXᵉ LETTRE**. — Routschouk, 2 août. — Omer-Pacha. — Camps turcs. — Détails sur l'armée moscovite.

**XXXIᵉ LETTRE**. — Giurgévo, 6 août. — Camp albanais. — Pillage de la ville de Giurgévo. — Camp retranché de la rive gauche du Danube.

**XXXIIᵉ LETTRE**. — Routschouk, 12 août. — Entrée de Scander-Bey à Bucharest. — Inauguration du pont de Roustchouk.

**XXXIIIᵉ LETTRE**. — Routschouk, 19 août. — Passage de l'armée turque en Valachie. — Invasion du choléra à Routschouk et à Varna.

**XXXIVᵉ LETTRE**. — Giurgévo, 22 août. — Licenciement des bachi-bozouks. — Résistance des Albanais. — Incendie de Varna.

**XXXVᵉ LETTRE.** — Bucharest, 25 août. — Entrée d'Omer-Pacha dans la capitale de la Valachie. — Souvenirs de l'occupation moscovite. — Bucharest, ses monuments et ses promenades.

**XXXVIᵉ LETTRE.** — Bucharest, 29 août. — Proclamation du général baron de Hesse.

**XXXVIIᵉ LETTRE.** — Bucharest, 5 septembre. — Intrigues contre le rappel des hospodars. — Intervention autrichienne. — Ouverture des bouches du Danube.

**XXXVIIIᵉ LETTRE.** — Bucharest, 6 septembre. — Entrée des troupes autrichiennes à Bucharest.

**XXXIXᵉ LETTRE.** — Bucharest, 10 septembre. — Restauration du prince Stir-Bey.

**XLᵉ LETTRE.** — Bucharest, 19 septembre. — Défense intimée par le comte Coronini à Omer-Pacha de continuer les hostilités contre les Russes sur la frontière du Pruth. — Débarquement des armées alliées en Crimée.

**XLIᵉ LETTRE.** — De Bucharest à Varna, 25 septembre, 4 octobre. — Mœurs valaques. — Chaise de poste roumaine. — Varna, ses environs et ses camps. — Victoire d'Alma.

**XLIIᵉ LETTRE.** — Constantinople, 5 octobre. — Mort du maréchal de Saint-Arnaud. — Hôpitaux de Constantinople. — Blessés français et russes. — Sœurs de charité.

**XLIIIᵉ LETTRE.** — Constantinople, 8 octobre. — Souvenirs de la bataille d'Alma.

**XLIVᵉ LETTRE.** — Constantinople, 10 octobre. — Marche autour de Sébastopol. — Prise de Balaclava et du plateau de Cherson. — Préliminaires du siége.

**XLVᵉ LETTRE.** — Constantinople, 15 octobre. — Remparts de Sébastopol. — Barrage du port. — Ouverture de la tranchée. — Renforts envoyés de part et d'autre.

**XLVIᵉ LETTRE.** — Devant Sébastopol, 18 octobre 1854. — Santé et moral des troupes. — Le château du prince Menschikoff. — Les zouaves.

**XLVIIᵉ LETTRE.** — Devant Sébastopol, 20 octobre 1854. — La Mer-Noire. — Les flottes. — Les batteries de siége. — Description du pays. — Opérations du siége. — Les camps. — Le fort Constantin.

— Tirailleurs des zouaves et des chasseurs. — Les Anglais. — Les Russes. — Sortie de la place. — Blessés russes. — Sébastopol. — Le prince Menschikoff. — Détails sur les tranchées.

**XLVIII<sup>e</sup> LETTRE.** — Devant Sébastopol, 28 octobre 1854. — Mort de l'amiral Korniloff. — Son successeur Nachimoff. — Batteries russes. — Les assiégés. — Détails. — La flotte russe. — Climat de la Crimée. — Arrivée de malades anglais à Balaclava. — Excursion à Balaclava. — Le port. — Description du pays. — Lord Raglan. — Camps des troupes anglaises. — Camps des Turcs. — Bataille de Balaclava. — Lord Lucan. — Le général Bosquet. — Lord Cardignan. — Prisonniers et morts russes. — Sorties. — Canonnade. — L'amiral Bruat. — Combat de Balaclava. — Détails.

**XLIX<sup>e</sup> LETTRE.** — Devant Sébastopol, 2 novembre 1854. — Visite aux tranchées. — Sorties nocturnes. — Prisonniers et déserteurs russes. — Humanité de nos troupiers. — Nouveaux détails sur la température de la Crimée. — Le port de Chersonèse.

**L<sup>e</sup> LETTRE.** — Devant Sébastopol, 7 novembre 1854. — Combat d'Inkermann. — Description du champ de bataille. — Les Anglais, les Français, les Russes. — Le monastère de Saint-Georges.

**LI<sup>e</sup> LETTRE.** — Devant Sébastopol, 12 novembre 1854. — Nouveaux détails. — Les marins français débarqués. — Les cosaques. — Les camps de l'armée alliée devant Sébastopol. — Le général Canrobert.

**LII<sup>e</sup> LETTRE.** — Devant Sébastopol, le 21 novembre 1854. — Tempête. — Naufrages.

---

BELLE ÉDITION IN-8.

Prix de chaque partie. . . . . . . . 6 fr.

**Se trouve chez tous les libraires de France et de l'étranger.**

---

Paris. — Imprimerie de POMMERET et MOREAU, 17, quai des Augustins.

LIBRAIRIE D'ALPHONSE DELHOMME,
3, rue du Pont-de-Lodi.

# GUERRE D'ORIENT.

# VOYAGE

A LA SUITE

# DES ARMÉES ALLIÉES

EN TURQUIE, EN VALACHIE ET EN CRIMÉE.

Relation écrite sur les lieux mêmes, *de visu*,

## PAR M. EUGÈNE JOUVE,

Rédacteur du *Courrier de Lyon*.

BELLE ÉDITION IN-8.

## PRÉFACE.

Envoyé en Orient avec la mission expresse de voir de près les hommes, les choses, les événements, et d'en dire la franche vérité, sans parti pris d'avance, je me suis efforcé d'accomplir loyalement cette tâche honorable pendant un séjour de huit mois à Gallipoli, à Constantinople, à Andrinople, à Routschouck, Bucharest et Sébastopol. Afin de donner à ma correspondance avec *le Courrier de Lyon* plus de certitude et de précision, je ne m'en rapportais pas à des souvenirs toujours plus ou moins effacés ; jour par jour et à tout instant de la journée, j'écrivais ce que je voyais de mes yeux, ce que me racontaient des témoins oculaires dignes de confiance, ce que je recueillais de la bouche des Turcs, des rayas et des Francs établis dans le pays, sur les mœurs et les idées de la Turquie.

Mes lettres ne sont que le résumé de ces notes diverses, groupées par ordre et confrontées ensemble pour en faire jaillir la vérité.

En les réunissant aujourd'hui en volumes, j'ai rectifié, autant qu'il m'a été possible de les reconnaître, toutes les inexactitudes de détail qui ont pu m'échapper, au milieu des nouvelles contradictoires et des embarras d'un pareil voyage. J'ai eu aussi à compléter beaucoup de passages, supprimés en partie parce que leur franchise prématurée aurait heurté trop rudement certains engouements, certaines illusions du moment.

Maintenant que les faits eux-mêmes se sont chargés d'éclairer le public sur les réalités de la question d'Orient, on me pardonnera sans doute de dire en toute liberté le bien et le mal que j'ai dû observer; car à présent chacun comprend que nous faisons la guerre à propos des Turcs et avec les Turcs, mais non pas précisément pour les Turcs. C'est pour un but plus grand et plus noble que les deux plus puissantes nations de la chrétienté prodiguent leur or et leur sang, dans une lutte gigantesque : il ne s'agit de rien moins au fond que du triomphe de la liberté européenne, menacée par l'autocratie moscovite.

Tel a été le point de vue constant de ma correspondance.

Eugène JOUVE.

## TABLE DE LA PREMIÈRE PARTIE.

**Iʳᵉ LETTRE**. — De Marseille à Malte, Syra, Smyrne, Gallipoli et Constantinople.

**IIᵉ LETTRE**. — Constantinople. — Soldats égyptiens. — Nouvelles. — Opéra.

**IIIᵉ LETTRE**. — Camp de Gallipoli. — Expulsion des Hellènes. — Bachi-bozouks. — Soldats turcs. — Portrait du sultan.

**IVᵉ LETTRE**. — Invasion de la Dobrutscha par les Russes. — Description de ce pays.

**Vᵉ LETTRE**. — Illusions des Hellènes, leurs divisions, leurs vices. — Cause de la ruine de l'empire byzantin. — Revue des Anglais à Scutari. — Arrivée de Bachi-bozouks.

**VIᵉ LETTRE**. — Bombardement d'Odessa. — Esprit public en Russie.

**VIIᵉ LETTRE**. — Différend entre l'ambassadeur de France et l'ambassadeur d'Angleterre au sujet des Hellènes catholiques. — Arrivée du prince Napoléon. — Incendie à Constantinople.

**VIIIᵉ LETTRE**. — Les *Te Deum* russes. — Une boutade de Mentschikoff. — Pillages dans l'administration moscovite. — Causes de la faiblesse des armées ottomanes. — Arrivée du maréchal de Saint-Arnaud.

**IXᵉ LETTRE**. — Visite aux camps de Gallipoli. — Scènes militaires. — Change de monnaie. — Coups de sabre. — Vol au four. — Une difficulté entre les derviches et le général L... — Galanteries publiques des dames turques aux eaux douces d'Europe.

**Xᵉ LETTRE**. — Conseil de guerre de Varna. — Projets de campagne. — Les drogmans d'ambassade. — Revue des troupes turques par S. H. le Sultan. — Lancement d'une frégate turque dans la Corne-d'Or.

**XIᵉ LETTRE**. — Guerre en Epire. — Excès et dissensions des bandes hellènes. — De quelques préjugés contre les Turcs. — Les bons côtés de la civilisation musulmane. — Défauts des Francs-orientaux et des capitulations.

**XIIᵉ LETTRE**. — Siége de Silistrie. — Départ des armées alliées pour la Bulgarie. — Le ramazan. — Les eaux douces d'Europe. — Le frère du sultan.

**XIIIᵉ LETTRE**. — De la propriété en Turquie. — Vices du Bas-Empire perpétués par les Turcs. — Régime communal. — Bureaucratie ottomane.

**XIVᵉ LETTRE.** — Revue des Anglais par le sultan. — Scène de fanatisme. — Siége de Silistrie. — Les Français au Pirée. — Bachi-bozouks à la solde de la France.

**XVᵉ LETTRE.** — Entrée des spahis algériens à Constantinople. — Cantonnement des Français à Daoud-Pacha.

**XVIᵉ LETTRE.** — Marche de la 3ᵉ division française de Gallipoli à Daoud-Pacha. — La fête du milieu du ramazan au vieux sérail. — Scène de fanatisme. — Violation de domicile français et voies de fait de la part de soldats turcs. — Les parapluies du capitan-pacha.

**XVIIᵉ LETTRE.** — Revue de la division du prince Napoléon par le sultan. — Embarquement de cette division pour Varna.

**XVIIIᵉ LETTRE.** — Procession de la Fête-Dieu à Péra. — Scène disgracieuse pour un jeune pacha. — Fête de Kadine-Ghedjessi.

**XIXᵉ LETTRE.** — Levée du siége de Silistrie. — Déroute des Turcs en Asie. — Excuses singulières du général ottoman. — Cérémonies du baïram. — Baisement des pieds du sultan.

**XXᵉ LETTRE.** — Description des quartiers de Constantinople. — Le quartier des Sept-Tours. — La colonne de Théodose. — Psammathia. — La vallée de Jéni-Bagdjé. — Les Zingari. — Le vlanga Bostandji. — La tour de Bélisaire.

**XXIᵉ LETTRE.** — Le quartier de la porte d'Andrinople. — La colonne-mausolée de Marcien. — Les palais des Blaquernes. — Les juiveries. — Le phanar. — L'aqueduc de Valens. — Les palais de Constantinople. — L'Atmeïdan. — Les ruines de l'hippodrome. — Un monument des Comnènes. — Le Bezestan et le bazar des esclaves.

**XXIIᵉ LETTRE.** — Les mosquées de Constantinople. — La Soleymanié, la Bayézid, Sainte-Sophie. — La main sanglante du conquérant.

Prix. . . . . . . . . . . . . . . 6 fr.

### TABLE DE LA DEUXIÈME PARTIE.

**XXIIIᵉ LETTRE.** — Andrinople, 9 juillet. — Voyage dans la Thrace. — Abus administratifs. — Monuments. — Silivri.

**XXIVᵉ LETTRE.** — Andrinople, 12 juillet. — Marche des troupes françaises à travers la Roumélie. — Opinions des Turcs et des rayas. — Andrinople. — Traits de mœurs.

**XXVᵉ LETTRE.** — Andrinople, 13 juillet. — Arrivée d'un régiment d'artillerie française. — Réformes introduites dans la ville. — Des nationalités de l'empire ottoman.

**XXVIᵉ LETTRE.** — Tschipka-Balkan, 19 juillet. — Vallée de la Maritza. — Rencontres en route. — Eski-Zagra. — La première chaîne du Balkan. — Derbind-Kœi. — Ferme bulgare. — Vallée de la Toundja-Kzanlik. — Village de Tschipka.

**XXVIIᵉ LETTRE.** — Ternova, 23 juillet. — Traversée du Balkan. — Fortification du col de Tschipka. — Gabrova et son pacha. — Quarante voyageurs arrêtés par trois brigands.

**XXVIIIᵉ LETTRE.** — Ternova, 24 juillet. — Ville de Ternova. — Réception chez le pacha. — Scènes de bachi-bozouks. — Visite chez le métropolitain bulgare.

**XXIXᵉ LETTRE.** — Routschouk, 23 juillet. — Plaines du Danube. — Caravanes macédoniennes. — Routschouk. — Une auberge cosmopolite. — Le pont sur le Danube. — Combat de Ramadan. — Retraite des Russes.

**XXXᵉ LETTRE.** — Routschouk, 2 août. — Omer-Pacha. — Camps turcs. — Détails sur l'armée moscovite.

**XXXIᵉ LETTRE.** — Giurgévo, 6 août. — Camp albanais. — Pillage de la ville de Giurgévo. — Camp retranché de la rive gauche du Danube.

**XXXIIᵉ LETTRE.** — Routschouk, 12 août. — Entrée de Scander-Bey à Bucharest. — Inauguration du pont de Routschouk.

**XXXIIIᵉ LETTRE.** — Routschouk, 19 août. — Passage de l'armée turque en Valachie. — Invasion du choléra à Routschouk et à Varna.

**XXXIVᵉ LETTRE.** — Giurgévo, 22 août. — Licenciement des bachi-bozouks. — Résistance des Albanais. — Incendie de Varna.

**XXXV<sup>e</sup> LETTRE**. — Bucharest, 25 août. — Entrée d'Omer-Pacha dans la capitale de la Valachie. — Souvenirs de l'occupation moscovite. — Bucharest, ses monuments et ses promenades.

**XXXVI<sup>e</sup> LETTRE**. — Bucharest, 29 août. — Proclamation du général baron de Hesse.

**XXXVII<sup>e</sup> LETTRE**. — Bucharest, 5 septembre. — Intrigues contre le rappel des Hospodars. — Intervention autrichienne. — Ouverture des bouches du Danube.

**XXXVIII<sup>e</sup> LETTRE**. — Bucharest, 6 septembre. — Entrée des troupes autrichiennes à Bucharest.

**XXXIX<sup>e</sup> LETTRE**. — Bucharest, 10 septembre. — Restauration du prince Stir-Bey.

**XL<sup>e</sup> LETTRE**. — Bucharest, 19 septembre. — Défense intimée par le comte Coronini à Omer-Pacha de continuer les hostilités contre les Russes sur la frontière du Pruth. — Débarquement des armées alliées en Crimée.

**XLI<sup>e</sup> LETTRE**. — De Bucharest à Varna, 25 septembre, 4 octobre. — Mœurs valaques. — Chaise de poste roumane. — Varna, ses environs et ses camps. — Victoire d'Alma.

**XLII<sup>e</sup> LETTRE**. — Constantinople, 5 octobre. — Mort du maréchal de Saint-Arnaud. — Hôpitaux de Constantinople. — Blessés français et russes. — Sœurs de charité.

**XLIII<sup>e</sup> LETTRE**. — Constantinople, 8 octobre. — Souvenirs de la bataille d'Alma.

**XLIV<sup>e</sup> LETTRE**. — Constantinople, 10 octobre. — Marche autour de Sébastopol. — Prise de Balaclava et du plateau de Cherson. — Préliminaires du siége.

**XLV<sup>e</sup> LETTRE**. — Constantinople, 15 octobre. — Remparts de Sébastopol. — Barrage du port. — Ouverture de la tranchée. — Renforts envoyés de part et d'autre.

**XLVI<sup>e</sup> LETTRE**. — Devant Sébastopol, 18 octobre 1854. — Santé et moral des troupes. — Le château du prince Menschikoff. — Les zouaves.

**XLVII<sup>e</sup> LETTRE**. — Devant Sébastopol, 20 octobre 1854. — La Mer-Noire. — Les flottes. — Les batteries de siége. — Description du pays. — Opérations du siége. — Les camps. — Le fort Constantin. — Tirailleurs des zouaves et des chasseurs. — Les Anglais. — Les Russes. — Sortie de la place. — Blessés russes. — Sébastopol. — Le prince Menschikoff. — Détails sur les tranchées.

**XLVIII<sup>e</sup> LETTRE**. — Devant Sébastopol, 28 octobre 1854. — Mort de l'amiral Korniloff. — Son Successeur Nachimoff. — Batteries russes. — Les assiégés. — Détails. — La flotte russe. — Climat de la Crimée. — Arrivée de malades anglais à Balaclava. — Excursion à Balaclava. — Le port. — Description du pays. — Lord Raglan. — Camps des troupes anglaises. — Camps des Turcs. — Bataille de Balaclava. — Lord Lucan. — Le général Bosquet. — Lord Cardignan. — Prisonniers et morts russes. — Sorties. — Canonnade. — L'amiral Bruat. — Combat de Balaclava. — Détails.

**XLIX<sup>e</sup> LETTRE**. — Devant Sébastopol, 2 novembre 1854. — Visite aux tranchées. — Sorties nocturnes. — Prisonniers et déserteurs russes. — Humanité de nos troupiers. — Nouveaux détails sur la température de la Crimée. — Le port de Chersonèse.

**L<sup>e</sup> LETTRE**. — Devant Sébastopol, 7 novembre 1854. — Combat d'Inkermann. — Description du champ de bataille. — Les Anglais, les Français, les Russes. — Le monastère de Saint-Georges.

**LI<sup>e</sup> LETTRE**. — Devant Sébastopol, 12 novembre 1854. — Nouveaux détails. — Les marins français débarqués. — Les cosaques. — Les camps de l'armée alliée devant Sébastopol. — Le général Canrobert.

**LII<sup>e</sup> LETTRE**. — Devant Sébastopol, le 21 novembre 1854. — Tempête. — Naufrages.

---

## BELLE ÉDITION IN-8.

Prix . . . . . . . . . . . . . . . 6 fr.

**Se trouve aussi chez tous les libraires de France et de l'étranger.**

---

Paris. — Imprimerie de POMMERET et MOREAU, 17, quai des Augustins.

www.ingramcontent.com/pod-product-compliance
Lightning Source LLC
Chambersburg PA
CBHW070855170426
43202CB00012B/2081